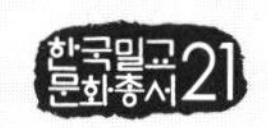

한국 현대밀교 인물평전

회당 평전

悔堂評傳

한국 현대밀교 인물평전

회당 평전

悔堂評傳

회당평전 편찬위원회

대한불교진각종
한국밀교문화총람사업단

간행사

어제를 살펴 오늘을 밝히고, 오늘을 바로 세워 내일을 담는 우리의 삶 속에는 크고 작은 인연의 기록이 있습니다.

대한불교진각종의 오늘 또한 옛 시간을 살펴 수행으로 밝혀온 길이며, '지금'이라는 참되고 바른 삶의 방향을 옛 것으로 살펴 미래를 키우고자 다가선 서원과 정진 그리고 수행의 역경逆境이었습니다. 이러한 일련의 시간 속에 대한불교진각종의 창교創教가 있습니다. 그리고 창교의 중심에 진각종단의 종조인 회당 손규상 대종사가 자리하고 있습니다.

이 책은 대한불교진각종의 종조인 회당 손규상 대종사의 삶과 그 인연을 따라 새로이 불교의 근본을 실천으로 드러내고자 했던 가르침을 '회당평전悔堂評傳'의 이름으로 담은 것입니다. 바람과 눈이 많은 척박한 동쪽의 소박한 집에서 태어난 회당 손규상 대종사의 삶과 생각을 키워온 인연의 길에는 동참으로 뜻을 모으고 동행으로 뜻을 나누었던 종단의 근본정신이 씨앗으로 감추어져 있습니다.

이제 그 씨앗을 글로 가꾸어 싹과 꽃으로 피우고자 합니다. 나아가 싹은 너른 잎이 되어 지치고 힘든 이의 그늘진 쉼터가 되어 잠시나마 땀을 닦아 주어야 할 것입니다. 그리고 우리 모두가 다시금 꽃봉오리를 피우는 한 순간을 위해 수행·정진하는 '지금'이라는 한 순간의 인연이 되어야 할 것입니다. 그리고 그 인연을 나누어 키워온 우리 모두는 참되고 바른 삶의 주인이 될 것입니다.

우리는 책을 통해 한 사람의 생각과 말과 행동을 접할 수 있습니다. 그리고 그 인연은 크고 작은 변화의 미래를 담는 보이지 않는 그릇이 되고는 합니다. 회당 손규상 대종사의 삶과 인연 속에는 불조佛祖의 혜명慧命을 시대변화 속에서 새로이 밝힌 진각眞覺의 생각과 말 그리고 행동이 있었으며 이를 동참으로 동행하여온 긴 시간이 배어있습니다. 우리의 삶 또한 크고 작음이나 높고 낮음의 차이는 있을지언정 이와 다르지 않습니다. 저마다의 생각과 말과 행동으로 누군가에게 영향을 주고 다시 받아왔습니다.

이에 우리는 이 한권의 책을 통해 저마다의 삶을 돌이키고 누군가의 생각과 말과 행동을 따라가고자 합니다. 긴 시간 훈습薰習되어 온 저마다의 자취 속에서 옛 정신을 '지금'이라는 현실속에 보다 바로 보고 바로 듣는 지혜의 힘으로 키울 것입니다.

"불법佛法은 체體요, 세간법世間法은 그림자라' 하였던 회당 손규상 대종사의 가르침을 다시금 새기어 우리는 자신을 바로 세우고 불법에 비친 그 그림자를 키워 복과 지혜를 나누는 한 시대의 주인된 삶을 회당 손규상 대종사의 자취 속에서 찾을 것입니다.

이 책을 읽는 모든 이는 불조의 빛을 받아 세간의 그림자를 만드는 주인이기에, 저마다의 생각과 말과 행동은 나를 바로 하여 다시금 누군가의 빛이 되는 또 다른 인연의 출발입니다. 나아가 회당평전의 글과 벗하여 선각자의 생각과 말 그리고 실천의 참된 인연 속에 저마다 동참하는 인연이 되기를 서원합니다.

끝으로 새로운 인연의 출발에 힘이 되어 준 문화체육관광부와 감추어진 시간의 흔적을 찾아 다시금 글로 담아준 집필진 여러분께 감사드립니다.

진기 74(2020)년 3월

한국밀교문화총람사업단 단장 회성 김봉갑

머리글

무릇 종교란 척박한 시대에 탄생하여 혼란한 사회를 안정시키는 역할을 한다. 진각종眞覺宗 또한 그러했다. 국가는 물론 국민 모두가 불안한 현재와 불투명한 미래를 앞두고 우왕좌왕하고 있던 절박한 시대상황(갑자기 다가온 해방과 좌우 대립 그리고 한국전쟁) 속에서 창종되었다.

종교는 대중들로 하여금 불안감을 해소하고 희망을 주는 역할을 해야 한다. 그러나 불행하게도 당시, 불교를 비롯한 우리나라 대부분의 종교가 그 역할을 담당하지 못하고 있었다. 일찍이 만해 한용운 선사가 '불교유신론'을 내세워 새 시대에 맞는 불교상 즉 대중 위주의 불교로 나아가자고 설파하였지만, 그의 고귀한 목소리는 한줌 공허한 메아리로만 남아 있을 뿐이었다. 불교는 여전히 기복 위주, 무사안일과 무기력에 빠져 대중들의 지지로부터 멀어져가고 있었다.

이에 진각성존眞覺聖尊 회당悔堂 손규상孫珪祥 대종사는 당시 상황을 말법시대로 규정하였다. 이제 더 이상 기존의 불교로는 새 시대를 인도할 수 없음을 직시하였다. 그 대안으로 계율중심의 불교를 깨달음 중심의 불교로, 의례위주의 불교를 실천위주의 불교로, 불상중심의 불교를 무상진리 중심의 불교로, 내세 기복 중심의 불교를 현세정화의 불교로, 타력불교를 자력불교로 혁신하기 위한 원력으로 진각종문을 연 것이다.

대종사는 육자진언六字眞言을 통해 불법의 도리를 깨닫고, 일상의 모든 현상이 모두 법신부처님임을 천명하였다. 더불어 우리의 동작 하나하나가 다 부처님의 동작이라고 생각하고 활동한다면 우리가 직접 부처님의 세계를 경험할 수 있다고 설하였다. 이는 우리의 일상생활이 곧 법신불로서, 우리의 생활 속에서 법신부처님의 가르침을 직접 전수받을 수 있다는 사상이었다. 남에게 의지하지 않고 '스스로 부처임을 깨달아 정진함' 곧 '진각眞覺'으로써 자신의 불성을 찾아 행복을 추구한다는 것은 대중들에게는 참으로 새로운 사상이었다.

당시 대종사의 사상은 대중들로부터 매우 획기적이고 합리적인 사상으로 받아들여졌다. 그리하여 창종 초기부터 큰 호응을 얻게 되어 나날이 교세가 폭발적으로 확장되었다. 비록 종단의 역사는 길지 않지만, 대종사의 합리적이고 미래지향적인 교리에 힘입어 창종 74년이 되는 2020년 현재까지 비약적으로 발전해 온 것이다.

이제, 대각을 얻어 진각종을 창종하고 대중들을 깨우치어 삶을 아름답게 만들어주신 회당대종사의 삶과 그의 사상을 다룬 평전(評傳, critical biography)이 나올 때가 되었다.

평전이 무엇인가? 한 시대를 풍미했던 인물 또는 성인聖人의 일생과 사상에 대하여 평론을 곁들여 적은 기록물로서, 일반 전기물보다 상대적으로 객관적이고 학술적이어야 한다. 이 말은 앞서 '평전이 나올 때가 되었다'고 한 필자가 언급한 말의 바탕이 된다. 적어도 평전을 쓰는 이가 대상자보다 적어도 한 세대 이상은 지난 사람이어야 옳다는 말과도 부합한다. 그래야만 객관적 시각의 바탕에 의해 훌륭한 평전이 나올 수 있기 때문이다. 그렇게 본다면 늦지 않았다. 오히려 대종사님이 입적한 지 57년이 되는 올해 즈음이 적당하다.

이 평전은 대종사의 제자들이자 한 세대 이후의 영원한 도반들이 힘을 합쳐 만든 결과물이다. 크게 생애 전기傳記와 사상思想편으로 나누어 각자 특별하게 연구한 부분을 분할하여 집필하게 함으로써 전문성을 부각시켰다. 또 한 사람이 처음부터 끝까지 홀로 책임 집필한 것이 아니어서 객관성을 유지하기에도 효과적이었다. 이처럼 이 평전은 여러 도반들이 정진하는 자세로 연구하고, 뼈를 깎는 글쓰기와 다듬기를 통해 완성되었다. 창종 74년만에 이루어진 큰 경사이다.

저자들의 원력에 경의를 표한다. 선배 도반들이 남겨놓은 각종 기록물들이 훌륭한 참조가 되었음은 물론이다. 그 분들께도 큰 고마움을 표한다. 아울러 이 평전이 회당대종사님의 사상을 세상에 널리 알리는 데 큰 기여를 할 것으로 기대하고 서원한다. 그리고 가까운 훗날 또 새로운 시각에서 보완된 새 평전이 나오기를 서원한다. 평전이 완성되기까지 힘이 되어준 모든 분들께 감사를 드린다.

진기 74(2020)년 3월

회당평전 편찬위원회 위원장 덕일(권영택) 합장

목 차

V. 진각의 길을 펼치다

제2장 회당의 사상

제1장

회당의 생애

Ⅰ. 성인봉에 서다

1. 성인봉에서의 생연生緣

1) 동해의 터, 울릉도 그리고 성인봉

넓은 바다를 건너야 다가설 수 있는 동해 끝에는 울릉도가 있다. 육지에서 다가서기 힘든 이곳, 울릉도에는 우뚝 솟은 봉우리가 있다. 봉우리 모양이 성스러운 사람을 닮았다하여 이곳 사람들은 성인봉이라 부른다. 하지만 울릉도는 그 성스러움 또한 쉽게 드러내지 않는다. 짙은 안개가 하루를 멀다하고 봉우리를 휘감고 있기 때문이다.

울릉도의 이른 새벽은 떠오르는 햇살을 더하고 그 빛을 담은 안개의 신묘한 기운으로 시작한다. 그 기운이 하늘과 땅으로 숨은 자리에는 장군발자국이라 불리는 족적足跡이 있다. 성인봉 정상의 바위에 남겨진 이 발자국은 힘껏 파여진 왼발모양을 하고 있다. 누군가 박차고 나간 듯 왼발 앞부분이 움푹 파인 이 발자국에는 긴 시간 이어져온 옛 이야기가 있다.

'옛날 울릉도 서쪽 지역인 태하마을에 책 읽기를 즐기는 한 젊은이가 있었다. 글을 벗 삼고 글을 따라, 있는 그대로의 삶을 소중히 여기던 젊은이였다. 그에게 책은 부족함을 채우는 것이 아니라 그저 세월을 넘기는 여여如如함 그 자체였다. 그 여여함은 움직임이 없었으나 책이 있는 곳이라면 눈을 돌리고 마음을 더해야 했던 습習을 만들었다. 어느 날, 이 청년은 마을에 길이 10리가 되는 긴 동굴이 있고 그 동굴의 끝에는 다함이 없는 책들이 가득하다는 이야기를 듣는다. 그 책은 돌로 되어 있으며 앞으로 다가올 세상의 모든 일들이 새겨져 있어 이를 읽고 깨달은 자가 바로 성인이라는 이야기를 전해 듣는다. 때 마침 자신이 가진 책을 수없이 반복하던 태하의 이 젊은이는 어린 동자와 함께 동굴을 찾아 갔다. 전해내려 오던 이야기대로 돌에 아로새긴 책은 가득했다. 하지만 이 책은 가지고 나아갈 수 없다. 오직 책을 다 읽고 나서야 동굴을 나아갈 수 있었다. 이 젊은이는 돌로 된 무딘 책장을 세월 넘기듯 넘기며 시간을 지우고 있었다. 사람들은 책을 읽으러 젊은이가 동굴로 들어간 것은 보았지만 그가 동굴 밖으로 나온 것은 보지 못했다.'

울릉도 사람들은 이 이야기를 전하며 시간을 지우듯 앞을 내다보는 지혜로운 성인이 나타날 것이라고 믿는다. 그리고 그 젊은이가 안개 가득한 성인봉의 정상에서 이른 아침의 햇살을 더하듯 힘찬 발걸음을 내딛을 것이라고 믿고 있다. 성인의 왼쪽 발자국이 성인봉에 정상에 있기에, 육지 어딘가에는 성인의 오른쪽 발자국이 있을 것이라는 성인聖人에 대한 오랜 서원은 지금도 이어져 오고 있다.

이처럼 성스러움 가득하고 옛 인연 이야기로 전해지는 울릉도에는 울타리가 없다. 울타리는 물론 낮은 담조차 없다. 울릉도 사람들은 자신의 자리를 경계하듯 나타내지 않았다. 그리고 울타리와 담이 없는 울릉도는 분별하지 않는, 있는 그대로의 자연을 닮았다. 단지 섬이라는 지리적 한계는 인간이 만든 경계였을 뿐, 사나운 짐승이 없으며 도둑조차 없다. 나아가 외지인을 만날지라도 섬이라는 경계와 그 경계심마저 소박한 섬주민의 마음 속에는 자리하지 않았다. 그저 옛 시간부터 드물게 찾은 외지인만이 관심을 가지고 바라볼 뿐, 울릉도 섬주민에게는 '다름'이라는 경계를 담지 않는 성인의 품성이 사뭇 배어 있다. 울릉도는 그저 둘러보면 향나무가 가득하다. 그 향나무조차 성인봉을 향하고 있다. 마치 성인을 향한 살아있는 향로가 지천으로 가득하다.

이른 아침, 누구나 두 눈을 감으면 바다 내음과 함께 향 내음이 가득한 이 섬의 주인이 된다. 그리고 두 눈을 열어 산을 바라보면 아침 안개는 마치 향로를 떠나 짙은 몸짓을 하듯 향나무 주변을 감싼다. 산자락의 안개와 향 내음은 성인봉이 하루의 기지개를 펴듯 섬을 휘어 감는다.

울릉도의 아침을 채운 안개와 향 내음은 이내 햇살을 더한다. 그리고 장관을 이루는 그 기운은 하늘과 땅으로 전해진다. 그 기운을 담은 자리 가운데 성인봉 남쪽 중령中嶺이 있다. 성인봉의 가파른 기세 속에 포근히 안긴 중령마을은 대나무가 많아서 달리 죽령竹嶺이라 불렸고 아늑함을 갖췄기에 예로부터 사람이 모였다. 중령은 험한 산세를 감추듯 하늘 아래 드러낸 여느 땅과 달리 성인봉의 산새를 부드러이 담아 거친 바다를 안은 형세다. 기대면 산이요 품어 안으면 바다인 중령의 자리는 골짜기를 이어 바다로 전하는 옥빛 가득한 물이 흐른다. 때문에 이곳을 달리 옥천동玉泉洞이라 부르기도 하였다. 그리고 어렵사리 디딜 땅을 마련한 개척민에게 '길이 흥하라'는 뜻을 담아 장흥동長興洞이라 불리기도 하였다. 우뚝 솟은 성인봉과 넓게 펼쳐진 바다를 잇는 옥빛 가득한 물은 저마다의 삶 속에 흘러 맑은 정갈한 삶의 자리가 되었다. 이처럼 삶의 순수함을 이어온 중령자리에 한의사 손孫씨가 있었다. 달리 옥천동 손孫씨라 불렸던 이 집안은 인심이 후하고 마음 씀씀이가 넓어 모르는 이가 없었다.

손孫씨의 집은 뒤로는 성인봉이, 앞으로는 사동 앞바다가 바라보이는 자리에 있다. 자연의 위세 속에 나지막한 세인世人의 손 내음 가득한 집이다. 집을 나서면 지천으로 나물과 약재가 가득했다. 울릉도 주민들은 저마다 있는 자리에 앉아 나물과 약재로 생계를 이었다. 굽은 허리 펴듯 일어서 먼 바다를 바라보면 세상 소식을 가슴에 담아 먼 미래를 심었던 자리가 바로 울릉도 중령이다.

중령에 자리한 손씨 집안에 새로운 기운이 움트고 있었다. 사동沙洞 언덕, 중령 마을에는 향나무와 바다의 진한 내음으로 평생의 삶을 위안하고 숨겨진 땅의 기운을 캐듯, 섬 곳곳의 나물을 캐던 한 노파가 있었다. 마을에서는 이 할머니를 최崔씨 할머니라 존경하여 불렀다. 중령 사람들은 마을의 신이神異한 일들을 전하는 할머니의 지혜로운 안목에 의지하여 기쁨과 슬픔을 나누고 있었다.

여느 날과 다르지 않게 할머니는 나물을 캐고 있었다. 다 자라 억세지 않고 못 자라 그 쓰임이 부족한 것을 가려 나물을 캐던 할머니의 눈에 예년과 달리 굵고 힘 있게 솟은 대나무 싹이 비쳤다. 여느 죽순竹筍과 달리 새순은 넓고 가지런했다. 지난 밤 안개를 햇살의 빛으로 담듯이 옥빛 가득한 이슬이 감쌌다. 그리고 굵은 이슬은 세상을 담듯 있는 그대로를 영롱히 비추고 있었다. 최씨 할머니는 기이한 일이라는 느낌을 지울 수 없었다.

'거참 세상 빛 다 담은 이슬을 죽순이 다시 가득 담고 있으니 이제 곧 귀하고 어진 이가 이 땅을 채우려나….'

최씨 할머니 혼자 감추었던 아침의 생각은 쉽게 지워지지 않았다. 그리고 저녁상을 물리며 이웃에게 물었다.

"혹 우리 동네에 애를 가진 아낙이 있느냐?"

"고개 넘어 옥천동에 손씨 부인이 산달이라 한던데요."

"옥천동 손씨라면 인심 후한 한의사 아니냐?"

"예 그럼요."

할머니는 다시 홀로 생각에 잠겨 '물 밝은 옥천동 손씨 집'이라는 말끝을 놓을 수 없었다.

2) 세인을 향한 화답和答

지혜로운 노파의 깊은 생각이 가득했던 1902년 초여름이었다. 그해 5월 10일, 안개 가득한 이른 새벽에 빛을 더하는 울음소리가 울렸다. 바로 대한불교진각종의 종문을 연 회당 손규상 대종사가 하나의 이슬에 세상을 비추어 담듯 두 눈을 뜨고 있는 그대로의 세상을 맞이한 순간이다.

회당 손규상은 경주 월성月城 손孫씨 21세손이다. 경주 월성 손씨는 신라 여섯 부족의 하나인 고려시대 경원공敬源公을 중시조로 지금에 이르고 있다. 특히 고려 말에는 절의감찰대부節義監察大夫의 공직을 맡아 정몽주와 함께 충과 예의 가치를 중시한 가문이자 위화도 회군과 조선의 개국을 옳지 않은 길이라 서슴지 않고 직언하던 문중이다.

곧고 바른 예禮와 의義를 지닌 월성 손씨 문중은 경주 월성군 양동마을에 모여 살았다. 이 가운데 일부는 조선 말 정쟁과 당파로 혼란하고 탁한 시련을 바라보며 새로이 마음을 놓아 키울 자리를 택하였다. 바로 울릉도다. 생존을 위한 이주였으나 그 길 또한 생명을 내건 그 험난한 뱃길이었다. 출렁이는 파도 넘어 울릉도에 숨 쉴 자리를 마련한 이는 회당 손규상의 조부 손병수孫秉秀다. 이후로 손 씨 집안은 뭍에서 익힌 의술을 섬의 기질에 맞추어 이웃을 살피며 살아왔다.

2남 3녀의 장남인 회당 손규상 대종사는 어려서 덕상德詳이라 불리었다. 덕상은 세상과의 인연을 항상 자신과 같이 생각하는 덕스러움으로 채우라는 의미를 담고 있다. 나아가 작은 일에 먼저 나누는 사람이 되기를 바라던 부친의 뜻이 담겨 있었다. 이후 25세(1926)에 집 안 어른의 뜻에 따라 규圭자 항렬을 이어 규상圭祥으로 개명하였다.

회당 손규상의 아버지는 손윤섭孫允燮이며 어머니는 경주 김씨 문중의 김양삼金良三이다. 그리고 할아버지는 손병수孫秉秀, 할머니는 월성 이씨 집안의 이옥李鈺이었다.

회당 손규상의 집안은 대대로 한학을 배워 이웃의 고통을 더는 작은 실천을 나누었다. 그리고 그 배움 속에서 자연을 이해하며 지나침이 없는 겸손과 넘치지 않는 지혜를 키웠다. 이러한 집안의 가풍은 예禮와 의義를 중시하며 스스로 넘침을 경계하고 부족함을 부끄러워했던 유교문화 속에 자리 잡은 깊고 곧음 그 자체였다.

안개 휘몰아치는 바람소리 가득하고, 힘을 다해 밀려와 제 몸 부수어 파도소리 만들던 울릉도 중령의 초여름, 규상은 따뜻함과 부족함이 없었던 뱃속의 어둠을 물리치고 세상에 첫 울음을 더하였다.

예로부터 전해오던 이야기와 최씨 할머니의 머릿속에 가득했던 세인의 기대를 저버리지 않고 규상은 울음으로 화답했다.

2. 어린 시절의 꿈과 포부

1) 한학, 세상을 다시 바라보다.

유년 손규상은 최씨 할머니로부터 죽순에 대한 이야기를 들었다. 그리고 죽순에 맺힌 굵은 이슬에 대한 관심을 지우지 않았다. 규상은 굵은 이슬 방울에 비친 세상에 대한 궁금증을 하루하루 더해 갔다. 어려서 한약재를 다루어 아픈 이를 대하던 부친의 모습 또한 눈에 담았다. 그리고 부친으로부터 보고 들은 것을 주변의 풀과 나무로 확인하였다. 특히 이른 아침이면 지난 밤에 없었던 이슬 맺힌 풀잎이 마냥 신기했다. 이슬 속에 비친 세상을 자세히 바라보고 다시 고개를 들어 세상을 바라보는 일은 세상에 다가서고자 하는 규상의 일상이 되었다. 이런 이슬방울이 안개와 함께 사라질 때면 눈부신 태양이 미웠다. 하지만 태양은 이슬을 태워 풀잎에 힘을 더하듯, 한 낮의 초록이 더욱 빛났음을 알았다. 해가 지고 바다 끝부터 붉게 태우던 태양의 기운이 점점 그 기운을 더하더니 바로 어둠과 그 자리를 바꾸었다. 이 같은 반복 속에서 규상에게 빛은 자연을 비추는 벗이었으며 어둠은 새로운 생명인 이슬을 품는 의미있는 시간이 되었다. 나아가 있는 그대로의 빛과 어둠을 더하는 자연 속에서 규상은 새로움을 발견하는 작은 지혜를 키웠다.

어느 날 규상은 소복이 쌓여 자신의 키를 넘기는 겨울눈을 보았다. 그 시작은 작은 눈송이의 날개 짓이었다. 무한의 나비춤처럼 흩날리는 눈송이는 아름다웠다. 하지만 점점 쌓이는 눈은 어느덧 두려움이 되었다. 자신의 키를 넘기고 밝은 낮에 앞을 볼 수 없는 눈 가득한 울릉도의 겨울은 유년 규상에게 가까이 하지 못하는 두려움이 되었다. 바람이 거세어 다시 눈이 날리면 그나마 눈 속에 자리한 낮은 자신이 위안이 되기도 했다. 눈 많은 울릉도의 겨울은 그저 숨죽여 봄을 기다려야 했다. 이런 겨울은 회당에게 겸손한 인내의 시간이었다.

이렇게 눈 내리는 날이면 규상은 두 눈을 감고 두 귀를 세워 저 멀리 바닷가 파도소리를 들었다. 그리고 변함없는 파도와 같이 무엇인가 생명력 가득한 것이 있다는 생각으로 시간을 보냈다. 규상은 눈감아 들었던 지난 겨울의 소리는 눈 녹은 이른 봄에 다시 두 눈으로 확인해야 했다. 지난 겨울의 소리를 키워 눈으로 담는 일은 규상에게 또 다른 생동감을 키우는 일이었다. 귀와 눈을 열어 자연에 대한 관심을 키우고 이를 확인하는 어린 규상은 산과 바다로 그 발걸음을 옮겼다.

어린 규상의 눈에 산과 바다가 새로운 의미로 다가왔다.

'변함없이 있는 그대로의 자리에서 초록을 더하고 눈을 더하는 성인봉과는 달리 바다는 하루 하루가 달랐다. 바다 저멀리 수평선은 배를 삼키기도 그리고 다시 내뱉기도 했다. 세상의 모든 것이 이처럼 있다가 없어지는 것인가?'

세상의 모든 것이 나타나고 사라지는 수평선은 어느덧 규상에게 동경의 대상이 되었다.

2) 하늘에 그린 진리, 심일당천만 질백화단청心一當千萬 質白畵丹青

어느덧 17살이 되어 글을 배우기 시작한 규상은 귀담아 듣고 눈으로 확인하던 자연과의 놀이에서 이를 쓰고 지우는 놀이를 더했다. 규상의 아버지는 집 근처 사동沙洞서당을 찾아 스승 김광호金光鎬에게 한학을 가르쳐 줄 것을 부탁했다. 사동서당은 옥빛 가득한 물이 흐르는 자리에 위치하여 달리 옥류玉流서당이라 불렸다. 아버지를 따라 천자千字를 익히고 따르던 유년 규상은 김광호 훈장을 첫 스승으로 맞이한 것이다. 스승을 따라, 보고 듣고 배운 자연의 가르침을 다시금 글로 쓰고 지우며 동무와 함께 하는 배움은 규상에게 나날이 즐거움을 가져다 주었다. 김광호 훈장은 육지에서 감찰벼슬을 하다가 섬으로 들어온 신지식인이었다. 사람들은 그를 김감찰로 부르기도 하였다. 스승은 세상의 세인을 살펴 옳고 그름을 분별하였으며 그 능력은 인재를 알아보았다. 스승의 눈에 규상은 남달랐다.

동무들과 함께 산과 바다를 찾아 이야기를 나누던 규상은 풀밭에 누워 동무들과 하늘을 바라보았다. 그날의 아스라한 기억은 다음과 같았으리라.

"동무들과 나란히 누워 하늘을 바라보는 일은 산과 바다로 뛰어 다니며 함께 쉬었던 한 순간이었습니다. 누워서 하늘을 바라본 우리의 두 눈은 변함없이 하늘만을 바라보았는데 저 하늘의 구름은 잠시라도 멈추는 일이 없었습니다. 어느 친구는 저 하늘 구름을 보고 염소뿔 같다고 하고 어느 친구는 할아버지의 수염 같다고 했습니다. 사실 가만히 보면 이 또한 순간일 뿐이었습니다. 구름은 우리의 두 눈과 마음이 잠시라도 머물러 있다 싶으면 우리의 두 눈과 마음을 다른 곳으로 이끌고 있었습니다. 그렇게 동무들과 함께 바라본 어느 가을 하늘의 구름은 쉽게 떠나지 않았습니다."

10살(1911)이 된 규상이 바라본 하늘은 마음속에 담겨 지워지지 않는 의문이 되었고 그 의문에 답은 다시 마음속에서 피어오르고 있었다. 규상은 이를 서당에서 배운 글을 모아 두 문장을 적었다.

'심일당천만心一當千萬 질백화단청質白畵丹靑'

유년 규상이 허름한 한지 조각에 적은 이 열 글자는 '마음 하나 천만千萬을 당적하고 흰 바탕에 단청을 그린다'는 뜻이다. 두 시구는 미완성이다. 앞과 뒤를 더하여 다섯 시구로 완성하지 못한 시구이나 앞과 뒤에 더함이 도리어 부족함이 되었을 어리석음을 피한 것이다. 세상의 모든 일을 담아 가두거나 이를 드러내는 저 바다의 수평선, 온갖 모양을 다 그리고 무심無心한 듯 흩트려버려 머무름이 없는 청명한 하늘, 이는 비단 바다와 창공이 아니라 맑고 티 없는 회당의 순수함 속에 비추어 나타난 심미深味적 영감이다. 이를 시로 드러낸 표현이 바로 '심일당천만心一當千萬 질백화단청質白畵丹靑'이다. 나아가 우리의 마음은 그 크기가 없어 자유자재한 능력이 가득하다. 그리고 그 마음을 내어 있는 그대로의 색을 칠하고 다시금 드러내는 일은 저마다의 삶이다. 이 마음을 훗날 회당대종사는 심인心印이라 하고 이를 참되고 바르게 드러내는 일을 수행이라 설했다.

높푸른 하늘의 구름 가득한 그날의 기억을 이처럼 대중에게 전하려는 뜻을 가졌다.

"우리의 마음은 보는 것을 기억으로 담지만 사실 우리의 마음은 있는 그대로의 지금을 보는 것입니다. 지금 마음이 있어 비로소 현실 속 대상이 바르게 드러나게 됩니다. 그러므로 참되고 바른 마음을 키우고 그 마음으로 세상을 비추는 자가 바로 성인입니다. 참되고 바른 마음이 바로 심인心印이며 달리 불성佛性, 자성自性이라 합니다."

10살, 규상은 한문이라는 문명의 도구를 익히고 그 익힘을 어린 규상의 경험 속에 비추어 드러낸 '심일당천만心一當千萬 질백화단청質白畵丹靑'은 불교의 새로운 방향을 제시하는 좌표가 되었다. 하지만 있는 그대로의 마음이 세상을 이끌고 비추어야 한다는 어린 규상의 생각은 지난 경술국치(1910)의 민족적 슬픔을 위안하지 못했다. 세상의 변화에 답한 것이 아니라 자기 자신에게 답했던 심일당천만心一當千萬이었으며 자기 자신만이 위안으로 삼았던 질백화단청質白畵丹靑이었다.

훗날 회당대종사는 경술국치를 돌이켜 살폈다. 그리고 우리 민족에게 무엇보다 중요한 것이 자주성임을 깨닫고 이를 널리 확장하는 일은 세상의 변화에 휘둘리는 것이 아니라 세상의 변화를 타고 이끌어야 하는 것이라고 강조했다. 물론 세상을 이끄는 큰 힘은 심일당천만心一當千萬과 같이 마음에서 시작하는 것이기에 문자에 어리석은 대중을 깨치고 수행을 이끌어야 했다. 그리고 주인된 삶의 바른 길을 참된 깨달음인 진각眞覺의 이름으로 이끌었다.

3) 한학을 넘어 새로움을 찾아

소년 규상에게 한학漢學은 옛것을 익혀 '지금'을 비추는 현실에 지나지 않았다. 규상은 지금이라는 한계에 머물고 싶지 않았다. 나아가 아버지 손윤섭 또한 자신이 접하지 못한 신학문에 대한 규상의 물음에 답하지 못하는 섬의 한계를 안타까워했다. 하지만 규상은 이를 뛰어넘어야 한다는 열망을 그저 촉촉한 두 눈에 담고만 있었다. 회당대종사는 소년 시절의 체험을 다음과 같이 마음 속에 품었으리라.

"나의 생각은 머물지 않았다. 눈 앞에 보이는 현상의 세계는 시간을 더하며 변하고 있었다. 생명 또한 시간을 잡아 가두지는 못했다. 변했다. 저마다의 방향성을 지닌 듯 시간을 타고 저마다 흐르고 있었다. '그 흐름 속에 중요한 것은 무엇일까?'라는 생각을 지우지 못했다. 나의 생각이 일어나는 마음은 세상과 마주하며 한 치도 물러서지 않았다. 그리고 물러서지 않는 그 자리에는 '밝게 사는 원리'가 있을 것이라는 막연함을 그저 가슴에 담았다"

14살(1915)이 된 소년 규상은 옛 학문이 아닌 세상을 움직이는 '지금'이 순간의 학문과 문화를 접하고자 울릉공립보통학교에 입학한다. 시대의 흐름에 다가서기 위해 신학문을 배워야 했다. 이는 옛 한문을 딛고 새로움을 향한 첫 걸음의 시작이었다.

당시 소년 규상의 학적부를 살펴보면 입학일은 1915년 4월2일로 되어 있으며 보호자의 직업은 농업으로, 입학 전 집에서 천자문 등 한학을 배운 것으로 적혀있다. 또한 키와 체중, 가슴둘레에 이어 체격은 강強이라고 적혀있다.

울릉공립보통학교는 1910년 경술국치의 아픔 속에서 신명학교라는 이름으로 개교하였다. 하지만 1904년 8월에 일본의 강압에 의해 체결된 한일협약과 1905년 11월에 체결된 을사조약에 이어 1908년 시행된 사립학교령은 모든 사학으로 하여금 정부의 심사를 받아 인가를 얻도록 되어 있다. 우리 강산의 멋과 한민족의 근기를 고취하고 어려움에 처한 나라를 구하고자 했던 신명학교은 개교 이듬해인 1911년에 사립학교 규칙에 따라 학교의 이름이 울릉공립보통학교로 바뀌게 되었다. 학교장도 옥류서당의 훈장이자 규상의 한학스승인 김광호에서 일본인 교장으로 바뀌었다.

이처럼 일본침략이 학교현장의 흐름을 바꾸게 되자 규상의 아버지는 한학을 통해 민족정신을 배우고 익혀 한민족의 근본을 세운 뒤, 규상이 다소 늦게나마 정규교육과정의 길을 접하도록 했다. 당시의 교육과정은 1908년에 공포된 교과용 도서 검정 규정에 따라 일본인의 검인정을 받아야 했다. 이는 어려서 반드시 읽어야 할 유년필독幼年必讀과 같은 대부분의 민족주의적인 교과서들이 금서로 묶이고 불태워지는 수난의 대상이 되었음을 의미한다.

규상은 이러한 교육현장의 아픔을 자세히 알지 못했다. 다만 을사조약 이후 일본이 대한제국에게 국가의 통치권을 일본에 양여한다는 한일병합조약을 강제로 체결하고 이를 공포한 경술국치(1910.8.29)는 이미 들었던 바라 학교교육현장에 대한 궁금함 또한 적지 않았다.

하지만 그 궁금함은 이내 오래 갈 수 없었다. 당시 교육과정은 실학주의라는 이름으로 단순한 실업교육에 주력하거나 세상의 변화에 따라 일본어와 일본 문화의 가르침을 강화하는 친일 교육 일색이었다. 이처럼 규상이 보통학교에서 접한 학교 교육은 어려서 한학으로 배웠던 예禮와 의義와는 달랐다. 만물에는 이치가 있으며 그 이치를 바르게 아는 삶 속에서 저마다 참된 가치를 발견하여야 사물에 대해 모든 이치를 알게 된다는 격물치지格物致知의 가르침과는 달랐다. 나아가 이를 위해 자신의 뜻을 정성스럽게 하고 마음을 바로 하여야 한다는 성의정심誠意正心의 가르침과도 달랐다. 규상은 자신이 배운 것과 학교교육이 달라 어색했다. 이를 지켜본 규상의 할머니는 우리 민족을 가벼이 여기고 식민의 대상으로만 여기던 학교교육의 현실을 알고는 규상의 학업을 그만두게 하였다.

4) 어떻게 배울 것인가?

학업을 그만 둔 소년 규상은 다시 책을 잡지 못했다. 할머니를 도와 집안 농사일을 하거나 아버지의 한약재를 정리하는 일로 하루를 보냈다.

배우고 익힌 것을 삶으로 드러내어 옳고 그름을 분별하던 규상에게 일상은 지루했다. 소년 규상은 밭일을 하며 생각에 잠겼다.

> '보통학교 교육은 어려서 배운 한학과는 다르다. 세상의 변화된 문물과 그 문물에 대한 이해는 새로운 것인데 그 배움의 과정은 누군가의 가르침을 따라야 한다. 민족과 한 개인이라는 주체성을 뒤로하고 새로운 학문을 배워야하는가? 하지만 배우지 못하고 익히지 못하여 세상의 문물에 뒤쳐진다면…. 다시 우리는 누군가의 지배와 가르침에 의지해야 하지 않는가? 배움으로 극복하고 넘어서야 한다. 그리고 「누가 어떻게 가르치는가?」 보다 중요한 것은 「내가 어떻게 배울 것인가?」이다. 이처럼 배움 또한 '나'라는 주체성의 문제가 아닌가?'

규상의 생각은 점점 커져갔다. '누가 어떻게 가르치는가?'가 아닌 '내가 어떻게 배울 것인가?'라는 보다 의미 있는 생각으로 나아가고 있었다. 배움에 대한 생각이 커져가는 어느 날 규상은 집 뒷마당에 구덩이를 파기 시작했다. 그 깊이가 규상의 허리를 넘었다. 규상의 어머니는 이를 보고 놀라 소리쳤다.

“얘야!! 무엇하러 이리 깊게 구덩이를 파느냐? 무슨 일이 있느냐?”

“학교도 가지 못해 더 이상 배울 수도 없는데 살아 무엇하겠습니까!”

“그러면 구덩이에 파묻혀 죽으려고 이리도 판 것이냐?”

어머니의 한숨 가득 찬 물음은 순간 정적이 되었다. 규상은 어머니 앞에서 차마 ‘예’라고 말하지 못했다. 하지만 삽을 잡은 두 손은 멈추지 않았다. 멈추지 않는 손놀림과 함께 이마에서는 구슬땀이 흐르고 있었다. 규상의 어머니는 흙과 땀이 뒤섞인 아들의 손을 잡았다. 이미 한 손에는 구슬땀이 모인 듯 물집이 자리 잡고 있었다.

“이제 그만 하자구나. 네 뜻을 알았다”

이를 지켜보던 규상의 아버지는 아들이 다시 학교에 다닐 수 있도록 허락하고 이를 규상의 할머니에게 알렸다.

5) 좋고 싫음의 분별을 떠난 원대한 포부

다시 학교를 찾은 회당은 새로운 학문을 배우고 익히는 것은 내가 주인이 되어 부족함을 채우고 다시 배움으로 채운 것을 나누어 키워야 한다는 생각으로 커갔다. 이런 규상의 생각은 일본인 교사 앞에서도 비굴함이 없는 배움의 자세가 되었으며 비록 일본인 스승이라 할지라도 그 예의를 갖추었다. 소년 규상은 때때로 산을 올라 귀한 버섯과 나물을 캤다. 해지고 어둠이 다가오면 규상은 버섯과 나물을 들고 스승의 집을 찾았다. 선생님 가운데 일본인도 있었기 때문이다. 이에 대해 규상은 자신의 생각을 다음과 같이 정리하였을 것이다.

"비록 일본인 교사일지라도 그는 나에게 가르침을 준 스승이었습니다. 일본인에게 선물한 것이 아니라 조국을 잃은 한 제자가 배움을 위해, 미래를 위해 스승을 찾아 간 것이었죠. 아마도 조국을 찬탈해간 일본인이라는 사실을 선입견으로 간직했다면 더 이상 배우지 못하고 말았을 것입니다. 그리고 지금이라는 현실을 부정하기보다 이를 긍정하고 배움 속에서 스스로 해야 할 일을 찾는 것이 나에게는 미래였습니다. 미래는 내가 스스로 작은 꿈을 키우는 일이었습니다. 누구의 가르침을 따르는 것이 아니라 '내가 어떻게 받아들일까?'라는 나의 입장은 다시금 세상을 바라보는 의욕이 되었습니다. 그리고 그 받아들임은 나를 세워 일체치하의 잔혹함을 넘어서야 하는 과제이기도 했습니다."

그동안 유년 규상은 세상을 담기만 했다. 앞선 스승의 가르침은 긴 시간 수많은 경험의 결과이니 이를 따르는 것은 부당한 일이 아니었다. 하지만 보통학교에 입학하여 사뭇 다른 가르침을 만났다. 한학을 통해 배운 것과는 달라 일본인 교사의 가르침이 불편했다. 그 불편함을 생각없이 받아들일 수는 없었다. 옳고 그름을 분별하는 시간이 점점 늘어났다. 잠시나마 배움을 뒤로 밀어내고 다시금 배움의 뜻을 세운 것은 '어느 누구의 가르침이라도 분별없이 접하고 이를 내가 주인 된 생각으로 담을 것'이라는 배움에 대한 방향을 세우는 일이었다. 그리고 그 포부는 규상의 생각 속에서 점점 커져가고 있었다.

소년 규상은 생각했으리라.

'저 향나무는 어찌 위급한 바위 절벽 끝에 자리하고 있으며 천년의 향기를 잃지 않았을까? 그리고 저 동박새는 작은 먹이를 먹었을 뿐인데 어찌 그리도 고운 소리를 낼 수 있었을까?'

단 하루도 놓지 않고 생각을 이어온 소년 규상의 생각은 포부가 되었다.

'좋고 싫음의 분별없는 배움을 통해 누구라도 대적할 수 있는 자주적 가치를 길러야 한다. 이를 함께하여 확장하는 것이 우리 민족의 미래를 위해 도움이 될 것이다. 나는 그 길을 힘차게 걸어갈 것이다.'

학문을 통해 자신이 나아갈 길을 밝힌 소년 규상의 포부는 성인봉 전설의 왼발자국과 다르지 않았다. 소년 규상은 울릉공립보통학교에서의 배움을 통해 자신을 키우기 시작했다, 그리고 그 배움의 첫 걸음은 이제 육지라는 더 큰 세상, 더 큰 배움을 향한 오른발자국이 될 것이다.

3. 새로운 시대, 새로운 세계를 향하여

1) 넘어서야 한다, 울릉도

어느덧 보통학교를 졸업한 규상의 일상은 이른 아침에 일어나 집 앞의 밭을 둘러보는 것이었다. 어려서 아버지로부터 길에서 흔히 볼 수 있는 약초 삼나물이 염증에 좋다는 이야기를 듣고 자신이 들었던 것을 확인한 첫 장소가 바로 집 앞 나물 밭이었기 때문이다. 이후 자신이 듣고 배운 것을 확인하는 습관은 귀로 듣고 이를 다시 눈에 담거나 손으로 간직하던 규상의 일상이 되었다. 그리고 언제부터인가 규상의 일상적인 습관은 배움을 통해 작은 글이 되었다. 나아가 누군가의 입을 통해 다시금 전해지는 지혜가 되었다. 하지만 보지 못하고 듣기만 해야 했던 섬 생활은 불편했다. 귀로 듣기만 했던 육지의 이야기는 섬을 넘어 눈으로 담을 수 없었다. 규상에게 섬 밖은 자신의 삶과 다소 다르다는 생각이 떠나지 않았다. 그리고 생각은 젊은 그의 시간을 더하여 고민이 되었다.

소년이었던 규상은 어느덧 18살(1919) 청년이 되었다. 청년 규상은 울릉공립보통학교를 졸업했다. 그해 육지에서는 3·1운동이 일어났다. 이 소식 또한 섬을 오가는 뱃사람을 통해 전해 들었을 뿐이다. 일제의 비인도적 침략에 항거하는 섬 밖의 세상 소식을 듣고만 있는 자신이 답답했다. 그 때의 심정은 다음과 같았으리라.

'열여덟이 되던 해, 대한독립의 외침이 전 국토에서 울렸다는 이야기를 들었습니다. 바로 3·1운동입니다. 그나마 그 이야기를 들을 수 있었던 것도 매주 울릉도와 부산을 왕래하던 뱃사람들 덕택이었습니다. 대한독립을 위한 비폭력 외침에 일본은 총과 칼을 사용했으며 수많은 독립지사들이 그저 독립을 외치며 처참히 죽어갔다는 안타까운 소식을 들었을 뿐입니다. 누군가에게 그저 이야기만으로 듣는다는 것은 아주 큰 답답함이었습니다. 섬에서는 듣기만 하고 눈으로 보지 못했습니다. 그리고 행동으로 함께하지 못했습니다. 이는 이내 아픔이 되었습니다.'

청년 규상에게 울릉도는 이제 자신을 가두어 놓은 성城과 같았다. 이러한 아들의 생각을 읽은 규상의 아버지는 아들에게 한의학을 전하고자 '방약합편方藥合編'을 펼쳤다. 정규 보통학교의 과정에서 새로운 학문의 접했던 청년 규상은 한의학을 통해 사람에 대해 이해하고 약초를 통해 산천초목을 이해하는 새로운 시간을 맞이했다.

예로부터 전해 내려오는 약초를 찾아 아버지와 함께 산을 오르며 귀로만 듣던 약초를 직접 채취하고 이를 약으로 사용하기 위해 다양한 관리법을 배웠다. 귀로만 듣던 것을 직접 찾아보는 즐거움과는 달리 직접 산천초목을 보고 즐기며 약초를 캐고 다루는 일은 세상을 이해하는 살아있는 경험이 되었다.

"아직도 선친의 말씀이 기억납니다. '대나무는 담을 제거하는 약제이며 그 잎사귀는 열을 내리는 효능이 있다. 대나무 안쪽의 흰 내피는 죽여竹茹라고 부르는데 근육이 뭉친 담을 푸는데 좋다'고 하셨습니다. 눈에 보이는 대나무는 하나이나 그 쓰임은 헤아릴 수 없다는 선친의 가르침이 기억납니다. 나아가 선친의 가르침 속에서 우리의 산과 들에 펼쳐진 크고 작은 생명에 대한 관심과 소중함을 키울 수 있었습니다."

청년 규상은 여러 사람의 고통을 접하며 자신이 배우며 익힌 한의학으로 병을 진단하고 이를 치유하기 위한 약재를 다듬으며 아픈 이가 고통에서 벗어나는 모습을 목도했다. 귀로만 듣고 글로만 배우고 익히던 가르침에서 귀와 눈으로 체험하며 직접 손으로 처방하여 세상의 병고病苦를 가슴에 담던 청년회당은 세상을 새로이 이해하기 시작했다. 이는 있는 그대로의 사실을 머리에 담고 가슴에 새기는 생동감을 더한 것이었다. 나아가 한의학을 통해 우리의 땅을 이해하고 우리의 민족을 다시금 바라보는 규상의 경험은 풍토성風土性이라는 인과적 생각을 갖는 계기가 되었다. 뒷날 회당 손규상대종사는 한의학을 접했던 경험을 진리적 가르침으로 승화해서 대중에게 전하려는 뜻을 가졌다.

"우리의 몸은 하나인데 그 병은 수없이 많다는 것을 한의학을 통해 배웠습니다. 그리고 그 아픔은 마음이라는 하나의 근원에서 시작하고, 마음은 세상의 모든 것과 인연하여 때로는 더 큰 고통이 되기도 합니다. 그렇지만 우리는 그 아픔을 치유하고자 다시금 세상의 모든 것에 의지하여야 합니다. 우리의 마음과 물질이 조화하면 약이 되며, 이 둘이 갈등하거나 조화롭지 못하면 병이 됩니다. 마치 오르기 힘든 산을 오르는 길에 잡초로 보이던 것이 산을 내려가는 길에 약초로 보이듯이 산천초목은 하나인데 나의 마음은 적이 되기도 하고 벗이 되기도 합니다."

규상의 부친은 한의학을 통해 세상을 새로이 바라보는 규상의 성장을 무심히 옆에서 지켜보는 즐거움이 가득했다. 하지만 규상이 바라보는 세상이 섬에 머물러 있다는 아쉬움이 아버지의 가슴 속에 자리 잡기 시작했다.

2) 백년 도반, 인연과 함께 뜻을 세우다

보통학교를 졸업하고 부친과 함께 한의학을 배우던 청년 규상은 어느덧 약관弱冠의 나이가 되었다. 그리고 어려서 바라보던 바다는 이제 달리 보였다.

그저 드넓은 바다는 유년 규상에게 드넓은 꿈을 심어주었다. 하지만 바다는 소년의 감성을 어루만지더니 이제 세상을 향해 넘어서야 할 현실이 되었다. 꿈이 현실이 되어야 했다. 청년 규상은 바다를 넘어 새로이 다가서야 할 현실 속 다짐과 함께 약관弱冠의 예禮를 갖추어야 했다.

20살(1921) 청년 규상은 울릉도 북면 배씨 문중의 열여덟 처녀를 맞아 결혼하였다. 신부는 아버지 배익태裵益泰와 어머니는 박내동朴內洞 사이에 둘째 딸로 태어난 배신裵信이다. 어려서 순종順宗이라 불렸던 규상의 아내는 아버지로부터 엄격한 가정교육을 습習으로 익혀왔다. 아내 배신은 지아비를 섬기고 가정을 가꾸는 아내로써, 자식을 향한 자애로운 어미로써의 덕을 키우고 나누는 역량을 갖추고 있었다.

훗날 규상의 아내 배신은 대한불교진각종의 창교를 회당대종사와 함께 이끌고 진각眞覺이라는 참된 깨달음의 지혜와 자비의 법륜法輪을 이끄는 스승이 되어 원정각圓淨覺총인으로서의 책임을 다하였다.

3) 울릉도를 떠나다

유교문화의 습習에 따라 혼례의 예를 갖추고 가정을 이룬 가장家長 규상은 수평선 넘어 세상의 문화와 학문에 대한 열정을 숨겨야 했다. 가장으로서 한 가정의 책임 있는 역할을 다해야 했다. 하지만 아내 배신의 두 눈가에 비친 지아비 규상은 넘치는 의욕과 역량을 담아 쏟아내야 할 큰 그릇이었다. 그 그릇은 질긴 고뇌의 가마 속에서 불과 공기만으로 빛을 기다리는 인내의 현실에 충실해야 했다. 그리고 그 충실함은 아내의 마음을 곧고 굳게 하는 수행이 되었다. 또한 청년 규상의 머무름이 아비에 대한 예禮이자 언젠가 한번은 끊어야 할 인연임을 알고 있는 규상의 아버지는 며느리의 두 눈에 맺힌 근심을 그저 묵묵히 받아들일 뿐이었다.

시간을 더하며 청년 규상의 고뇌와 번민도 깊어갔다. 듣고 보며 배우고 익히던 공간인 울릉도는 시간을 더할수록 단지 머무름에 지나지 않았다. 울릉도는 뜻을 펼치고 나눌 규상의 그릇을 더 이상 채우지 못했다. 그나마 매달 네 번 오고 가는 연락선을 통해 누군가의 이야기를 듣는 것만이 규상을 위로했다. 하지만 그 위로는 세상을 향해 섬을 나서야 한다는 갈증을 더했다. 갈증을 더하는 바닷물과 같았다.

"언제부터인가 도동 앞 푸른 파도는 나를 부르는 손짓이 되어 너울거렸습니다. 그 파도를 한동안 지켜보면 파도의 손짓을 털썩 잡고 섬을 나서 육지에 다다르겠다는 생각이 더욱 굳어졌습니다. 하지만 부모님이 계시고 처가와 아내가 있는 울릉도를 쉽게 나서지 못했습니다. 그리고 한해 한해를 더할수록 크게 보였던 울릉도는 이제 점점 작아지고 있었습니다. 푸른 파도의 손짓은 나를 부르고 내 귓가를 스치는 바람은 파도를 통해 전하는 육지의 울림이 되었습니다."

가장인 규상은 먼저 아내에게 다가섰다

"여보, 울릉도를 나가야겠습니다. 내가 경험하지 못한 세상의 이야기만 듣고 있으니 가슴만 답답할 뿐입니다. 그리고 새로운 곳에서 민족과 함께 경험하고 그 경험을 다시 나누어야 이곳 울릉도도 변할 것이라는 생각이요. 뱃사람의 이야기만을 듣고 세상에 대해 안다고 말하는 것은 어리석음이기에… 이제 그 어리석음을 떨쳐 내야…."

지아비 규상이 스스로와의 갈등을 키우는 모습을 바라보던 아내 배씨는 남편의 이야기를 듣고 먼저 결심한다. 아내 배씨, 원정각 스승은 지아비의 배움을 위해 육지의 중학교에 입학 할 것을 권하고 울릉을 떠나 더 큰 세상을 경험하는 길을 열고자 함께 배에 오르기로 결심한 것이다. 그리고 양가 부모에게 지아비의 뜻을 전하고 울릉도에서의 삶을 간소하게 정리했다.

규상의 부친 윤섭은 아들이 뭍으로 나아가는 길에 큰 도움을 주지 못한 것을 안타까워했다. 하지만 뭍에서의 험난한 삶이 규상의 뜻을 더욱 키우는 계기가 되어야 한다는 아버지로서의 정情을 규상에게 더하였다. 가진 것보다 인정을 나누어 키우던 규상의 집안은 그리 넉넉하지 않았다. 울릉도를 떠나는 자식을 향해 두손 모은 간절한 마음을 더하기만 하였다. 이를 지켜본 아내 배씨는 친정아버지께 규상과 함께 섬을 나설 것을 이야기하고 상의한다. 사위의 넓은 품성과 세상을 바라보는 기량을 남달리 지켜보았던 규상의 장인은 사위의 뜻을 헤아려 흔쾌히 가사(家事)를 털어 학비 등을 마련해 주었다.

4) 섬을 떠나는 규상, 뜻을 키울 터전에 서다

가장 규상의 나이가 21살이 되던 1922년, 드디어 규상은 배움으로 신문물을 익혀 고통으로 가득찬 민족의 현실을 극복하겠다는 뜻을 세운다. 그리고 육지로 향했다. 결혼 7개월 만에 가족과 함께 몸과 마음을 배에 실었다.

한 생명으로 세상을 만나 빛과 소리 그리고 따스함을 담아왔던 울릉도에서의 삶은 부모의 인자함과 천혜의 자연에서 배운 조화로움으로 가득했다. 나아가 한의학으로 마주한 세상과의 인연 속에 자연의 조화로움이 공존하는 울릉도는 따사로운 품과 같았다. 하지만 섬을 떠나 새로운 삶으로 채우고 경험해야 할 육지는 사뭇 달랐다. 마치 카빌라 성 안을 벗어나 태어나고 늙고 병들어 죽는 성 밖의 세상을 삶의 현실로 받아들여야 했던 고타마 싯타르타의 시선으로 규상은 세상에 맞서야 했다.

육지를 찾은 규상은 보통학교의 학업을 이어 중학교에 입학하고자 대구에 새로운 자리를 마련하였다. 규상은 대구 대신동 인근의 마을에 가족과 함께 할 소박한 집을 마련하고 4월 7일 동갑인 삼촌과 함께 계성학교에 입학했다. 계성학교는 항일 운동에 적극적이었던 학교다. 특히 1910년에는 '양일회'라는 학생단체가 일제의 강압적인 국권 찬탈에 반대하고 1919년 3·1운동에 전교생이 항거하는 등 민족의 아픔을 담아 현재의 시련을 극복하려는 민족 정기가 강한 학교였다. 가장 규상은 이곳에서 새로운 동무를 만나 일제침략의 고통과 수탈을 눈으로 확인하게 되었다. 그리고 두 눈에 담긴 현실은 고스란히 회당의 마음 속에 민족의 아픔과 고뇌로 담기게 된다. 조선 500년, 그 역사는 침략에 저항하고 이 땅과 민족을 지키던 가려진 기세가 있었다. 하지만 그 기세는 새로운 문물을 맞이하지도, 개국이라는 격동의 현장에 대응하지 못했다. 도리어 외세에 지쳐 민족을 지키지 못했다.

역사의 한 순간은 아픔이 되어 동무들과 함께 회당의 마음자리에 점차 응어리지고 있었다. 그 응어리 속에는 1910년의 경술국치와 일본과 조선은 하나라는 내선일체의 민족말살정책이 있었다. 바로 창씨개명, 강제징집 그리고 어린 처녀들을 일본군의 노리개로 전락시켜 찬탈에 이르는 아픔이다. 이 모두는 눈으로 보았으나 말로 전할 수 없는 현실이었다. 섬을 나선 규상에게 육지는 땅과 하늘 그리고 바다는 있으나 주권도, 민족도 없는 가슴 시린 아픔으로 가득했다. 그리고 그 원인 속에는 민족의 자주력이 없었다는 사실을 회당은 점차 깨달아 갔다. 이에 규상은 점차 민족자주의 이상을 키우고 자주적 삶의 실현만이 지금의 어려움을 해결할 수 있다는 생각에 이르렀다.

울릉도를 나와 대구에서 학업을 잇는 회당은 자신의 생각을 뜻으로 키우고 이를 드러낼 세상을 향해 한 걸음 더 나아가고자 결심한다.

4. 나의 조국, 우리의 산하여

1) 식민지 치하, 비통의 세월

대구에 정착한 규상은 섬과 육지의 삶을 자주 비교했다. 울릉도는 우뚝 솟은 성인봉이 그 어느 것 보다 높았으나 육지의 산은 서로 어깨를 걸치듯 나란했다. 섬을 둘러싼 길이 마을과 마을을 이었다면 육지의 길은 곧게 뻗었다. 그리고 그 길에는 전차가 동력을 이용하여 사람과 사람을 이었다. 동일한 시간이었으나 섬과는 달리 바쁜 삶을 이어가는 육지의 시간은 상대적으로 빨리 흘렀다. 규상은 과거 뱃사람으로부터 들었던 민족의 아픔과 급변하는 문물을 눈으로 확인하고 민족의 독립을 위해 노력했던 사람들과 친분을 나누었다. 그리고 나라와 민족을 위해 자신은 무엇을 해야 할지 구체적인 고민에 이르렀다. 하지만 대구에서의 삶은 또 다른 삶을 전해 듣는 공간의 확장이었다. 대구에서 회당은 상해 임시정부의 이야기와 만주에서의 독립항쟁 이야기를 들었다. 또한 급변하는 일본의 수많은 이야기와 경성에서의 하루하루를 이야기로 접했을 뿐이다. 나아가 격

변하는 세계 여러 국가에 대한 이야기도 흥미 가득했다. 하지만 이러한 이야기를 듣고 있으면 있을수록 회당은 자신의 공간이 중심이 아니라 그저 지켜보아야 하는 주변인이라는 생각을 지울 수 없었다.

한편 계성학교에서의 학업은 순조롭지 못했다. 3·1운동의 기개를 온전히 드러내어 독립의 젊은 기상을 다 펴보지 못한 학생들에게 일본인과 마주하는 일상은 또 다른 저항이었다. 그리고 글을 모르고 세상에 대해 부정적 시선을 가졌던 서민에게 민족의 미래를 심고 이를 키우기 위한 학생들의 다양한 활동은 일본에게 반국가적 저항이자 반항으로 비쳐지기 시작했다. 회당대종사가 경험한 그 당시의 상황을 다음과 같이 정리할 수 있다.

> "계성학교의 수업은 시간을 더할수록 일본군의 간섭으로 문제시되기 시작했습니다. 이름을 바꾸지 않아 고생하는 학생도 있었고 불법적인 징집을 피하고자 스스로 도망가야 했던 학생도 있었습니다. 이에 학생들에게는 자신의 앞날이 자신도 모른 채 바뀔 수 있다는 불안한 생각이 커져 가고 있었습니다. 학업에 정진하여 민족과 나라에 도움이 되는 일만을 생각했던 나에게 배움의 현실이 한계가 되고 있었습니다. 결국 지금 이곳이라는 한계를 넘어서야 했습니다. 마음을 비우며 주변을 정리하고 홀로 길을 나서야 했습니다."

길은 나서면 열릴 것이라는 생각에 잠긴 규상은 조국의 산과 들을 걷기 시작했다. 청년가장 규상은 자신의 걸음 속에 세상을 담고 우리의 현실과 세상의 흐름을 올바르게 이해하고자 했다. 그의 걸음은 경성의 급변하는 시대를 담았다. 나아가 옛 고려의 도읍 개성에 이르러 중공업의 힘찬 물결을 지켜볼 수 있었다. 그리고 눈에 보이는 것을 담아 밤새 떠올리기 시작했다.

'길에서 담았던 우리의 산하는 소박했다. 하지만 그 이면에는 침탈의 흔적과 가슴 아픈 삶의 현장이 있다. 울창했던 숲은 세상의 시선을 피해 뿌리만 남겼다. 시름 가득한 나무들이 힘없이 자리한 산하는 마음의 아픈 상처가 되었다. 농부의 땀을 담아 이슬처럼 맺힌 벼 이슬은 모두 거두어 가 전장戰場의 씨알이 되었다. 농부의 의지와 삶은 단지 침략을 위한 강한 자의 수단이 되었을 뿐 미래는 어두웠다.'

일본의 강압적 힘은 한민족의 정신과 산하山河를 수탈과 전장戰場의 도구로 만들었다. 내 것처럼 아끼고 소중히 했던 모든 것들이 내 것이 되지 않는 민생의 삶을 규상은 직접 바라보았다. 조국의 산하와 민족의 삶을 담은 청년 규상의 두 눈은 마를 새가 없었다. 그저 비통하다는 생각이 가득했다.

규상은 평양의 을밀대에 찾았다. 지나간 시간을 그리고 눈에 담았던 산과 들 그리고 강물 곳곳을 되내이며 아주 느린 걸음으로 을밀대에 올라 생각했다.

'노력을 해도 민족은 내 마음대로 배불리 먹지 못한다. 씨앗을 심었던 봄의 의지가 가을에는 흔적 없이 사라진다. 일부는 자신의 터전을 떠나 중국 땅으로 넘어간다. 그들의 대부분은 일본군과 싸워 광복을 위해 목숨을 바치기도 한다. 또 다른 일부는 일본과 함께 서로의 이익을 챙기는 사람이 되어 있다. 그저 저마다의 삶에 충실했지만 서로를 반

일과 친일이라 비난하고 대립하며 총과 칼로 서로를 겨누는 모습은 더욱 비참했다. 민족은 하나였으나 그들의 삶은 둘이 되었다. 돌이켜 이 땅을 지키고자 쇄국하였으나 단지 지키고자 하였을 뿐이다. 변화의 흐름에 눈을 떠 적극적인 삶의 자리를 세우지 못했었다.'

지난 역사에 대한 생각과 함께 규상은 대동강을 굽어 살폈다. 그리고 자신에게 물었다.

'저 강물은 지난 수천 년을 지켰다. 큰 비를 맞으며 스스로 강을 넓히거나 줄여도 벼를 마르게 하지 않았다. 물이 넘쳐 논을 삼키더라도 결국 강은 그 물을 다시금 받아들여 벼를 살렸다. 그 이유는 무엇일까?'

다시금 대동강을 바라보았다. 그리고 그 강물의 흐름을 위에서 아래로 자세히 살폈다.

'어느 곳은 숲과 풀이 무성했다. 어느 곳은 거친 강물에 패여 모래를 가득 모으고 있다. 숲과 풀이 무성한 곳은 물의 흐름이 약했다. 패이듯 모래가 쌓인 곳은 물의 흐름이 빨랐다. 강의 흐름이 만든 길에 물이 많으면 그 흐름도 빨랐다, 이를 다 받아내고 긴 시간을 지킨 대동강은 세상의 변화에 보이지 않는 대답을, 아니 대응을 하고 있다.'

규상은 두 눈을 감아 열며 다시 대동강을 바라보았다.

'대동강은 물의 양이 많거나 적거나 수많은 변화에 자기 살을 더하거나 패이며 적응한다. 그 적응은 때로는 아프고 힘들었지만 스스로 받아들여 자기 자신을 지키는 힘이 되었다. 한여름 넘치는 비가 오거나 한겨울 추위에 눈이 오거나 강은 자신 살을 패이며 바위를 모래로 만들었다. 한겨울 봄을 기다리는 논과 뭇 생명에게 강물은 숨을 멈추어 차디찬 얼음이 되었다가 다시 녹아주기도 했다. 세상의 거친 변화에 자주적인 삶을 살아오고 있었다.'

회당대종사는 당시의 기억을 살려 대중에게 부처님의 가르침을 전하였다.

"마음을 움직여 세상과 함께하는 방법 가운데 하나는 내가 스스로 생각하고 말하며 행동하고 있느냐 하는 것입니다. 주체적인 행위의 주인공이 되어야 합니다. 하지만 그 삶은 항상 행복하지 않습니다. 그래도 우리는 주인된 생각으로 세상의 변화 속에서 함께 호흡한다면 힘들고 거친 삶일지라도 그 안에는 웃음의 씨앗이 있습니다. 그리고 그 씨앗은 나도 모르는 사이 꽃이 되고 열매가 됩니다. 마치 강물이 수천 년을 이어 한 자리에 자신이 주인되어 생명을 이끌어 오는 것은 거친 물살에 살이 패여 바위를 모래로 만드는 남모르는 아픔이 있었기 때문입니다. 그리고 그 아픔은 한여름의 거센 비와 한겨울의 눈과 얼음을 담아내었던 주체적인 생명력이 있었기 때문에 극복할 수 있는 것입니다. 대중 여러분, 저 강물과 같이 주체적인 생각으로 세상의 변화를 담아야 합니다. 세상의 크고 작은 변곡점變曲點을 주체적으로 담는 그릇이 바로 행복의 그릇인 것입니다. 누군가 시켜서가 아니라 스스로 생각하고 이를 드러내고자 강과 같은 역동성을 갖추어야 합니다."

규상은 서울과 평양 그리고 개성의 도시와 함께 조국 산하를 둘러보는 순례를 마치고 다시 대구로 돌아왔다. 그 과정 속에서 우리 민족의 근본에 대한 고민을 놓지 않았다. 그리고 규상은 우리 민족에 대해 생각했다.

'중국을 향한 대륙성은 의타적인 사대주의였다. 3면이 바다로 싸여 있기에 해양적 기질을 가진 듯 했으나 이를 펼치지도 못했다. 그러니 대륙성에 치우쳐서는 안 된다. 해양성에 치우쳐서도 안 된다. 이 둘을 조화하여 효율적인 민족의 정체성으로 살려야 한다. 바로 중도中道의 지혜와 기질을 살려야 한다. 치우침이 없는 삶의 균형을 이 땅에서 자주적으로 이끌어야 한다.'

청년 규상은 우리 민족이 나아가야 할 방향을 자주성 함양에서 찾았다. 하지만 현실은 조국 산하를 일본에게 내주었다. 그것도 대륙 침략을 위한 전쟁의 자리로 내 주었다. 국가의 시설과 서민의 생산품은 전장에 매몰되는 이기적 욕망의 도구가 되고 있었다. 규상은 다시금 현실을 직시했다. 정신적 말살과 물질적 수탈이라는 고통이 민족을 휘어 감고 있었다. 규상은 과거와 현재를 살펴 당시의 현장을 이해하려 했다. 그리고 당시의 생각을 다음과 같이 정리했다.

'조선왕조 500년은 대륙성의 기질을 가지고 사대주의적 생각으로 세상을 이끌었다. 유교문화는 우리 삶의 곳곳에 전하여져 삶을 지배했다. 하지만 유교적 문화와 그 삶은 변화에 대응하지 못했다. 나아가 해양성은 그저 지리적 환경에 지나지 않았다. 그 누구도 민족의 해양성

을 강조하지 못했다. 하지만 미래에는 이 둘을 조화시켜야 하지 않을까?'

규상은 치우지지 않는 자주적 바탕이 민족에게 필요했음을 알았다. 하지만 지난 습習에서 벗어나지 못하고 일본의 힘에 의지해 국가의 발전을 이끄는 일부 현실을 안타까워 했다. 치우침이 없는 자주적 가치를 실현하기에는 현실의 부족함이 도처에 널려 있었다.

규상은 발 빠른 변화 속에서 식민지 쟁탈의 목적에 취한 일본에 대한 궁금증이 피어올랐다.

'사실 일본은 섬나라다. 섬나라 일본은 외래문물을 받아들이기만 하던 미개한 민족이었다. 그나마 삼국시대부터 한반도의 문화를 전수받아 문화와 문명을 이끌었던 일본은 조선시대에 이르러 대륙 침탈의 야욕을 키웠다. 하지만 그 강렬한 침략 속에서 우리 민족은 나라를 지키고자 했던 뼈아픈 고통의 기록을 가지고 있다. 왜구의 침략과 그 기록은 호국의 의지를 서로 나누며 침략을 물리쳐 온 민족의 혼이 되었다. 그리고 그 혼은 침략을 물리쳐 왔다. 하지만 지금은 다르다. 신식무기를 갖추고 대륙을 넘보는 그들만의 힘이 있다. 그 힘의 근원은 무엇일까?'

규상은 이 땅을 내주고 우리 민족문화가 짓밟히는 현실이 가슴 아팠다. 그리고 지금이라는 현실 속에서 민족의 부족함과 넘침을 생각하고 그 원인을 고민하기 시작했다. 하지만 그 고민은 전국 산하를 둘러보며 커져만 갔다. 단지 자주성의 결여라는 한계만을 알았을 뿐 이를 극복하기 위한 대안은 찾지 못한 채 대구로 내려와 가족과 함께 포항에 머물며 생업을 이었다.

회당은 다시 생각했다.

'생각을 키울 힘이 필요하다 그리고 그 힘은 실천으로 드러나야 하는데 아직 무엇 하나 명확하지 않다는 사실만이 분명하다. 힘을 키우기 위해 힘 있는 자의 삶을 살펴야 한다.'

2) 동경으로 가다

일본의 침략으로 조국의 산하가 피폐疲弊해지고 민족의 자존自尊을 지키지 못한 한민족에게 동경東京은 앞선 문물이 넘치는 자리였다. 그리고 이곳은 저마다 조국독립의 힘을 키우고자 유학길에 나섰던 선각자의 자리였다. 급속히 유입되는 서양의 문물과 사상 속에 민족성을 확인하고 이를 민족의 이로움으로 키우고자 하였던 선구자의 의욕이 넘치던 자리였다. 하지만 그들 가운데 일부는 자신의 뜻과는 달리 일본의 강제 징집으로 자주적 삶을 등지고 낯선 터전을 맞이해야 했던 고난의 자리이기도 하다. 규상은 자신이 바라본 침략의 아픈 현실을 가슴에 담았다. 그리고 그 가슴은 민족의 자주성이 무엇보다 중요하다는 사실에 이르렀다. 하지만 민족의 힘없는 현실은 해결해야 할 바로 앞의 과제였다. 청년 규상은 먼저 힘을 얻기 위해 그리고 그 힘을 배우기 위해 침략한 자에게 다가서야 했다. 가슴 한편 부끄러웠으나 부정하기 힘든 현실이었다.

동경으로 가고자 한 규상은 이를 일체 알리지 않았다. 이를 알리고 혹 도움을 받는 것은 또 다른 의지처를 구하는 것과 같다고 규상은 생각했다. 규상은 '이제 남은 것은 자주성이라는 간절함 뿐이다.'라는 정신으로 동해바다를 건넜다. 당면한 모든 현실은 극복하여야 할 앞날이었다. 다시 규상은 굳게 생각하였다.

'힘을 누군가에게 의지하여 키우면 그 힘은 종속된다. 그 힘은 자주적인 힘이 되지 못 한다'

이처럼 돌이키거나 부정할 수 없는 생각을 갖고 규상은 이제 자신의 길을 위해 홀로 일본으로 향하는 배에 올랐다. 회당의 아내 배씨 조차 이를 알지 못했다. 다만 그 당시에 상이한 꿈을 꾸었다고 전한다.

"일본인은 검은 콩을 타작하고 지아비는 이를 바라보며 흰콩을 타작하는 꿈이었어요. 그리고 그 꿈을 바로 시어머니에게 전하였더니 이내 어머님은 규상이 일본으로 간 모양이라고 걱정하셨습니다. 훗날 어머님이 제 꿈에 대해 검은콩과 흰콩은 저마다의 마음이라고 하셨어요. 이러한 마음을 키우고 단련하고자 스스로 경책하는 노력은 남편이 이 시대를 만나 자신이 마주해야 했던 고난과 역경이었던 것이지요. 검은 마음으로 침략한 일본인의 땅에 흰 마음으로 새로운 학문을 배워 익히고자 한 남편의 모습이 가슴 속에 선하게 그려져 지워지지 않는 자리가 되었습니다."

동경에 도착한 규상은 낮에는 삼촌과 함께 노동을 하고 밤에는 책을 펴 신학문을 배우기 시작했다. 그리고 시간을 내어 일본 사찰을 찾기도 했다. 신학문과 함께 일본인이 가진 신념의 시작이 신사神社였음을 짐작한 청년 규상의 시선은 그들의 삶을 들여다 보고 그들이 가장 중요시 하는 생각을 읽기 시작했다.

어느 날 규상은 시간을 내어 고야산을 찾았다. 그곳에는 금강봉사金剛峰寺가 있다. 사찰에서 규상은 일본인의 신행을 주의 깊게 살폈다. 동대사東大寺와 법륭사法隆寺도 찾았다. 산사를 찾는 일본인에게는 남다른 간절함이 있었다. 자신 보다 국가를 앞세워 이해하는 문화가 보였다. 그리고 드러내지 않는 진실함 속에 국가가 발전하고 자신의 삶이 나아져야 한다는 하나 된 소박함이 가득했다.

어느 날 오후 규상은 다시 신사를 찾았다. 그곳은 일본인들이 무수한 신을 믿고 따르던 토착 종교인 신도神道를 신앙하는 자리다. 일본은 1870년 신사를 새로이 조직화하고 국가신도를 국교國教로 정하였다. 이는 일본인의 신앙을 통일한 것으로 하나 된 생각을 만드는 목적이 숨어 있었다. 식사를 거른 채 하루 종일 신사를 지켜보던 규상은 그들의 삶 속에서 정신문화의 중요성을 발견한다. 자신의 고민과 걱정을 가져와 기도로써 행복을 구하는 군센 기복祈福의 문화가 있었다. 이는 우리 어머니의 삶과 다르지 않았다. 그러나 그들에게는 개인으로서의 나 보다는 전체로서의 국가가 있었다. 그리고 그 믿음이 변함없는 근간이 되어 세상의 문명을 받아들이고 이를 다시 내어 쓰는 일에 일본인은 적극적이었다.

3) 다시 조국으로

섬 생활과 다른 육지의 삶을 지켜보았듯이 일본에서 규상은 조국과 다른 일본인의 삶을 지켜보았다. 특히 새로운 문물을 접하는 일본인의 능력은 국토가 남과 북으로 길게 이어진 섬 생활의 한계를 극복하는 열려 있는 자세였다. 그리고 그들은 자신의 생각에 비추어 이를 활용하기도 하였다.

조선을 침략한 왜구의 조총은 시간을 더하며 자신의 기술과 역량을 키우는 도구가 되어 있었다. 회당 손규상 대종사는 훗날 이를 하나의 깨침으로 마음속에 품었다.

"세상의 변화는 정신으로 시작하나 그 결과는 항상 물질로 드러났습니다. 그리고 물질의 변화를 통해 우리는 한시대의 시작과 끝을 짐작하거나 이를 뒤늦게 알아왔습니다. 돌이라는 물질을 쓰던 석기시대에서 청동을 물질로 사용하는 변화가 있었습니다. 그리고 철이라는 새로운 물질이 세상을 바꾸었습니다. 이러한 변화는 다시 물질이 정신을 이끌어 우리가 적응하는 또 다른 길을 만들었습니다. 일본은 누군가의 생각이 만든 총을 받아들였습니다. 그리고 그 총으로 변하는 세상을 읽었을 것입니다. 물질이 정신을 이끈 것이지요. 이처럼 물질과 정신은 모두가 중요하다는 것은 의심할 바없는 사실이었습니다."

울릉도를 나와 대구에서의 학업에 이어 일본을 거치는 과정 속에서 청년 규상은 급하게 변하는 세상의 중심 속에 이르렀다. 그리고 치우침이 없는 회당의 자주적인 생각은 변화를 이끌어야 했다. 하지만 자신의 생각만으로 민족의 변화를 이끌기에는 미약했다. 미약한 자신에 대한 한계는 자신도 모르는 사이 마음이 만든 고통이 되어 있었다. 그 고통이 현실로 드러나 다시금 결심을 하여야 했다.

1923년 규상의 나이 스물둘이 되던 해, 일본 간토關東·시즈오카靜岡·야마나시山梨 지방에서 진도 7.9의 대지진이 일어났다. 9월 1일 발생한 관동대지진이다. 지진으로 수십만 가구의 집이 무너지거나 불탔으며, 사망자와 실종자가 약 40만 명에 이르렀다. 이러한 혼란 속에 출범한 야마모토山本 내각은 계엄령을 선포하고 지진사태의 수습에 나섰다. 하지만 혼란은 시간을 더할수록 더욱 심했다. 야마모토 내각은 국민의 불만을 다른 데로 돌려야 했다. 결국 일본 정부는 한국인과 사회주의자들이 폭동을 일으키려 한다는 소문과 함께 '조선인이 우물에 독약을 풀었다', '조선인이 약탈과 강간을 한다'는 유언비어를 만들었다. 유언비어는 결국 '조선인을 죽여도 좋다'는 어처구니 없는 상황에 이르게 하였다. 때맞추어 일본인들은 자경단自警團을 조직하고 헌병들과 함께 수천 명의 조선인을 무조건 체포하고 학살했다. 규상이 면학하던 야간학교는 폐쇄되었다. 규상은 일자리를 찾아 피해지역을 찾았으나 일본인의 눈초리는 매서웠다. 모든 것이 부서진 폐허 속에서 일본인의 눈에는 모든 것이 적이 되어가고 있었다. 규상은 당시의 기억을 몇몇 스승과 함께한 자리에서 전했다.

"이야기로만 듣던 지진은 두려움과 함께 땅위에 있는 것을 모두 부숴버리는 한순간의 절망과도 같았습니다. 하지만 땅이 우리에게 가져다 준 자연의 절망보다 더욱 무서운 것은 사람의 마음이었습니다. 단지 한국 사람이라는 것만으로 적이 되어야 했으며 적은 없어져야할 대상이 된 것입니다. 이기적인 인간의 생각이 집단을 이루어 한민족을 죽음으로 내모는 현장은 지진 이상의 피해를 가져다주었습니다. 무너진 건물은 다시 세우면 되겠지만 사람을 적으로 바라보는 그 눈빛만은 지워지지 않습니다."

규상은 이재민을 돕고자 시내로 들어갔으나 이내 한국인이라는 사실만으로 수용소에서 지내야 했다. 배움은 뒤로 하고 신체의 자유조차 없었다. 수용소라는 현실을 벗어나야 했다. 생명을 타인의 힘에 의지하거나

기적을 바라는 일은 어리석다는 생각이 점차 커져갔다. 그리고 생각은 수용소를 탈출해 산속에 머물며 자신이 가야할 길을 선택해야 하는 현실이 되었다. 규상은 니이가다新潟항구로 향했다. 일본 중부에 위치한 이 항구에는 서구 하와이로 향하는 뱃길과 조선으로 향하는 뱃길이 있었다. 규상은 갈등했다.

'천재지변으로 일본에서 배워 익히고자 했던 인연이 여기까지라면 더 큰 세상으로 나아가야 할까? 아니면 조국으로 가야 할까? 서구문물에 직접 다가서는 것 또한 진정한 배움일 것이다. 하지만 신중해야 한다. 배움 때문에 현실이라는 중요한 시기를 놓치는 일은 없어야 한다.'

결국 규상은 좀 더 세상의 변화를 경험하고자 일본을 떠나 하와이로 향하는 배에 몸을 싣고자 했다. 하지만 일본에서 하와이로 향하는 배에 승선하기란 쉽지 않았다. 무엇보다도 한국인에 대한 검문과 검색이 강화되고 자칫 누명을 쓰기가 흔했기 때문이다. 규상은 아쉬운 마음을 뒤로하고 다시 고국으로 향했다. 함께 공부하던 친구 그리고 삼촌과 함께 한국과 일본을 오가던 배에 승선하여 다시금 조국에 대한 은혜를 깊이 생각하였다.

'배움의 인연이 이처럼 쉽지 않다면 내가 먼저 해야 할 일이 있을 것이다. 시간을 놓으면 되던 일도 아니 될 터인데 지금 나에게 시간은 배움의 여유보다 급한 것이다. 낱낱이 배워 아는 것 보다 하나의 이치를 바로 알아 이를 키우고 나누는 것이 중요할 것이다. 이제 다시 고국에서의 삶이다. 보고 느끼며 더불어 만족했던 것은 나누어 키워야 한다. 부

족하거나 아쉬웠던 것은 먼저 깨쳐 전해야 한다.'

지난 밤 잠을 자지 않고 깊은 생각을 했던 규상의 눈에 저 멀리 육지가 보였다. 이른 아침의 바다 이슬에 서글픈 햇살을 담은 한반도의 모습은 성스러웠다. 하지만 회당의 마음은 서글펐다. 부산에 도착한 규상은 가족을 만나 자신의 생각을 전했다. 그리고 고향 울릉도에서 힘을 키워 다시 뭍으로 나와야 한다는 숨겨진 결심도 세웠다.

4) 다시 본향本鄕으로

섬을 나서 첫 발을 내딛었던 포항에서 학업을 위해 다가선 대구, 그리고 조국의 현재와 발전된 모습을 찾아 전국을 둘러보았던 청년 규상의 발길은 일본 열도의 학업과 체험으로 채워지지 않았다. 단지 곧고 바른 삶을 위해 민족이 나아가야 할 미래에 대한 생각을 키우고 다지는 자신만의 여정이었다. 채우지 못했던 학업의 아쉬움과 조국과 타국을 비교하는 분별심도 결국 청년 규상의 갈등과 번민을 더하고 말았다. 하지만 민족을 위해 자주적 기상을 세우고 이를 키워야 하다는 과제를 더욱 소중히 하는 계기가 되었다. 규상은 이제 방향을 세워 정진하여 나아가야 했다.

'민족의 현실을 마주한 대구에서의 생활도 소중했다. 채우지 못한 배움의 아쉬움을 달래고자 나섰던 길은 조국의 현실을 직시하는 계기도 되었다. 단순히 받아들이는 것이 아닌 내가 직접 찾아 채워야 했던 선진 서구의 문물과 정신 또한 잠시나마 일본에서 배우고 체험할 수 있었다. 이제 내가 나서서 실천으로 드러내야 한다. 하지만 무엇을 어떻

게 해야 할까?'

조국의 땅에서 그동안 청년 규상이 보고 듣고 익혔던 모든 것들이 마음의 갈망이 되고 생각의 번민이 되었다.

"보고 들은 것, 잠시나마 서로 다른 문물과 사람을 만나 체험한 사실이 어느 한순간 모두 떠올랐습니다. 하지만 생각은 혼란스러웠습니다. 마치 엉킨 낚시줄과 같아 다시 풀어야 엮을 수 있는 번민의 과정이 다가온 것입니다. 풀어 엮는 그 순간에 하나의 방향이 드러날 것이라는 생각뿐이었습니다. 그리고 울릉도를 나선 그 첫 마음으로 다시 시작하는 길이 진정 참된 방향을 세우는 길이라는 선명한 느낌만은 지울 수 없었습니다."

규상은 울릉도를 찾았다. 규상은 이곳에서 작은 일에서 자신의 마음을 키우고자 했다. 만나는 이를 인연으로 더하고 자신의 경험을 공감으로 키우고자 노력했다. 이를 위해 고향에서 시작한 일은 면사무소에서 섬 주민을 만나 그들의 삶을 위해 일하는 것이었다. 규상은 배우고 익힌 자신의 경험을 드러내지 않고 그들의 삶을 따르고 이해하는 과정 속에서 변화를 생각하고 있었다. 누군가를 위해 자신이 해야 할 일을 찾는 일 속에서 규상은 자신의 마음을 키우고 뜻을 세우고 있었다. 그리고 면사무소에서의 짧은 경험을 대중 앞에 밝혔다.

"젊어서 면사무소에서 일할 때를 때때로 생각하고는 합니다. 이때 누군가를 만나 내가 할 수 있는 일이 있다면 그곳에 행복이 있다는 사실을 알았습니다. 그 일이 크거나 작거나 하는 것은 중요하지 않았습니다. 나의 작은 행위가 상대자의 웃음이 되었으니까요."

규상의 선善을 쌓는 일은 계속되었다. 누구에게나 다가가 자신의 작은 행위가 도움이 된다면 그 생각과 말과 행동은 진실한 것이었다. 훗날 회당대종사는 이를 정리하여 가르침으로 남겼다.

"어렵고 큰 일을 하나 하는 것 보다 일상생활에서 하기 쉬운 작은 선善일지라도 많이 하여 습관이 되면 크고 착한 것이 된다. 이는 적소성대積小成大되는 것으로 그 과보도 무량하다."

작더라도 선한 일을 무시하지 않는 규상의 일상은 진실을 쌓았다. 그 진실은 사람과 사람을 잇고 서로의 다름을 키워 함께하고자 하는 뜻이 되어갔다. 그즈음 규상의 가족은 옥천동 집을 떠나 도동으로 이사를 하게 되었다. 울릉도 도동은 예나 지금이나 울릉도를 찾는 사람이라면 먼저 밟아야 하는 땅이다. 작지만 울릉도의 특산물이 뭍으로 나가고 뭍의 생활필수품이 이곳으로 들어온다. 세상의 첫 소식을 전하는 곳도 다름 아닌 도동이다. 규상은 마음을 키워 집을 옮겼던 것이다. 그리고 민중民衆의 현실 속에 한 걸음 더 깊이 들어가고자 했던 규상은 작은 가게를 도동에 마련하였다. 간단한 생필품을 팔고 울릉도의 특산물을 육지의 상인에게 제값을 받고 팔고자 했다. 회당대종사는 상인으로서의 새로운 삶을 시작하던 그 인연을 대중에게 밝혔다.

"제 값을 받아야 이웃과 함께 넉넉히 나눌 수 있었습니다. 나아가 이는 나와 이웃을 위한 보람된 일이었기에 상업은 매우 중요하다고 생각했습니다. 특히 침략과 약탈을 일삼은 일본인에게 제값을 받는 일은 민족의 자존을 세우는 일입니다. 나아가 이는 이웃과 함께 나누는 자존과 긍지가 되리라 생각했습니다. 우리의 땀을 들여 만든 우리 것을 우리의 값어치로 만드는 일은 이 땅의 자존이 시작되는 것이자 민족의 보이지 않는 긍지가 될 것입니다. 그리고 그 긍지는 민족의 해방을 위한 작은 씨앗을 심는 일이자 자주自主를 세우는 길이 될 것입니다."

하지만 일상의 삶은 그 변화가 더뎠다. 병으로 아파하는 이는 그 시름을 놓지 못하였고 가난한 사람은 쉽게 넉넉한 살림을 꾸리지 못했다. 아울러 가난과 병으로 시달리는 민족에게 화합된 모습을 만들기란 쉽지 않은 일이었다. 회당 손규상 대종사는 훗날 이를 병고病苦, 가난고家難苦 그리고 불화고不和苦라 불렀으며 이들 고통에서 벗어나는 것을 해탈이라 하였다. 나아가 이는 마음의 고통에서 벗어나는 것과 함께 우리의 삶 자체가 고통에서 벗어나야 한다는 현실적 해탈을 강조한 가르침이 되었다.

고민이 커지는 일상과 함께 규상의 가게는 점차 그 규모가 커졌다. 학용품과 생필품 그리고 울릉도 특산물을 다루던 가게에 베와 무명 옷감을 더하고 재봉틀을 더하여 신문물을 담아 전하는 울릉도의 큰 그릇이 되어가고 있었다. 이를 눈여겨 본 사람이 있었다. 포항에서 전국의 생산물을 모아 거래하는 김두하金斗河 선생이 울릉도를 찾아 사업가 규상을 만나러 온 것이다. 김두하 선생은 1920년대부터 포항에서 포항상공수산회를 조직하고 일제의 침탈 속에서 민족자본을 지켜나간 인물이다. 그는 후에 포항상공회 설립에 나서 부회장의 직을 맡아 일본인과 대등한 활약을 하였으며 민족의 미래를 걱정하였다. 그의 눈에 울릉도에서 만난 청년 회당은 남달랐다. 그는 규상과 함께 반나절을 보내더니 다음날 서로 이야기를 나누며 하루를 함께 했다. 서로의 살아온 이야기와 경술국치의 현실에 대해 이야기를 나누웠다. 긴 이야기 속에 김두하 선생은 포항에서의 사업이야기를 했다. 그리고 그는 회당에게 포항에서 사업을 키우고 민족 자주의 틀을 세우고자 세상을 위해 다시 한걸음 더 나아갈 것을 권한다. 하지만 처음 울릉도를 떠날 때와 마찬가지로 규상은 다시 깊은 고민에 잠긴다.

'다시 섬을 나서면 다시 들어오기란 쉽지 않다. 이제 섬을 나선다는 것은 반드시 성공하여야하는 것이다. 10여 년 전과는 다르다. 이곳을 정리하고 새로이 흔들림 없는 자리를 마련해야 한다. 그 자리는 나를 위하고 가족을 위하며 나라를 위한 큰 자리가 되어야 한다. 다시 결심을 해야 한다.'

그 사이 부친은 세상을 달리했다. 청년 규상의 나이 스물여섯(1927)때의 일이다. 하지만 규상은 이미 정해진 길을 나아가야 했다. 다만 그 길을 나서는 마음과 자세는 예나 지금이나 중요했다. 육지로 나가 고생했던 규상을 지켜본 할아버지는 반대했다. 전에 없는 반대였다. 하지만 규상은 말없이 두 눈 가득 마음을 담아 할아버지께 절을 올렸다.

청년의 나이 스물아홉(1930) 규상은 다시 포항을 나선다. 약관의 나이에 수평선 넘어 섬을 나섰던 십 여년전과는 달랐다. 스물아홉 다시 뭍으로 향하는 규상의 마음에는 실현하여야 할 자주적 이상과 성공으로 나누어 키워야 한다는 간절함이 더해졌다. 규상은 출렁이는 뱃길이 또 다른 인생의 격랑일지도 모른다는 경계심을 놓지 않았다.

마치 성 밖을 나서 태어남과 늙음 그리고 병들고 죽는 네 가지 고통을 맞이했던 어린 고오타마 싯타르트타의 고민은 결국 이를 해결하고자 카빌라 성을 넘어 세상으로 향하는 길이 되었다. 이처럼 규상에게도 스물아홉의 나이는 해결해야할 과제를 안고 다시 뭍으로 향하는 세연世緣의 시작이었다.

어느덧 서른(1931)을 넘긴 규상은 포항시 상원동 주변에 가게를 마련하였다. 바로 춘농상회春儂商會다. 춘농은 손규상의 호다. 포항에 정착하여 여러 사업을 경영하였다. 사업이 번창하자 자신의 호를 춘농이라 짓고 사업명칭을 춘농상회라 하였다.

춘농상회는 이른 봄 농사를 준비하듯 청년 규상의 첫 마음을 담은 가게다. 상거래를 하는 가게였으나 그 근본만은 봄날 농사를 준비하듯 한 해를 서원하는 간절한 자신의 모습을 담았다. 시간을 더하며 춘농상회는 신뢰를 더하고 사람의 마음을 모으는 공간이 되었다. 춘농상회는 찾는 이가 자신의 물건을 거래하는 공간이었으나 서로의 고통과 고민을 나누는 공간도 되었다. 규상은 상거래를 통해 모두가 먹고는 살지만 우리 모두에게 부족한 것이 있음을 알았다. 서로의 고민과 고통을 함께 나누는 공간이 필요했다. 회당은 당시의 상황을 여러 스승이 모인 자리에서 이야기했다.

"춘농상회는 날이 지날수록 잘 되었습니다. 잘되어 가면 잘 되어 갈수록 불안함 마음도 점점 커지게 되었습니다. 상회를 찾는 사람들이 때로는 자신의 이야기를 하거나 다른 이의 이야기를 하며 서로의 불안함을 나누었습니다. 저마다 불안한 마음이 있었던 모양입니다. 누군가는 일본인의 눈을 피해야 했으며, 누군가는 나이 많으신 노부모님의 걱정을 하였습니다. 하루를 보내면 안도의 한숨을 쉬고 새로운 아침이 되면 불안한 미래가 시작되었습니다. 모두가 지금을 비추어 미래를 걱정 하는 모습이었습니다."

이런 생각이 가득한 회당은 포항 죽도에 작은 공간을 마련하고 인연 있는 사람들과 서로의 이야기를 나누는 계기를 마련했다. 저마다 어렵고 힘든 세상의 이야기를 나누었다. 하지만 밤을 새워 나눈 이야기는 그저 현실에 담긴 문제를 해결해야 한다는 생각의 한계 속에서 지쳐가고 있었다. 미래를 걱정하지만 현실을 넘지 못하는 한계를 규상은 느끼고 있었다.

이를 넘어서야 한다는 생각을 가진 회당은 어느 날 자신이 읽었던 사서四書, 삼경三經 등의 유교서적과 불교서적 그리고 풍수지리와 주역 나아가 작명에 이르기까지 한보따리 책을 방에 던졌다. 그리고 함께 이야기를 나누던 사람들에게 다음과 같이 말했다.

"매일 같이 자신의 어렵고 힘든 나날을 이야기하지만 결국 이야기는 제자리에 머물고 있어 답답합니다. 산 사람의 이야기를 어느 정도 들었으니 죽은 사람들 이야기를 들어봅시다. 그들은 책을 통해 무엇인가 남겼으며 그 남겨진 것이 유익하기에 지금도 책을 펼치는 것 아니겠습니까?"

회당의 독서는 남달랐다. 책이 가진 저마다의 이치를 비교하고 그 이치 속에 우리의 참된 습관이 있다고 판단했다. 그리고 이를 바로 알아 자신의 삶 속에서 생각과 말과 행동으로 이끈다면 그 고통은 다소 줄어들 것이라고 판단했다.

규상에게도 말하지 못한 아픔이 있었다. 이즈음 아내 배씨 사이에 3

남 3녀를 두었으나 울릉도에서 태어난 세 자녀가 일찍 세상과 인연因緣을 다하여 자신보다 앞서 떠난 것이다.

규상은 그 연유를 알고 싶었다. 단순히 나와 관계없는 한 생명의 죽음이 아니었기에 규상에게 자녀의 죽음은 숨을 멈추어 드러내고 싶지 않았던 자신과의 비통한 싸움이었다.

규상은 섬을 떠나 항상 적극적인 생활을 이끌었으나 자녀 앞에서는 머뭇거렸다. 그 머뭇거리던 발걸음은 사찰의 길로 이어졌다.

Ⅱ. 무소의 뿔처럼 혼자서 가라

1. 불교와의 인연

포항에 위치한 죽림사竹林寺는 조계종 11교구 불국사 말사이자 봉비산 아래 자리한 사찰이다. 1929년 기록된 죽림사 상량문에는 '신라시대 창건되었다가 조선시대 순조 9년(1809)에 중창되었다. 신라 때 원앙부인이 수도를 닦던 도량으로 그의 아들 안락국이 대도를 깨달은 자리이며, 그 때 하늘이 이 자리를 비추니 운이 크게 통하였다. 19세기 초에 다시 한 번 중창한 후 120년만인 1929년에 다시 중수하기에 이르렀다'고 적고 있다. 청년 손규상는 이런 죽림사를 자주 찾아 가람의 위용을 살피고는 하였다. 그리고 그 인연의 시작을 다음과 같이 밝히고 있다.

> "이 절은 신라시대부터 있던 고찰이었음을 알 수 있습니다. 사찰 주변으로 민가들이 들어서 있어 가람과 대조적인 모습을 띄고 있으나, 그 전통과 역사를 바탕으로 활발한 포교 활동을 하고 있는 사찰이었습니다. 특히, 사찰 뒤에는 늘 푸른 대나무가 에워싸고 있어 죽림사라는 사찰의 이름이 돋보이는 곳입니다."

회당대종사가 죽림사에서 부처님의 가르침을 만난다. 그리고 농림촌에서 목숨 건 대정진을 이을 때까지 그의 활동은 구법실천과 사회참여의 실천, 그리고 구법대정진으로 이어진다. 이 모든 활동의 근저에는 불교적 실천정신이 있다.

1) 사찰로 들어가다

1937년 초겨울, 청년 손규상의 숙명적인 불교 인연은 포항 죽림사에서 시작되었다. 거슬러 올라가면 태어난 곳도 죽령竹嶺으로 대나무와 인연이 있었다. 이후 종단을 개종開宗하고 무상주의를 표방하면서도 죽비竹篦 하나만을 법구로 정한 것 또한 대나무와 깊은 인연을 가진다. 더불어 참죽 같은 그의 성품 또한 대나무와 다르지 않다. 나아가 울릉도 최씨 할머니가 참된 인물의 탄생을 미루어 알렸던 그 순간에도 죽순에 맺힌 이슬의 영롱함이 있었다. 바로 죽순에서 시작된 인연이 지금에 이르고 있다. 그리고 신라 때 죽림사에서 원아부인과 그 아들 안락국의 모자母子 인연처럼 회당대종사도 어머니의 인연에 따라 죽림사에서 처음 불연을 맺었다. 이 또한 우연이 아니다. 회당대종사의 모친은 불심佛心이 돈독하였다. 청년 손규상은 울릉도를 나와 포항에 정착한 후에도 늘 사업이 번창했으나 집안에는 가족의 신병, 자녀들의 사망 등 크고 작은 액운이 끊이지 않았다. 회당대종사의 모친은 이러한 집안의 액난을 없애고 길상을 기원하는 불공을 죽림사에서 자주 올렸다.

그러던 가운데 1937년(36세) 조부가 열반하자 청년 손규상의 모친은 조부의 왕생성불을 서원하는 49재의 인연을 죽림사에서 봉행하게 되었다. 청년 손규상은 여러 사업에 바빴다 하지만 모친은 49일 불공 회향일에 같이 불공에 동참할 것을 권하였다.

불교의 신앙 현상에 부정적인 인식을 가지고 있던 청년 손규상은 당시의 기억을 살려 불교와의 인연을 전하고는 하였다.

"사실 부모님의 뜻을 따르고 그 뜻을 존중하는 삶이 모두에게 평안한 현실로 이어진다는 생각이 저를 사찰로 이끌었습니다. 물론 천성적으로 부모에게 효순하는 것이 최고의 선善으로 알고 이를 실천하는 길은 모친의 권유를 따라 회향불공에 동참하는 것 뿐이였습니다."

청년 손규상의 인생전기는 이렇게 시작되었다.

회향불공을 마친 그날 저녁, 주지 스님과 잠시 만나기로 약속하고 집을 나갔던 청년 규상의 인연은 잠시가 아니라 이튿날 오전까지 지속되었다. 청년 손규상은 스님과 법문을 나누면서 겉으로 보고 알았던 불교와는 너무도 다른 불법의 세계를 발견했다. 모친의 권유를 뿌리칠 수 없어 잠시 불공에 동참하러 죽림사에 갔던 청년 손규상은 밤을 새워 부처님과 그의 가르침에 대해 토론했다. 그리고 이튿날 아침에 이르러 환희에 넘친 모습으로 집에 돌아왔다.

청년 규상은 짧지만 하룻밤 죽림사 주지와 불법을 토론하고 인생의 행로를 고민하기 시작했다. 작은 변화가 시작된 것이다. 그러나 그 당시 청년 규상과 불법 토론을 했던 주지에 대한 기록은 남아있지 않다. 불법 토론 중에서 무엇이 청년 손규상의 마음을 크게 움직였을까? 그것은 지금까지 마음속에 자리 잡고 있던 관심과 밀접한 관련이 있을 것이다. 평소 규상은 유교경전의 본말本末 정신과 서구 신사조의 혁신 정신에 상당한 관심을 가지고 있었다. 주지와의 토론에서도 이 두 가지 정신을 조화로서 이룰 수 있는 무엇인가를 찾았을 것이다.

2) 정진으로 자주를 세우다

죽림사에서의 법담法談 이후 청년 손규상의 삶의 모습은 강한 의지력과 실천력을 바탕으로 진취적인 면이 드러나기 시작했다. 회당대종사는 당시의 기억을 조심스레 대중에게 드러내었다.

"옳다고 생각하면 주저 없이 당당하게 나아가고, 틀렸다고 판단되면 미련 없이 버릴 줄 아는 삶을 살아야 한다고 생각하고 그 실천을 그저 드러내었습니다. 이는 하루 밤에 혜안慧眼을 열어 지금까지 살아 온 인생을 뒤집을 수 있는 힘 그 자체였습니다. 아마도 섬에서 자라 거친 자연환경 속에서 쌓여있던 진취적인 성격이 한 몫을 한 것 같기도 합니다."

긴 시간이 지나 청년 손규상을 바라본 모친은 그 당시의 규상을 지난 과거생의 인연인 숙연宿緣에 의한 것으로 밖에 설명되지 않는다고 말하고는 하였다. 청년 손규상의 불법인연은 남다른 열정으로 이어졌다. 불법을 만난 바로 그 다음날부터 1년 정진 불공을 결심하고 구도의 실천을 시작한다. 원정각 스승은 그 당시 정진 사실을 이처럼 회고하였다.

"새벽 일찍 일어나 한 시간 동안 경전을 소리 내어 읽고, 참선 정진과 더불어 매일 불전에 희사를 올리는 수행을 반복하였습니다. 반면 사업에 관해서는 경영 방침만 조언하고, 그 운영은 가족과 동료에게 맡기고 거의 관여하지 않았습니다. 물질의 이치 또한 마음의 이치를 따르는 결과이니, 마음을 바로 세우고 진실히 세상에 다가설 수만 있다면 사업은 자연 따를 것이라 생각했지요."

1년 새벽불공은 용맹정진으로 회향되었다. 하지만 청년 손규상이 1

년 정진 기간 동안 매일 희사한 금액이 워낙 큰 금액이라 죽림사 주지스님은 사용하지도 못하고 불공 회향 후 어머니를 통해 돌려주려고 하였다. 이를 알게 된 청년 규상의 반응에 대해 원정각 스승은 다음과 같이 기억하였다.

> "스님, 한 번 희사한 것은 돌려받을 수 없는 것입니다. 사찰의 불사를 위해 유용하게 회향되기를 서원합니다. 부족하면 이를 채우기 위해 정진할 것이니 부족하지만 초발심의 뜻을 거절하지 말아주십시오."

이에 주지 스님은 보살상들을 조성할 것을 제안하였고 청년 규상은 이미 사찰을 위해 스님이 먼저 뜻을 세우면 자신도 또한 원만히 성취되기를 서원하겠다는 공감의 뜻을 밝혔다. 죽림사의 불보살조성불사 중에도 청년 손규상은 사찰을 자주 찾았다.

그러던 어느 날, 주지스님은 "두 분의 보살상을 조성하면 금액이 좀 남고, 세 분을 조성하면 좀 모자랄 듯하다"고 하자 청년 손규상은 불사비용을 더 시주하여 세 분의 보살상을 조성하도록 권했다.

결국 죽림사에는 왕생성불을 서원하는 뜻으로 지장보살상을, 현세안락과 행복을 위하여 관세음보살상을 그리고 불법의 홍법과 흥왕을 위해서 대세지보살상을 조성하여 전해지고 있다.

2. 구도정신의 편력

회당대종사의 의지와 실천의 힘은 두 가지의 모습으로 나타난다. 첫째는 구법순례이고, 둘째는 불사활동이다. 구법순례로는 죽림사에서 1년 정진 불공을 회향한 후 곧바로 포항 초입에 있는 형산절(당시 옥련사, 현재 왕룡사원)로 향한다. 다시 그곳에서 열흘이 지나서야 집으로 돌아왔다. 구법 순례의 시작이다.

청년 규상의 한복 바지가 다 닳아 무릎이 보일 정도로 헌옷이 되어 돌아 온 것이다. 집을 나설 때 새 옷을 입고 나가 열흘 만에 헌옷이 된 것이니 자신을 낮추고 부처님의 가르침을 구하고자 노력한 오체투지의 용맹정진을 이었던 것이다. 형산절에서 돌아 온 다음, 인근의 대가람인 기림사와 보경사 등의 사찰을 찾아 큰스님들과 불법에 대해 밤을 새워 토론하면서 규상은 자신의 생각을 정리했다.

특히 10일간 각고의 정진으로 구슬땀을 흘렸던 형산절 아래 지역은 '유금리'이다. 시간이 지나 종단이 창종되고 교석, 상석, 원선 등 여러 개의 심인당이 이 지역에 건립되었다. 뿐만 아니라 대종사와 종단의 숙원 사업이었던 학문 연구의 전당인 종립 위덕대학교가 위치한 곳도 바로 이곳이다. 회당대종사는 이 지역의 도량이름을 종파불교의 핵심인 교상판석敎相判釋을 의미하는 교석, 상석 등으로 정하고, 종단이 여기에 불교대학교를 세운 뜻은 결코 우연이 아니었다.

1) 경전, 이를 펼쳐 자주의 불교를 이루자

스님과 법을 나누던 청년 규상은 일제침략이라는 고난의 원인을 무명無明으로 보았다. 그리고 무명을 깨치기에 앞서 글을 깨치는 길이 우선되어야 의타적인 생각과 습관 또한 지울 수 있다고 여겼다. 이에 새로이 경전을 번역하고 출판하는 불사활동을 시작했다. 먼저 『법화경』과 『지장경』

을 한글로 출판해 널리 법보시하였으며, 어머님과 스님의 권유로 『고왕관음경高王觀音經』도 출판했다. 특히 『고왕관음경』은 짧은 경이기 때문에 가족 친지들에게 늘 암송할 것을 권유하였다. 청년 손규상은 『고왕경』에서는 '관세음이라는 명호를 부르면 곧 불법승에게 귀명하여 부처님과 인연을 맺을 수 있으며, 부처님처럼 상락아정常樂我淨의 열반 사덕四德을 누릴 수 있다'는 경전 구절과 '아침과 저녁에 관세음을 부르면, 항상 관세음을 부르는 그 마음으로 살아 갈 수 있다念念從心起 念念不離心'는 짧은 경전 내용에 깊은 관심을 가졌다.

그리고 불보살의 이름을 부르는 염불수행에 관심을 가지고 자신의 수행을 살폈다. 청년 손규상은 이 가운데 '염염종심기念念從心起 염염불리심念念不離心'라는 경구를 특히 중요하게 여겼다. 이는 생각 생각마다 관음보살님 생각이 일어나고 부처님 생각이 마음에서 떠나지 않는 생활이 곧 일상의 수행이었다. 그리고 이를 실천하여 자주성을 키우고 늘리는 수행으로 이끌었다. 그리고 회당대종사는 때때로 이 구절을 인용하여 법문으로 여기고 있었다.

> "순간 순간의 생각이 '관세음을 부르는'그 마음에서 일어납니다. 또한 순간순간의 생각이 '관세음을 부르는'그 마음에서 벗어나지 않는 것은 부처님의 마음이 됩니다. 그리고 그 마음을 놓지 않으면 일상의 수행이 됩니다. 이러한 삶을 끊임없이 이어 간다면 우리는 '관세음의 진실한 마음'을 잃지 않고 살아 갈 수 있습니다. 이는 일상 속 진실한 수행입니다."

부처를 생각하고 불보살의 명호를 부르는 것은 항상 깨어 있는 자세로 악惡을 멀리하고 선善을 가까이 하는 삶이 되었다. 청년 손규상은 죽림사 불법토론에서 불법이 자신이 추구하여 오던 정신세계라고 확신했다. 그리고 바로 불법의 체험에 몰두하였다. 구법정진 중에서도 경전을 인쇄 반포하고, 불상을 조성하는 등 불법佛法을 대중에게 전하려는 서원과 정진을 지속하였다.

회당대종사는 경전출판의 중요성을 밝혔다.

"당시 불교경전은 쉽게 접할 수 없었습니다. 시중에 흔치 않았기 때문이지요. 그리고 일본 식민치하에서 한글로 번역된 책은 더욱 귀했습니다. 일반인들이 누구나 불교경전을 편리하게 읽고 부처님의 가르침에 가까이 갈 수 있는 길을 열고 싶은 마음이 무엇보다도 앞섰습니다. 그리고 한글을 배우고 익혀 민족의식의 자각을 이루기 위해 한글경전을 보급하는 일은 무엇보다 중요했습니다."

청년 규상은 이후에도 이 두 가지 구법실천을 약 10여 년간 지속하였다.

청년 규상이 구법실천의 정진에 몰두한 1936년에서 1945년까지 약 10여년 사이 불교계는 자주력 회복과 개혁을 위한 진통을 겪고 있었다. 특히 총본산 건설운동의 하나로 조계종이 성립되는 시기였다. 불교계의 총본산 건립은 일본이 사찰령(1911.6.3)을 제정하고 불교계를 31본산제로서 관리하던 제도적인 것을 통일된 교단으로 관리하려는 운동이었다. 그러나 그 내면에는 일방적으로 사찰을 관리하는 일본의 사찰정책에서 벗어나서, 31본산으로 분열된 한국불교계를 통일하여 자주적인 불교발전을 이루려는 의지가 있었다. 총본산 건립운동은 1920년대부터 신진소장 승려들이 31본산제本山制의 폐단을 주장하면서 시작하였다. 총본산 건립운동은 1935년부터 본격적으로 시작되어 1941년 태고사를 세워 총본산으로 하고 종명을 조선불교조계종으로 하면서 일단락이 되었다. 그리고 해방을 맞아서 종명은 한국불교조계종으로 재정비하게 된다. 총본산 건립운동은 조계종 성립으로 불교계의 분립화를 일정 부분 극복하는 성과는 있었다. 그러나 일제의 사찰정책과 황국식민화를 위한 심전개발운동을 비롯한 식민지 운용책의 구도 하에 진행되어 불가피하게 일제의 영향을 완전히 배제할 수는 없었다.

불교계의 통일운동은 일본의 사찰정책을 비롯한 식민지 정책에 대항하고, 국내적으로는 심각한 불교내외의 위기를 해결하려는 것이었다. 회당대종사는 당시의 불교 상황을 다음과 같이 파악했다.

> "1930년 전후의 우리 불교계의 위기와 그 원인을 살핀 적이 있습니다. 먼저 불교는 분파로 나뉘어 시기와 경쟁을 일삼는 파쟁독派爭毒이, 사찰의 경제나 운영에 있어 민주적이지 못하며 불법佛法의 접근이 제한적인 현실의 중심에는 주지가 그 책무를 다하지 못하였다는 주지독住持毒, 그리고 청정淸淨 승가의 부재로 저마다 공심公心을 키우지 못하고 현실에 머물러 있던 한계로서의 대처독帶妻毒 등의 내적 위기가 있었습니다. 또한 외적으로 생산 경제의 대부분이 일본의 전략물자로 약탈되었던 경제난經濟亂과 유교적 습習에 머물러 급변하는 서구의 다양한 사상이 유입되었던 혼란의 사상난思想亂과 조직의 운영과 규칙이 부재하여 혼란하였던 법령난法令亂 등이 있었습니다. 그리고 그 중심에는 주체적이지 못하고 의타적이었던 옛 습성의 잔재가 있기에 이를 극복할 필요성이 있었습니다."

회당대종사는 불교계의 절박한 상황은 기득권을 가지고 그저 안주하려는 세력과 이를 개혁하려는 세력이 갈등하고 대립하는 불교계의 양상을 우려했다. 하지만 그러한 우려 속에서도 불교는 변화의 꿈을 키우고 있었다. 문제의식을 가진 소수의 승려들은 끊임없이 직간접적으로 불교개혁의 목소리를 높였다. 불교의 포교는 실제 이들에 의해서 주도되고 있었다. 결국 불교계의 총본산 건립 운동은 조선불교조계종을 성립시켰으나, 일본의 식민지 정책과 기득권층 승려들의 문제의식 결여로 완전한 자주 불교를 이루는 데는 한계가 있었다.

회당대종사는 사찰의 순례와 승려들을 만나면서 불교계의 현실을 인식하였다. 그리고 자신의 인식으로부터 대안의 실마리를 드러내기도 하였다.

> "불교는 이제 자력적인 발전을 해야 합니다. 그리고 이를 위해 불교계의 개혁이 필요합니다."

이를 증명하듯이 회당대종사는 후後에 교화를 하면서 자력적인 역량과 이를 위한 개혁이라는 이 두 목표를 중심으로 법을 전하고, 생활불교와 실천불교의 개혁적 불교운동을 실천으로 이끌었다. 다만 회당대종사는 구법실천의 초기에는 구법순례와 불사활동에만 전념하였다.

2) 구법순례, 만남으로 키우다

청년 규상의 2차 구법 순례는 마치 『화엄경』에 등장하는 선재동자와 같았다. 규상은 먼저 전국의 명산대찰을 비롯해 무수한 기도처들을 방문하고, 각양각색의 일반인뿐만 아니라 고승 대덕들과 만나 담론을 펼쳤다. 나아가 이 기간 동안 이 나라 불교 실태를 직접 살폈다. 그리고 일제하에서 민생들이 겪는 고초를 생생하게 몸으로 느꼈다.

1940년, 청년 규상은 본가를 상원동으로 옮기고 고요히 정진을 지속하였다. 그러던 가운데 번창하며 운영되던 과자가게에 큰 화재가 일어났다. 훗날 회당대종사는 이를 법문이라 생각한 심경을 다음과 같이 읽을 수 있다.

"누구나 영원하다고 생각하고 자신을 희생하며 모으고 키웠던 물질은 한순간이었습니다. 그리고 화마火魔의 물질적인 손해는 세속의 일이지만 그 인연은 오히려 물질에 대한 무상함을 다시 한 번 깨우치는 계기가 되었습니다. 또한 무상함은 있는 그대로의 세상을 바라보는 여실지견如實之見으로 한걸음 다가서게 하는 인연이 되었습니다."

청년 규상은 화마火魔의 무상한 현실 속에서도 사업경영을 포기하지 않았다. 사회 속으로 다시 다가서 광산업과 대마업大麻業에 관심을 가졌다. 이에 대해 회당대종사는 그 의미를 이처럼 대중에게 전하려는 뜻을 가졌다.

"화마로 재산을 잃었습니다. 물질의 무상함을 알게도 되었지요. 하지만 무상함을 받아들이고 이를 절대시하면 우리의 삶은 의욕을 잃게 됩니다. 무상함을 알기에 집착이 없는 삶을 펼쳐야 했습니다. 물질에 집착하는 것이 아니라 물질의 집착을 떨쳐 먼저 나누고 저마다의 삶을 위해 물질을 나누는 새로운 삶을 드러내어야 했습니다, 결국 이를 실천으로 보이고 그 의미를 살리고자 다시 경제적 활동을 시작했습니다."

하지만 회당대종사의 뜻은 시대와 인연하지 못하는 결과로 이어졌다.

당시 광산업은 일본이 중점을 두었던 공업정책의 하나였다. 민주사변(1931), 중일전쟁(1937), 미일전쟁(1941)을 거치면서 광업을 군비증강의 정책으로 삼았기에 비약적인 진흥이 있었다. 처음에는 금을 중심으로 하던 것을 미일전쟁이 발발하자 철, 석탄, 중석 등으로 옮겨졌다. 그러나 광산업에서 큰 이익이 남지 않았다.

청년 손규상은 또 다른 위기를 맞게 되었다. 그것은 대마사업의 사기 사건이었다. 대마업은 김두하씨의 요청에 의해서 시작되었는데 사업의 초기 자금 또한 김두하로부터 투자를 받아 시작한 유통업이었다. 그런데 대마 거래를 하던 사람이 거액의 대마 구입 자금을 받아서 이북으로 도망가 버린 사건이 발생했다. 하지만 청년 손규상은 이를 인연으로 받아들이고 분노와 시기를 드러내지 않았다. 다만 세상의 물질인연이 정신과는 달라 인연 없이 혼자의 생각과 노력으로 이룰 수 없다는 사실을 청년 규상은 새로이 알게 되었다.

한편으로 청년 손규상이 광산과 대마업 등의 사업에 관심을 가진 것은 민족자본의 자주성이 무엇보다 중요했기 때문이다. 일본은 당시 조선의 산업을 독점하는 정책을 폈다. 그 때문에 조선인에 의한 산업 활동은 매우 미진했다. 특히 광업은 더 심하여 90% 이상이 일본인의 자본이었다. 이러한 상황을 인식한 청년 손규상은 광산업 등 산업에 눈을 돌린 것이다. 이에 대해 회당대종사는 앞선 무상함이 진실에 다가서는 길이라는 사실과 함께 현실적인 어려움을 치유하는 방편으로 받아들인 심중을 이렇게 파악할 수 있다.

"한편으로 나는 우리의 힘으로 한국인에 의한 산업을 증대시키고 경제적 자주성이 확립되어야 한다는 생각을 하였습니다. 사업의 결과보다 각자의 뜻으로 물질적 서원을 이루고 이를 함께하는 삶이 중요했습니다. 서원으로 하나 되는 삶과 그 정신이 둘이 아닌 하나의 가치를 세우는 일은 무엇보다도 중요했습니다."

청년 규상의 이러한 인과의 시련은 불법 수행이라는 숙연으로 회귀하는 인연이 되었다. 비록 사업은 실패했지만 시대 인식을 분명히 할 수 있는 계기가 되었다. 이 사건들로 인해서 청년 규상은 사회참여의 길을 불교 수행의 길로 전환하는 계기를 마련하게 된다.

이 일련의 과정에서도 청년 손규상의 구법실천 의지는 더욱 강해졌다. 자신의 식사를 생식으로 전환하고 검소와 겸양의 자세를 수행으로 승화시켰다. 이에 대해 회당대종사가 자신이 생식을 하는 두 가지 이유를 마음에 두었다.

"생식은 수행의 방법의 하나였습니다. 또 다른 이유는 당시 쌀이 귀했기 때문입니다. 부족함으로 만족을 배우는 실천이라 여기고 생식을 즐거이 이어나갔습니다. 나아가 누구에게는 금연 또는 금주 또한 일상생활 속에서 절제를 하는 수행이 됩니다. 이는 생활과 동떨어진 것이 아니라 일상의 실천이기에 누구나 실천할 수 있는 수행인 것입니다."

청년 손규상이 생식을 시작한 것은 생활 속 수행의 실천이었다. 또한 이는 쌀이 귀하였던 시대적 고통을 함께 하려는 동사섭同事攝의 실천이었다. 한편 일본은 1918년 소위 일본의 쌀 부족 파동 이후 꾸준히 조선에 산미증식産米增殖 정책을 추진해 왔다. 그리고 1940년대는 조선증미계획 등을 수립하여 쌀의 일본 수출을 더욱 강화 하였다. 결국 쌀은 점차 귀한 것이 되었다. 이에 회당대종사는 생식을 수행의 한 방편으로 실천한 것이다.

청년 손규상은 포항 인근의 문중 어른들이 많이 모여 사는 계전에 땅을 구입하고 농사를 지었다. 그리고 그동안 구법求法의 과정을 살피어 삶의 향방을 모색하였다. 나아가 자신이 직접 생산한 쌀을 이웃들에게 나누어 주었다. 심각한 식량난을 겪는 사회적 고통에 생식으로 동참하고 다시 나눔으로 회향하려는 뜻을 헤아릴 수 있다.

> "흙을 밟으며 씨앗을 심고 다시 마음을 모았습니다. 땅으로부터 시작되는 나날은 나를 깨우는 수행이었습니다. 발로 전해지는 땅의 감촉이 싹으로 피어나는 신비함이 되었고 그 신비함은 결실을 더하고 나누는 보다 큰 수행이 되었습니다. 마음을 키우는 밭이 된 것입니다. 달리 이를 심전心田이라 부르고 발 끝에서 손 끝에 이르는 환희와 두 눈에 담기는 시간을 진실함으로 키우게 되었습니다."

이와 같이 다양한 구법 실천을 진행하던 청년 규상은 급변의 상황을 맞이 한다.

3) 국민과 함께 더 큰 세상의 주인이 되고자

1945년 8월 8일, 일본의 히로시마와 나가사키에 3일 간격으로 투하된 2개의 원자폭탄은 일본의 대동아 공영의 꿈을 버섯구름으로 바꿔 놓았다. 8월 15일 일본의 국왕 히로히토는 무조건 항복하겠다는 방송을 전했다. 제2차 세계대전도 막을 내리고 자주적 독립의 뜻을 이루지 못한 우리에게 한순간 광복光復이라는 결과가 다가온 것이다.

해방이라는 새로운 시대 상황 속에서 청년 손규상은 국가와 민족의 사회적 문제에 관심을 가지고 그 해결을 위해 사회참여를 이처럼 생각하였다.

> "누군가 어렵고 힘들어 한다면 누구라도 나서 그 어려움을 덜어야 한다. 하지만 자신의 목숨조차 부지扶持하기 어려운 현실 속에서 이를 실천하기란 쉽지 않다. 국가가 바로서야 한다. 국가의 정신이 바르고 참되어야 한다. 하지만 현실은 그렇지 않다."

이러한 청년 손규상의 생각은 사회적 실천방법의 하나인 정치문화에 관심을 키웠다. 『대학』의 '치국평천하治國平天下'에 남다른 관심을 가졌던 청년 손규상의 생각은 이제 정치문화의 관심으로 이어졌다.

먼저 회당대종사는 해방이 되자 즉시 '도덕정치'라는 정법정치正法政治를 실현하고자 정치계와 교류하며 그 상황을 살폈다.

> "해방정국의 정치상황은 미국과 소련의 두 강대국이 우리의 산하를 남과 북으로 나누어 진주하고 있었습니다. 나아가 군인이 정치를 이끌고

있었습니다. 특히 남한에는 민주·공산주의 등의 서로 다른 이념을 주장하는 50여개의 정당들이 난립하여 정치적 혼란이 극심하였습니다. 또한 정치적 무질서뿐만 아니라, 일본에 의존했던 경제 상태는 더욱 혼란스러웠습니다. 나아가 강대국의 패권주의적 세계화 전략과 외세를 민족분단과 집권목적으로 연계시키려는 현실정치는 피비린내 나는 냉혹한 현실이었습니다. 그리고 지식인들의 민족적 이상은 박해와 탄압 그리고 좌절로 이어지고 있었습니다, 실로 정치적 이상을 키워나가기에는 어려운 현실이었지요."

해방 후 정치적 혼란과 사회경제적 고통이 가중되는 현실 속에서 청년 손규상은 누군가의 이익을 위해 민중은 굶주리고 있으며, 정치는 모든 이의 이상이 되지 못한다는 현실을 직시하였다. 또한 종전 5일 만에 원산에 상륙한 소련군과 남한에 진주한 미군은 또 다른 외세가 되었다. 우리 민족은 여전히 자유롭지 못했다. 도덕정치를 함께 실천하고자 정계에 입문한 청년 손규상은 날이 갈수록 회의懷疑와 무력감이 몰려왔다. 이러한 상황 속에서 회당대종사는 그 원인을 살피고 이를 마음 속에 품었다.

"해방 이후 한반도는 우리의 의지와는 다르게 남과 북으로 나뉘어져 정치와 이념을 달리하는 갈등으로 이어졌습니다. 그리고 이는 또 다른 외세를 의지하는 결과로 드러나기 시작했습니다. 그 원인 또한 우리 민족의 '자주성'이 없었기 때문입니다, 그리고 이제 진정한 민족의 자주성 없이는 결코 외세의 침해는 사라지지 않을 것입니다."

이처럼 청년 손규상은 개인을 떠나 국가적 문제를 해결하고 사회를 바로 세우는 길은 개개인 국민에게 도움이 되는 큰 길이라 생각했다. 그리고 정치를 제대로 해야 한다는 생각을 가지고 서울로 상경했다.

청년 손규상은 서울에서 변영로, 백관수 등과 회동하면서 정치 참여의 방법을 다각도로 모색하였다. 변영로의 형인 변영만은 법조계와 국학에서 유명한 사람이었다. 후에 그는 초대 전북대 총장을 역임하기도 했다. 동경 2·8독립선언의 학생대표 가운데 한 사람인 백관수는 동아일보 사장을 지냈으며, 해방 후 한국민주당 총무를 지냈고 제헌의원을 역임한 인물이었다.

만남을 지속하며 이들과 함께 정치적 공감은 키울 수 있었으나 그 현실은 달랐다. 민중의 고통을 이야기했지만 현실에서는 저마다의 입장만을 주장하는 어리석은 한계가 드러나기 시작했다. 정치는 청년 손규상이 가야할 길이 아니었다. 이에 대해 회당대종사는 정치에 대한 자신의 생각을 다음과 같이 정리하였을 것이다.

> "정치라는 사회참여의 목적은 경제의 궁핍, 이념의 대립, 정국의 혼돈에서 바른 정치를 통해 이 나라 민생들의 삶을 조금이나마 윤택하게 하는 대승적 이타행의 실천입니다. 하지만 서울의 상황은 생각과 달랐습니다. 백성의 어려움에서 시작하는 현실적 정치가 아니라 저마다 배우고 익힌 이상으로서의 정치만이 이념이라는 이름으로 난무하고 있었습니다. 하지만 당시의 정치 현실을 직접 체험하면서 정치적 혁신보다는 국민의 정신적 혁신이 더 근본적인 것이라고 판단했습니다. 먼저 민중의 자주성이 있어야 바르고 참된 가치를 세울 수 있기 때문입니다."

청년 손규상은 정치적 이상과 현실이 다른 세속정치를 경험하고 경험으로 다져진 생각이 국민의 자주성 함양에 다다르자 서울에서의 정치적 사회 참여의 길을 접고 새로이 세인들 속으로 들어가고자 했다. 결국 청년 규상은 다시 가족이 있는 대구로 내려 왔다. 대구에 잠시 머물다가 해방 후 첫 설을 맞아 모친이 계시는 포항으로 돌아왔다.

현실 정치에 대한 마음을 접고 포항으로 돌아와 다시금 수행정진을 하던 청년 손규상은 병을 얻게 된다. 수행과 함께 이어온 오랜 생식生食으로 인해 건강이 매우 나빠졌던 것이다. 너무 허약한 상태라 어머니는 강력하게 생식의 중단을 요구했다. 결국 어머니의 간청을 받아들여 수행자 손규상은 일단 생식을 중단하고 오랜만에 화식火食으로 바꾸었다.

그러나 문제는 여기서 발생했다. 생식에서 화식으로 바꾸는 과정에서 의도하지 않은 위장병을 얻게 된 것이다. 일반적으로 화식에서 생식으로 들어 갈 때도 바로 들어가면 위에 큰 부담을 주어 조심해야 한다. 그 반대의 경우도 이와 다르지 않다. 한 번 발생한 병은 쉽게 가라앉지 않았다. 병원 검사를 받고 약을 써보기도 했지만 도움이 되지 않았다.

병을 얻은 수행자 손규상은 현실정치를 포기했으나 민족의 고통을 함께 하고자 하는 뜻만은 버릴 수가 없었다. 그리고 종교라면 무슨 종교가 이 민족의 개혁에 합당할 것인가를 고통 속에서 고민했다. 그것은 유교도 기독교도 아닌 불교라고 판단했다. 지난 10여 년 간 수행에서 얻은 지혜로 불교만이 민족의 풍토성風土性와 혈지성血智性에 맞고 자주성 함양에 도움이 된다고 생각했던 것이다.

3. 마침내 얻은 육자진언의 묘리

1) 세인과의 신이神異한 인연

병은 아무런 차도가 없었다. 수행자 손규상의 병고病苦는 중대한 고비에 이르렀다. 수행자 손규상의 지병인 위장병이 악화되더니 크나 큰 위험으로 다가왔다. 화식에 의한 위장병과 당시 유행병인 이질의 영향으로 건강은 급격히 악화되었다. 청년 손규상은 일찍이 의생醫生 수업을 받았기 때문에 스스로 진단하고 어느 정도 치료할 수 있을 만큼 한방에 조예가 깊었다 하지만 정진 중이라 약을 쓰지 않고 불공으로 치유하고자 어머니와 함께 기도에 전념했다. 하지만 병고의 인연이 다른데 있었음인지 아무리 정성을 다해도 병은 쉽게 회복되지 않았다. 점차 몸이 극도로 쇠약해져 갔다. 한순간 언제 무슨 일이 일어날지 모르는 예감이 엄습했다.

아내 배씨는 지아비 손규상의 병고가 어쩔 수 없는 상태에 이르자 아들 손제석을 포항으로 보내 아버지를 대구로 모셔오도록 했다. 당시의 관습상 어머니 앞에서 임종을 맞이할 수 없다는 판단이었다. 결국 아내 배씨는 수의를 지었다. 그토록 강건한 신체와 의지력을 갖춘 수행자 손규상이었지만 생로병사의 인연은 피할 수 없었던 것이다.

인연의 깊은 도리로 살피면, 10여 년 동안의 신명神命을 바쳐 수행 정진한 결과가 득병得病이라는 고통의 인연이 되어 생명을 위협하는 절박한 상황이 다가왔다. 하지만 이런 고통 속에서 다시 불법의 깊은 진리 속에 자신의 삶을 바칠 새로운 인연이 시작되고 있었다.

이즈음 청년 손규상의 매부 혜공종사의 누님인 자비원 보살이 이 소식을 듣고 대구를 찾아 왔다. 그리고 자비원 보살은 대구 성서 농림촌農林

村에 병고를 잘 다스리는 한 보살이 있는데 한번 찾아 가 진료 받기를 권하였다. 하지만 수행자 손규상은 누군가에게 의지할 수 없다며 거절했다. 자신의 병고를 자신이 자주적으로 다스려야 한다는 곧고 절박한 상황이 이어졌다. 지아비를 바라보던 아내 배씨는 재차 치병治病을 위해 새로운 인연을 만나자고 권유했다. 하지만 대쪽 같은 가장 손규상의 성품 앞에서 말도 꺼내지 못했다. 왜냐하면 수행자 손규상은 스스로 자신과의 극한적인 정신적 싸움을 하고 있었던 것이다. 정상적인 의생 공부를 받아 본인의 자가 치료도 해 보았던 수행자 손규상은 불공으로 자신의 병을 치유하려고도 했으나 차도가 없었다. 세상과 함께하며 단지 객客이자 대상이었던 세상의 고통이 자신의 몸속에 들어 온 지병과 같았다. 그리고 수행자 손규상은 생사 결단의 의지적인 투쟁을 정신력으로 전개하고 있었다. 이는 농림촌으로 가자는 대중의 권유를 거듭 지워야 했던 이유이기도 했다. 특히 수행자 손규상이 농림촌에 가기를 거절한 것은 당신 신학문에 대한 지식과 과학적인 사고방식을 가지고 있었던 그에게 의사로서의 자격이 없는 농촌의 비정상적 의원을 찾아간다는 것이 못내 내키지 않는 일이기도 했다. 그러나 아내 배씨는 마음에 한 가닥 희망을 잡아야 했다. 그리고 농림촌으로 가는 길목 내당동에 이름 있는 의원이 있다는 것을 알고 그곳에 가자고 다시 권유하였다. 내심 대구 내당동까지만 가면 인근 성서 농림촌에 가도록 쉽게 권유할 수 있다는 계산이었다. 지아비 손규상의 승낙으로 내당동에 도착했을 때 그 의원을 길목에서 만났다. 마침 그 의원이 왕진을 가고 있었다. 자연스럽게 그 의원에게 진료를 받을 수 없는 처지가 되었다. 일이 이렇게 되자 배씨는 이곳까지 왔으니 농림촌에 한 번 가보는 것이 좋지 않겠느냐고 권하였다. 농림촌에 이르러 아내 배씨는 두어 차례 수소문 끝에 그 수행자의 집을 찾아서 지아비 손규상을 인도했다. 이때가 1946년(45세) 시월 그믐 경이었다.

병세가 악화되어 회복의 기미가 보이지 않아 수의까지 지어 놓은 수행자 손규상은 그토록 거부하던 농림촌에 이르자 자신의 몸이 갑자기 가벼워지는 느낌을 받았다. 그리고 그 걸음을 옮기며 새로운 인연에 대한 이렇게 기억을 살렸다.

"박보살이라 불리는 수행자는 의사도 아닌 평범한 시골 사람이었습니다. 집 앞마당에 멍석을 펴놓고 나락을 널고 있던 박보살은 나를 보자마자 반갑게 맞이하며 안으로 인도하였지요. 마당 한 쪽의 천막에서는 여러 사람들이 관세음보살의 명호를 부르는 소리가 요란히 들렸습니다. 그들은 모두 박보살과 함께 병을 고치기 위해 모여든 사람들이었습니다. 약도 치료도 없이 서로 다른 근기根氣가 만나 생명 상생相生의 길이 열리듯 농림촌에서의 인연은 예사롭지 않았습니다."

청년 손규상이 합장으로 예의를 갖추려 하자 박보살은 오히려 그에게 앉으시라고 권하고 먼저 큰절로써 인사하고자 했다. 순간 놀란 배씨 부인이 먼저 박보살을 만류하였으나 보살은 기어코 큰절을 올렸다. 당시 많은 사람들이 박보살의 집에 모여 관세음보살 칭명稱名염불을 하고 있었다. 그리고 박보살은 회당대종사가 찾아오리라는 것까지 예견한 듯 회당대종사의 병은 세상의 인연으로 치유되는 것이라 전하고 그 구체적인 방법을 전하였다. 이를 보면 당시 박보살은 상당한 예지적 수행력이 있었던 사람이었다.

그날 박보살은 회당대종사에게 절대 약을 드시지 말라고 하며 간단한 민간요법을 일러주었다. 그가 전한 민간요법은 매우 특이했다.

"돌아갈 때 길에 떨어져 있는 물건 가운데 먼저 보이는 물건 3가지를 주워 그것을 달여 드시라."

부인 배씨는 반신반의半信半疑하며 집으로 돌아가는 길에 먼저 보이는 물건을 주웠다. .그 주운 물건은 바로 '한줌의 풀, 차돌, 소 풀을 묶었던 끈'이렇게 3가지였다. 집으로 돌아온 청년 손규상은 박보살이 일러준 대로 3가지 물건을 달여 먹고는 신기하게 병이 완쾌되었다. 신비롭고 기적적인 일이 일어난 것이다. 하지만 그 이후, 박보살에 대해 정확히 어떤 사람이었는지는 알려지지 않았다. 다만 후학들의 연구로 박보살에 대한 다소 정확한 행적을 알 수 있게 되었다. 그 내용을 옮기면 다음과 같다.

이 박보살은 회당대종사를 보자 이렇게 말했다고 한다.

"큰 스승님이 오셨다."

그리고 청년 손규상을 향해 큰 절을 올렸다고 전한다. 그리고 청년 손규상을 가리켜 이처럼 이야기 했다고 전한다.

"동해의 성인이 오셨다."
"손선생님이 오실 줄 알았다."

이상의 표현으로 박보살은 수행자 손규상의 존재에 대해 미리 알고 있었다고 전해진다. 그 당시 박보살의 이 같은 말을 하고 이를 들은 사람은 3명뿐이다. 물론 그 현장에 있던 수행자 밑에서 정진하던 사람들도 있었다.

또한 농림촌 현지답사를 통해 그 마을에서 당시의 상황을 가장 잘 아는 사람을 수소문하여 당시 청년 손규상이 정진한 움막을 지어 드렸다는 사람을 찾았다. 이 사람은 바로 이종석씨이다. 박보살이라는 수행자와는 친척관계에 있었던 이종석씨는 비교적 상세히 박보살에 대해 알고 있었다. 그 내용은 다음과 같다.

> "보살의 성이 박씨였기 때문에 일반적으로 이곳에서 박보살이라 불렀습니다. 박보살이 농림촌에 오기 전까지는 농림촌은 인가人家가 거의 없는 야산이었습니다. 그리고 박보살은 경북 경산 진량 사람으로 대대로 비전秘傳되는 특이한 비술秘術 또는 비법秘法을 물려받았다고들 하였습니다. 결국 박보살은 맥脈이 있는 민족적 비법의 후계자였던 것입니다."

이종석씨는 그 증거로 박보살이 보여준 진리설을 몇 가지 소개하기도 하였다. 이는 박보살과 함께 수행하다가 후에 보원심인당 교도로서 오래 정진한 구보살의 이야기에도 드러난다. 박보살이 농림촌으로 자리를 옮긴 자세한 연유는 전해지지 않는다. 다만 당시의 생활상과도 무관하지 않았다. 새 삶의 개척지로 농림촌을 정하고 자신이 스스로 이주한 박보살은 농림촌의 개척자가 되었다는 것이다. 이에 대해 이종석씨는 당시의 기억을 종합하여 다음과 같이 이야기 한다.

> "농림촌 박보살은 이곳 성서에서 자신이 가진 비법으로 사람들을 모으고 농림촌을 개척하기 시작하였습니다. 그리고 사람이 하나 둘 모여들자 그에 대한 이야기가 차차 사회에 알려지게 된 것입니다. 대개 민속

적 비법이 그렇듯이, 박보살이 가지고 있는 비법도 민속 신앙과 함께 전통적인 고등종교의 수행법을 더한 것으로 알려졌습니다. 또한 박보살은 불교적 색채를 가미하였는데 그것은 바로 '관세음보살'이라는 염불이었습니다. 아프고 병든 이에게 '관세음보살'의 명호를 부르게 하여 모든 재액을 소멸케 했다고 합니다. 그리고 '관세음'을 빠른 속도로 염불하면 '관심觀心'이라 들리기 때문에 박보살을 달리 '관심보살'로 부르기도 했습니다. 사실 박보살은 '관심'이 관세음의 잘못된 발음인줄 모르고 '관심'은 자신의 신명神明에서 얻은 신주이기 때문에 그 효험이 크다고 주변 사람들에게 말하고는 했습니다."

이 이야기와 같이 훗날 회당대종사는 박보살에게 삿된 것이 많았다는 마음 속 생각을 가끔 드러내기도 했다. 평소 회당대종사는 불교에 귀의하기 전에도 어머니를 비롯한 신도들의 기복적 신앙을 상당히 부정적으로 인식했다. 그리고 불교에 귀의한 후 10여 년 간 여러 불교경전을 탐독하고, 다양한 불교 수행을 직접 체험한 회당대종사는 박보살의 이러한 모습들이 올바른 부처님의 가르침이 아니라고 판단했다. 그리고 이는 회당대종사의 가르침이 되어 전해진다. 바로 정正과 사邪를 강도 높게 강조한 것이다.

수행자 손규상이 농림촌을 떠날 때 박보살에게 함께 농림촌을 나갈 것을 권유하였으나 박보살은 이를 사양하고 혼자 농림촌에 남았다. 그리고 얼마 후 박보살은 대구에 나와 세상을 하직했다. 대구에서 어떤 일을 했는지도 잘 알려져 있지 않다.

회당대종사는 옛 인연을 살려 그를 수소문하여 찾았다고 한다. 하지만 회당대종사는 자신의 어려운 상황에 큰 도움을 준 박보살의 고마움과 함께 정법正法의 길로 인도하지 못한 회한과 연민 등의 심정이 가득했다. 훗날 회당대종사가 종단을 창교한 후에 보은報恩에 관한 법을 설하는 자리가 있었다. 그 가운데 박 보살에 관한 기억에 대한 이야기를 정리하면 이렇다.

> "현재 농림촌은 대구 달서 감산입니다. 이곳에서 박보살을 만나 의심 없이 그의 말을 믿고 따른 결과, 생명을 버리지 않는 인연을 만들 수 있었습니다. 그저 신통함이라고 하기에는 아쉬운 수행능력을 갖춘 보살이기에 그곳 성서를 지날 때면 박보살의 이름을 꺼내고는 합니다. 당시 성서 농림촌은 언덕 위에 소나무 숲과 논밭만 있었으나 지금은 전체가 개발되어 주택지로 변해 있습니다. 결국 돌이켜 살피면 나의 득병은 생사기로의 경험을 통해 중생 교화의 길로 인생의 진로를 바꾸는 인연이었습니다. 그리고 그 인연 속에 박보살이라는 신통함이 존재합니다. 박보살에게 감사하다는 말을 다시금 합니다. 소중한 인연이었기 때문에 더욱 감사할 따름입니다."

회당대종사는 그의 열반 소식을 전해 듣고는 사람들을 보내 조의를 표하고 많은 보탬을 주었다. 회당대종사의 소중한 인연사 속에 박보살은 존재하고 있다,

수행자 손규상은 농림촌의 한 보살을 만나고 뜻밖에도 병환에 큰 차도가 있었다. 수행자 손규상은 다시 농림촌을 찾아 대중과 함께 치유기도를 행하면서 깨달음을 향한 정진을 하였다. 수행자 손규상이 당시 수행을 어떻게 했으며 어떤 내용인지는 진각종에 있어서는 매우 중요하다. 마치 부처님께서 보드가야 보리수 아래서 수행해 깨달았던 내용이 모든 불교

의 중심이 되고 있듯이, 진각종은 회당대종사가 농림촌에서 한 수행과 깨달음이 종단의 인연이자 근간이기 때문이다.

2) 수행 정진에 들다

수행자 손규상의 첫 번째 수행은 49일 동안의 1차 정진이었으며 관세음 칭명염불로 정진했다. 회당대종사의 1차 정진을 다음과 같이 정리할 수 있다.

> "농림촌에서 시작한 첫 정진은 깨달음을 위한 예비정진과 같습니다. 목이 잠기도록 관세음보살의 명호를 부르고 또 불렀습니다. 그 소리가 나에게만 들리도록 간절히 소리 내었습니다. 관세음보살은 모든 세간 중생의 고통 소리를 듣고 그들이 그 고통에서 벗어나도록 도와주는 분이시기에 관세음 기도를 통해 서원한 내용이 이루어지기를 서원했지만 시간을 더하며 결국 '지금 이 순간' 나 자신이 관세음으로 전이轉移되는 과정이었습니다. 귀로 듣는 소리가 달리 들리고 그 울림은 다시 눈으로 드러나 진실을 바라보는 작은 일과가 시작되었습니다. 아마도 49일 동안 이 칭명稱名 염송기도를 통해 서서히 내 안의 관세음보살께 다가가고 있었던 것입니다."

박보살의 권유도 있었지만 이미 포항 죽림사에서 관세음 염송 수행을 했던 경험이 있다. 관세음 염송과 그 공덕에 관해 깊은 신심과 수행력을 갖추었던 회당대종사는 깊이를 더해 이를 드러내었을 뿐이다.

수행자 손규상이 첫 49일 정진을 마치자 해가 바뀌어 정월(1947년 46

세)이 되었다. 젊은 수행자의 이야기가 전해지자 수행자 손규상과 함께 정진에 동참하는 사람들이 불어나기 시작했다. 수행처 앞에 별도의 움막을 지어 대중과 함께 수행하는 도량은 저마다의 마음처럼 커져갔다. 먼저 수행자 손규상이 자리한 수행처는 박보살과 인연이 깊은 이종석씨가 엄동설한에 언 땅을 파고 어렵게 세운 임시 도량이었다. 이 자리에서 수행자 손규상은 마지막 깨달음을 향한 100일 대정진을 결심한다. 어려서부터 깊은 생각을 통해 자신이 정한 목표는 물러서지 않는 원력으로 실천했던 그였기에 앞선 49일의 정진과는 달랐다.

이 대정진은 이제까지 그의 모든 불연佛緣과 역량을 집결한 결사結社였다. 용맹정진으로 임할 100일 수행은 절도 아니고 관세음보살 명호도 아니었다. 다름아닌 관세음보살의 본심진언本心眞言인 '옴마니반메훔'을 염송하며 자신을 던져 깨달음으로 나아가고자 했다.

이에 대해 후학들은 회당대종사와 진언에 대한 인연 이야기를 다음과 같이 전했다.

'회당대종사님이 육자진언에 대해서 언제부터 알고 관심을 가졌는지는 명확하지 않습니다. 다만 육자진언 또한 죽림사 시절부터 알고 있었으나 진언수행에 적극적인 관심을 보인 것은 농림촌부터 입니다. 그 이유는 49일간 관세음 염송 수행을 하는 동안 내적으로 깨달은 것이라고 보여지기 때문입니다. 회당대종사님는 「관세음觀世音 본심미묘本心微妙 육자대명왕진언」이라는 본래 명칭 속에서 「본심미묘」에 큰 관심을 가지고 계셨습니다. 즉 회당대종사님는 관세음 본심미묘 진언인 육자진언을 수행의 근본으로 선택한 것입니다. 특히 진각종 초기에 「본심本心」이라는 말을 매우 강조하였으며 「참마음」을 종교적 가치로

표현하는 중요 술어로 자주 사용하시기도 했습니다.'

이처럼 회당대종사는 수행 초기에 '옴마니반메훔'이라는 육자진언을 당시의 일반적인 관습에 따라 관세음보살의 진언으로 받아들였다. 그리고 관세음 염송에서 관세음의 '미묘본심'인 육자진언으로 수행의 방편을 옮긴 것이다.

옴마니반메훔이 농림촌에 울려 퍼지자 사람들은 과거 박보살의 수행 본채보다 수행자 손규상이 수행하는 토담 움막 주변으로 더 많이 몰려들었다. 이들 가운데는 회당대종사를 불문佛門으로 인도한 모친 또한 수행의 자리를 펴고 대중과 함께 수행하면서 뒷바라지를 했다. 그러나 수행자 손규상의 수행은 원만하지만은 않았다. 관세음보살 명호 대신 옴마니반메훔 육자진언을 부르자 농림촌 박보살과 마찰이 일어난 것이다. 하지만 그는 자신의 소신대로 진언불공은 이어갔다. 이에 대해 회당대종사는 그 연유를 다시 살펴 전하기도 했다.

"옴마니반메훔의 진언을 수행의 근본으로 삼은 것은 사실 관세음의 명호를 부르는 것 자체가 관세음보살에게 의타하는 마음을 키우는 것이라 판단하였기 때문입니다. 나아가 의타적인 수행으로 성취하는 것은 자기 자신이 자주적으로 충실하게 수행한 결과가 아니었습니다. 이는 누군가에게 복을 구하고 복을 받는 즉, 타인에게 충실한 결과이기에 타인이라는 대상만을 의미 있는 존재로 만드는 것입니다. 수행에 있어 의타적 삶을 버리고 자주적 삶을 위해 불명호가 아닌 참된 소리인 진언眞言으로 수행하는 것이 무엇보다 중요했습니다."

이러한 회당대종사의 생각은 당시 드러나지 않았다. 하지만 이는 박보살과는 서서히 분리되는 모습으로 나타나기 시작했다. 그 당시 육자진언의 염송법은 고성高聲을 내는 항마염송降魔念誦과 연화염송蓮花念誦을 주로 하였다고 이종석씨는 증언한다. 그리고 진각종 초기인 참회원 수행도 대부분 고성염송이었다. 특히 회당대종사는 이 기간 동안은 소금을 먹지 않았다. 이는 몸을 맑게 하기 위해 무염식을 실천한 것이라고 이해되고 있다.

목숨을 건 100일 정진이 진행되는 동안 겨울이 지나고 다시 봄이 지나가고 있었다. 깨달음을 향한 그의 간절한 진언소리가 농림촌을 흔들고 봄바람에 떨어진 꽃잎이 하늘을 장엄하듯 흩날리기 시작했다.

100일 불공의 회향 날이 다가오던 시점에 그의 전신에서 신비한 징후가 나타나기 시작했다. 1947년 5월 3일, 회향 13일 전 그는 이상한 동요를 느끼면서 서서히 말문을 닫기 시작했다. 수행자 손규상은 하염없는 눈물만 흘렸다. 얼굴은 상기되어 벌겋게 달아올랐다. 넘치는 눈물은 갈애에 묻힌 과거의 인연을 새로이 하는 감로수가 되었으며 쇠약한 몸을 덜어 시원한 자태를 이루는 마중물이 되었다.

새벽 여명을 앞두고 칠흑의 어둠이 절정을 이루듯 수행자 손규상의 내면은 인간으로서의 모든 무명無明이 광명光明이 되듯 만개滿開 직전에 이르렀다. 자리에 함께 한 모든 사람들은 숨을 죽이고 단지 그를 지켜만 볼 수밖에 없었다. 수행자 손규상의 어머니를 비롯해 아내 원정각 스승은 더욱 지극한 마음으로 이 순간순간을 지켜보면서 자신도 모르게 옴마니반메훔 소리만을 더했다.

3) 이제 깨달음으로

수행자 손규상은 불공회향일 몇일 전부터 점차 말문이 조금씩 트이기 시작했다. 하지만 그 미묘한 음성은 알아듣기 쉽지 않았다. 평소와 다른 표현을 드러내기도 했다. 그러나 꼬박 밤을 지새우며 흐르는 눈물을 더한 정진을 이었다. 그리고 1947년 5월 16일 새벽이 가까워 오자 조금씩 다시 신이神異의 움직임을 보이기 시작했다. 흐르던 눈물이 마르니 소리 없던 법체法體에서 작은 소리가 뭉치기 시작했다.

"똘…, 똘…."

나지막한 소리는 모두의 귀에 들어왔다. 그리고 수행자 손규상은 아내를 바라보며 손짓으로 필기구가 있는 서재를 가리켰다. 대중의 시선은 방구석 지필紙筆로 향하였다.

그리고 가늠할 수 없는 소리를 모아 나지막이 전한 소리는 '도道'였다. 아내 원정각 스승이 이를 알아차리고 급히 종이와 연필을 드리자 그는 흰 종이 위에 연필로써 '도道' 자를 쓰면서 점차 분명한 소리를 드러내었다. 신음소리 같은 소리는 서서히 우레 소리처럼 커지기 시작했고, 몸과 마음은 보는 이의 마음과 함께 맑고 선명하게 드러나 깨끗해졌다. 그저 그 순간은 여여如如했다. 당시의 기억을 원정각 스승은 다음과 같이 기억했다.

'100일 불공의 시작은 알지도 못했습니다. 어제와 같이 오늘도 항상 궁리窮理하는 삶을 이어간다고만 생각했었는데 어느 날 회당대종사님이 쇠약하다는 소식을 듣고 달려간 곳이 대구 농림촌이었지요. 보는 순간 근심스러운 마음이 가득해 입 밖으로 소리조차 내지 못했습니다. 그저 두 손 모아 두 눈에 담는 것만으로 시간을 보냈습니다. 그리고 대종사의 법체에서 눈물이 흐르고 힘없는 생명의 소리가 들렸습니다. 이어 두 눈 뜬 대종사의 시선을 마주한 순간은 모든 것을 내려놓고 오직 감사함 하나만으로 세상을 바로 대하는 순간이었습니다. 지아비이지만 이제 내 앞에 스승으로 나투신 법연法緣의 순간이었습니다."

드디어 수행자 손규상은 농림촌에서 육자진언의 묘리를 터득하고 대각 성취를 글과 소리로 드러낸 것이다. 10년 가까이 세상을 마음에 담아 진실한 구법의 수행을 이었던 수행자 손규상은 마지막 농림촌 수행을 더하며 보다 깊은 정진으로서 49일 관세음 명호 염불 수행을 더하였다. 그리고 다시 정행正行 정진으로서 100일 육자진언 염송 대정진을 통해 깨달음을 얻었다.

회당대종사가 깨달은 내용에 대한 대표적인 표현은 총인원 진각성존 회당대종사비문에 담긴 '대각성취'라는 표현이다. 비문에 담긴 당시의 서술은 다음과 같다.

'백일 불공을 마치시던 다음 날인 정해년 5월 16일 새벽 심신이 맑고 깨끗해지는 순간 동쪽 하늘에 솟는 태양을 바라보시면서 부처님 은혜의 끝없음과 하늘과 땅의 은혜가 지중함을 사무치게 느끼신 후 홀연히 대각 성취하셨다.'

회당 손규상 대종사는 지난 과거의 의지처를 버리고 홀로 정진에 들어 환희한 자리를 이루었다. 대종사는 고요했다. 주변을 충만히 채우던 진언의 소리도 숨죽여 저마다의 가슴에 '옴마니반메훔'여섯 글자를 새기기 시작했다. 이내 저마다의 얼굴이 환희심이 되어 서로 빛을 더하고 나누는 회당 손규상 대종사의 법열은 대중과 함께 하는 시간으로 이어졌다.

회당대종사의 깨달음은 육자진언의 염송으로 지극한 참회의 심경이 정화되고 그 속에 새로이 천지의 은혜로움을 채우는 수행의 결과였다. 특히 천지의 은혜로움을 느낀 것은 회당대종사가 우주적 생명을 자신의 몸 속에서 되살린 것이다. 그리고 회당대종사는 은혜의 정신을 자주 강조하였다. 회당대종사는 자신의 삶과 증득의 결과가 홀로 이루어진 독각獨覺이 아니라 대중의 지순至純한 진언소리와 세인世人의 숙업宿業을 더한 인연의 공덕이라 여기고 누구보다 은혜의 소중함을 짧은 법어로 남겼다.

"효순(은혜)은 보리행의 으뜸이라."

회당대종사는 자신에게 깨달음의 마음인 보리심이란 대중과 함께 인연하는 광대원만한 마음의 바탕이자 우주 생명을 일컫는 일체의 인연을 바로 살피고 그 은혜로부터 시작하는 연기緣氣의 실천적 생명력이라 설하였다. 나아가 회당대종사는 은혜를 살피며 자신의 삶을 참회로 거듭 드러내어 진솔한 삶의 가치를 더하는 수행을 대중과 함께 실천하였다. 회당대종사의 깨달음과 참회에 대한 심경은 다음과 같이 이해할 수 있다.

"참회懺悔는 삶을 엮어 진실에 다가서는 길이자 이는 참회의 '도道'요, 참회의 '문門'입니다. 나아가 대중과 함께 수행하던 종단의 초기 교화 도량이름을 '참회원'이라 하였습니다. 참회원에서 우리는 자신을 살펴 참회의 진실한 실천적 의미를 찾아야합니다. 그리고 이를 일상의 삶으로 드러내는 길이 바로 수행이기에 항상 생각하고 저마다 노력으로 실천하여야 합니다."

회당대종사의 깨달음과 그 속에 담긴 핵심적인 사상은 바로 '참회'와 '은혜'이다. 여기서 '참회'와 '은혜'는 단순한 뉘우침 또는 고마움 정도의 심정心情이 아니다. '참회심'과 '은혜심'의 실존적 자각, 즉 깨침이다. 이것은 내면적 심성의 근원적인 변화이자 육자진언의 묘리妙理이기에 회당대종사는 참회의 마음을 중히 여겼다.

5월 16일, 법연法緣 가득한 회당대종사의 대각과 함께 이웃의 크고 작은 기적이 연이어 일어났다. 진언소리를 더하며 회당대종사와 함께 하나 된 기도의 모습을 드러내었던 무수한 환자들이 환부가 터지고 어혈瘀血을 쏟아내며 치유의 이적異蹟을 드러내기 시작했다. 문둥병 환자는 갑자기 가려움증이 멎고 시원함을 느꼈으며, 정신병으로 괴성을 지르던 사람이 저마다 자신의 본성을 찾았다. 화병으로 가슴을 끓이던 환자는 청량한 몸을 얻고 얼굴은 화색이 돌아와 밝은 얼굴로 되었다.

'한 부처가 성도하면 온 국토가 다 성불한다'는 『유마경』의 법문이 실현되는 순간이었다. 또한 '진언수행자 누구라도 능히 저마다의 마음병 혹은 전생의 모든 병이 육자진언의 신비로운 힘으로 낫게 한다'라는 『불공견삭신주심경』의 다라니지송 공덕이 회당대종사의 실천적 수행으로 드러난 것이다.

사람들이 회당대종사의 주변으로 모여들었다. 그러나 회당대종사는 더 이상 아무런 말도 하지 않았다. 그 침묵은 한 달이나 지속되었다. 회당대종사는 그렇게 열심히 하던 옴마니반메훔의 염송도 줄이고 단지 가부

좌한 모습으로 자신만의 시간을 늘렸다. 마치 석가모니 부처님이 보리수 밑에서 성도하시고 7·7일 동안 한 번씩 자리를 옮겨 앉았듯이 회당대종사 또한 조용히 자신의 깨달음을 되풀이하며 반추反芻하는 시간을 보냈다. 마치 보배로운 숲에서 자신의 과거와 현대 그리고 미래를 잇는 시간과 같았다.

돌이켜 회당대종사는 깨달음의 순간을 앞두고 대단히 어렵고 힘든 인연의 시간을 보냈다. 고성 염송으로 인해 자연적으로 목이 잠기는 현상도 있었다. 나아가 소금을 먹지 않는 무염식으로 인해 얼굴이 붓기도 했다. 하지만 이 모든 것은 저마다의 인연을 마주하고 진실히 다가서고자 했던 회당대종사의 인연이 드러난 것이다. 그리고 이는 단지 드러난 현상일 뿐이었다. 사실 이러한 현상에 대해 회당대종사는 겉으로 드러난 자신의 수행이 다시 숙업宿業의 깊은 인연을 살피는 내관內觀으로 전이轉移하는 수행이었다. 회당대종사의 수행 속에서 전신에 신비한 체험이 일어났다. 회당대종사의 육신肉身인 법체法體가 진리 체험을 통하여 본래의 자리로 돌아가는 수행 속에서 현실적 신병身病 치유라는 이적異蹟이 일어난 것이다. 그리고 그 이적을 대중과 함께 드러낸 것이다. 이로서 회당대종사의 깨달음은 실증적 체험 속에서 일어나 자신의 온몸으로 전율했고, 그 고통이 수반되었던 것이다.

수행을 더하고 깨달음에 이르러 회당대종사는 하염없는 눈물을 흘렸다. 이는 지난 인연 그리고 앞으로 마주할 인연 속에서 참회의 진리를 손수 살피는 깨달음이었다. 금생今生에 지은 업은 물론 전생의 모든 숙업까지도 씻고 또 씻어 더 이상 씻을 것이 없는 지경에 이르러 이를 증명하듯 자신의 눈물로 거둔 것이다. 하염없이 흐른 대종사의 눈물은 주변에서 함께 수행하던 이들의 모든 업장業障마저도 녹일 수 있는 힘이 있었다. 나아가 이를 바라보는 대중과 함께 수행을 이었던 수행자 모두가 법열法悅을 나누는 계기가 되었다. 이처럼 회당대종사는 대중과 함께 단순한 참회가 아닌 '참회심'으로 깨달음의 길을 열고, 다시 이를 나누어 자신이 천지간에 충만한 '은혜심'의 성취로 드러내었다 그리고 깨달음의 광명으로 나아가고자 했던 진실한 서원을 대중과 함께 세웠다.

관세음보살의 칭명 염송에서 관세음보살의 본심진언인 육자진언 옴마니반메훔을 수행의 방편으로 삼았던 회당대종사의 수행에 대해 회당대종사를 따르던 후학들은 그 의의를 다음과 같이 전했다.

> '회당대종사는 부처님의 명호가 아닌 진언을 염송하였습니다. 이는 이 땅에 신라 명랑법사에서 시작되어 우리 겨레가 명맥을 이어 신봉信奉했던 밀교가 고려 이후로 단절되었으나 이를 다시 밀교의 법맥을 다시 계승한 것입니다. 단절의 불교역사를 현대불교의 한 축으로 바로 세우는 신행의 시작이었던 것입니다. 나아가 회당대종사는 이 육자진언의 지송을 통하여 비밀한 가운데 법신法身의 진실한 가르침이자 시대의 참된 가르침인 심인心印을 전수하고 이를 대중과 함께 드러낸 것입니다. 회당대종사는 스스로 이 육자진언의 주인공이 된 것이다.'

Ⅲ. 세상을 열고 중생을 구제하는 사자후

1. 중생구제의 뜻을 품다

1) 법열法悅을 담아

> '5월 16일 새벽, 심신이 상연爽然하여지고 문득 동쪽 하늘에 솟은 태양을 보매 불은佛恩의 무변함과 천지 은혜 지중함을 몸에 사무치게 느끼신 후 홀연히 대각을 성취하셨다.'
>
> _ 회당 손규상 대종사 비문 중에서

세상을 향한 큰 뜻을 가지고 섬을 나선지 25년이 흘렀다. 그동안 회당 손규상 대종사는 나라를 잃은 민족의 서러움과 힘없이 수탈로 이어온 가난한 조국의 현실, 그리고 배움을 채우고자 했으나 쉽지 않았던 세상과의 인연을 진실히 채웠다. 그리고 그 인연을 사무친 마음으로 담아 민족의 자주성을 세우고자 경제적 자립을 도모하기도 했다. 하지만 경제적 자립은 하나의 벽돌에 지나지 않았다. 단지 물질이라는 섬 너머 뭍의 세상에 다가서고 이를 키우고 나누며 줄이는 이치만이 있을 뿐 이를 통해 병과 불화不和의 고통에서 벗어나는 것은 일시적이었다.

모친을 따라 자녀와 조상을 위한 기도를 통해 맺어진 불가佛家와의 인연 또한 10년이 흘렀다. 그 시작은 포항 죽림사였으나 회당대종사의 인연은 공간을 넘어 여러 지역의 사찰과의 교류로 이어지고 다시금 시간을 넘어 책을 열었다. 나아가 옛 선지식을 따르던 책과의 교류는 '현재'라는 진실한 논쟁의 길을 열었다. 하지만 이 또한 조국과 민중을 위한 새로운 문을 열지 못한다는 의문을 더했다. 정치는 이념이라는 한계를 가지고 있었다. 결국 이러한 현실에서 책만 쥐고 있어서는 안 된다는 생각에 이르렀다. 다시금 홀로 서야 했다. 지난 시간, 대종사의 뜻을 담았던 인因과 함께 했던 대중과의 연緣도 소중했다. 하지만 그 결과만으로 대중에게 다가설 수 없었다.

2) 세상과의 인연을 새로이 잇는 길, 창교

정해丁亥 5월 16일, 회당 손규상 대종사의 깨달음은 대중과 눈으로 전하고 이어받는 빛이었다. 빛은 새로운 빛을 모아 새벽의 붉은 빛으로 이어졌다. 드넓은 농림촌의 대지는 붉은 햇살에 물들기 시작했다. 마치 지난 밤 어둠의 미혹을 걷어내듯 새로운 아침을 열고 있었다.

회당 손규상 대종사는 대각의 넘치는 마음을 담고자 몸을 바로 세웠다. 생식을 줄여 미음으로 세상을 이어가듯 걸음을 옮기기 시작했다. 그리고 그 걸음은 지난 날 자신이 걷고 익혔던 길을 새로이 나서는 힘이 되었다.

자신의 깨달음을 대중과 함께 빛으로 나누던 자리에 진언소리가 넘쳤다. 소리는 이내 붉은 햇살의 따스함으로 드러났다. 회당대종사는 세상의 부족함을 확인하고 지난 인연에 감사하는 은혜의 길을 나섰다. 물론 말이 없었다. 그저 두 눈으로 담아 부족함을 기록하는 새로운 바탕자리를 세우는 길이었다.

그 길에 비친 세상 속에는 부모와 자녀의 삶이, 인연이라는 이름으로 담겨져 있었으며, 해방 후 사회의 혼란은 새로운 희망을 담고자하는 저마다의 다른 생각으로 가득했다.

회당대종사는 깨달음의 법열 가득한 걸음으로 다시 바라본 세상을 가슴 벅차게 느끼고 심중에 담았다. 그 심중의 광경을 이렇게 헤아릴 수 있으리라.

"부모와 자녀를 바라보면 부모에 대한 감사함을 채울 수 있었습니다. 지아비를 바라보는 아내와 아내의 얼굴 닮은 가장으로서의 남편을 바라보면 그들 안에 담긴 인연因緣은 힘이 되었습니다. 나아가 이른 아침부터 저마다 삶을 위해 쉼 없는 일상을 바라보노라면 지쳐 힘들어하는 세인世人 속에 생명의 소중함을 다시금 세워야 했습니다. 그리고 국가의 소중함을 담아 조국의 미래를 가꾸고자 하는 지식인을 마주하면 그들이 주장하는 근본을 또한 강조해야 했습니다. 그리고 이들을 위한 '나 자신'의 움직임에 더욱 신중히 다가서야 했습니다."

회당대종사는 세상을 향해 다시금 새로움을 담았던 깨달음의 발길을 이제 돌려야 했다. 단지 깨달음이 관념적 신념이 되어 세상을 해석하고 다스렸던 지난 과거의 습習에서 벗어나야 했다. 대종사는 다시 농림촌으로 향했다. 그리고 당시의 생각을 법문으로 풀어볼 수 있다.

"깨달음 보다 중요한 것은 대중과 함께 자주적 실천의 변화를 이끌어야 한다는 생각이었습니다. 과거로부터 벗어나 새로움을 담아야 한다는 생각이 깨달음보다 앞서게 된 것입니다. 깨달음을 공유하는 것보다 대중과 함께 살아야 한다는 마음이 가득했습니다. 깨달음을 얻은 원효스님이 붓을 꺾고 다시 저자거리로 나선 것과 같이 다시 농림촌 속으로 들어가야 했습니다."

대종사는 농림촌으로 발길을 옮겼다. 그곳은 육자진언을 통해 병을 고치고 마음을 바로 하던 이들이 서로 의지하며 삶을 가꾸던 자리다. 병고病苦와 가난고家難苦 그리고 세상과 떨어져 힘든 삶을 이끈 불화고不和苦를 짊어진 간절한 삶이 가득했다.

대종사는 이들과 함께 했다. 그들과 함께 수행하며 저마다의 진언을 듣고 살폈다. 드러난 소리는 하나였으나 저마다 뜻하는 바는 달랐다. 그 '다름' 속으로 회당 손규상 대종사는 다가서야 했다. 하지만 '다가섬'은 눈물을 더하고 소리를 더하며 눈으로 나누었던 깨달음의 순간보다 신중했다. 그 신중함에 답하는 대중의 시선은 다시 대종사에게 향하고 있었다.

회당대종사는 이제 다시 홀로 서야 했다. 대중의 시선을 담아 사무치는 서원과 깨달음을 스스로 살펴야 했다. 먼저 주변을 정리하듯 대중을 물렸다. 이어 마음을 고요히 하고 자신을 살피는 내관內觀에 다시 들어야 했다.

'깨달음에 머물러서는 안 된다. 지난 수백 년 이어온 민생의 습習을 바꾸어야 한다. 아니 함께 변해야 한다. 버릴 것은 버리고 바로 세울 것은 바로 세우는 자주적 실천이 대중을 이끌어야 한다. 한 방향이 아니어도 좋다. 저마다의 삶에서 저마다의 방향이 과거의 집착에서 벗어나는 자주적인 길이면 된다. 단지 그 실천의 길을 함께 할 수 있어야 한다. 함께 하는 길, 그 길에서 변화를 이끌어야 한다. 이는 교화敎化다.'

대종사는 '함께 하는 길'을 실천으로 이끌어 나누어야 했다. 그리고 그 길을 1947년 6월 14일 대중과 함께 열었다. 이 날은 대중과 '함께 함'의 가치를 담은 교화의 시작이자 대한불교진각종의 창교절이다.

당시 대종사가 펼친 가르침은 다음과 같이 기록되어 있다.

> '손회당(회당 손규상 대종사)님은 창교創教로서 육자심인 및 금강경 사구게 무주상법과 법화경 십악참회 등을 국역한 원해인原海印을 공부한 결과 여하한 질병자라도 다 낫게 되는 방편을 만들어서 달성군 성서면(옛 농림촌) 속가에서 교화를 착수 하였다.'
>
> _ 대한불교진각종 교사教史 중에서

회당대종사는 창교의 가르침 속에서 무릇 형상이 있는 일체의 유무정은 모두 다 변하여 간다는 사실을 강조했다. 그리고 이를 알아 저마다의 삿된 집착을 떨칠 것을 전하였다. 나아가 수행이란 존재하는 모든 것을 영원한 존재가 아닌 성주괴공成住壞空의 현상으로 살펴 한순간 집착함이 없는 자유와 자주를 드러내는 것이며 이는 우리 시대의 진리라 설하였다.

또한 병과 가난 그리고 불화의 고통에 집착함이 없이, 고통의 원인과 결과를 살펴야 하는 일상이 바로 수행이었다. 고통의 한 순간에 집착하거나 그 집착만을 살펴서는 안 된다. 회당대종사는 생로병사의 본질을 살펴 과거나 현재 혹은 미래에 집착함이 없이, 보고 듣고 생각하며 실천하는 삶이 참된 삶이라 하였다. 또한 이는 고통을 극복하는 시작이라 강조하였다. 결국 회당대종사는 과거에 머물거나 미래에 집착하는 허황됨을 버려 지금 이 순간 진실한 마음을 드러내어 최선을 다할 것을 전하였다.

2. 죽비소리, 새로이 법륜을 굴리다

회당대종사는 농림촌의 교화동안 진각의 심경을 내관內觀하는데 주력하였다. 그리고 앞으로 교화의 가능성을 확인하고 방향을 세우는 과정으로 삼았다. 농림촌의 환경여건이 교화를 지속할 만큼 성숙하지 않았기 때문이다. 회당대종사는 깨달음을 이룬 농림촌에서 한 달간 교화를 이었다. 수행과 교화의 가르침을 나누며 저마다의 사연을 담아보면 이와 같다.

> "가난한 자의 이야기 속에는 배고픔이라는 현실이 있었습니다. 하지만 저마다 집착하는 가난의 원인은 달랐습니다. 과거의 부귀영화를 생각하며 가난하다고 여기는 이도 있으며 부모로부터 물려 받은 것 없이 태어나 가난하다는 사람도 있었습니다. 나아가 자식을 많이 낳다보니 가난을 지울 수 없었다는 사람 또한 있었습니다. 서로 다른 삶의 기억을 지니고 이를 벗어나지 못하는 그 자체가 고통일진대 이들은 저마다 자신의 사연에 가려진 삶을 가지고 있었던 것입니다. 그리고 이들은 자신의 사무친 삶을 단지 기복적 행위를 통해 벗어나고자 긴 시간 염원했던 것이지요."

회당대종사은 대중과 함께 했던 농림촌에서의 삶을 잠시 떨쳐야 했다. 이들에게 필요한 것은 먼저 집착을 떨쳐야 하는 것이라 판단한 것이다. 하지만 이를 바라보는 회당대종사 자신 또한 자칫 깨달음과 교화에 집착하듯 대중에게 다가서 '함께 하는 진실한 삶, 수행 그리고 변화'만을 전하여 강조하거나 이에 집착해서는 안 될 일이었다. 대종사는 잠시 대중을 떠나야 했다. 그리고 다시 '어디로 향할 것인가'를 깊게 사유하였다.

1) 이송정에 서다, 초전법륜

이른 아침, 회당대종사는 깊은 생각에 잠겨 농림촌을 거닐었다. 어린이부터 어른에 이르기까지 대중과 눈을 맞추었다. 매일 시간을 내어 거닐던 길이었으나 하루는 후미진 길이나 좁은 흙길 속으로 들어가 아픈 이를 어루만지고 가난의 고통을 직시하였다. 그리고 그 길로 농림촌을 나섰다. 한때 부처님의 가르침에 심취하여 진리를 구하고자 책과 명상으로 채웠던 포항 계전동을 찾았다. 회당 손규상 대종사의 세수 45세, 1947년 8월 17일의 일이다.

계전동은 포항 시내를 떠나 깊은 골자기를 지나야 하는 작은 촌이자 월성 손씨의 집성촌이다. 대종사의 먼 친인척이 모인 이곳은 문중의 10세조인 송암松巖 선생과 12세조 송헌松憲 선생의 위덕을 기리고 예를 갖추던 재실이 있다. 재실의 현판은 당시 송헌재라 이름 걸었지만 향후 두 어른의 공덕을 잇고 하나 된 문중의 위의威儀를 세우고자 뒤에 이송정이라 불렀다. 회당대종사는 이 마을의 어른인 우당(1892-1977)의 사랑채에 머물며 다시 마음공부를 시작했다. 바로 심공心工이다.

이른 새벽, 동해를 가르는 햇살이 계전동을 향하면 대종사는 바른 자세로 앉아 마음을 열었다. '지금' 그리고 '여기'라는 현실에 자신의 마음을 다가서게 하고 일체의 집착을 끊었다. 그저 세상의 여여如如함을 깊은 산속의 시간에 더하였다. 오전과 오후, 정해진 시간을 지키며 마음을 살펴 세상을 키우는 심공心工은 이어졌다. 수행과 함께 회당대종사는 세상에 대한 이야기와 우리가 해야 할 의무 그리고 함께 할 방향 등의 사유적 이념보다 그저 대중과 함께 하는 순간이 중요했다. 대종사는 만나는 이와 인사하고 무거운 짐을 나누어 들었으며 이웃의 밥 짓는 하얀 내음에 시간을 익히며 함께 생각하고 함께 움직이며 몸소 동사섭同事攝의 시간을 더했다. 실천으로 드러나는 즐거움을 키우고 있었다.

회당대종사에게 시간은 공감으로 다가서고 다시 공감으로 함께하는 수행으로 드러나기 시작했다. 그리고 수행은 대중을 일으켜 세우는 일상의 힘이 되었다. 계전마을의 농민들과 함께 대종사의 일상 속에 드러난 수행자의 상이相異한 자태는 입에서 입으로 전해졌다. 이어 회당대종사가 잠시 머물던 사랑방으로 발길이 이어졌다. 골짜기를 따라 그저 굴곡진 삶을 살아왔던 계전동 사람들에게 낯선, 그러나 함께 하는 시간 속에 다가서고 싶은 사람이 회당 손규상 대종사였다. 당시의 회상을 전하는 이야기를 모으면 대략 이와 같다.

> "사랑방을 찾는 이는 산골짜기 굽이진 척박한 땅을 일구고 작은 결실에 감사하며 가족을 이끌던 심성 고운 이들이었습니다. 이들은 오직 땅을 의지하고 하늘에 기댄 채, 몸으로 체험하는 경험을 소중히 여기던 어른들입니다. 단지 땅과 하늘에 의지하는 순박한 습관이 지혜 그 자체였습니다. 그러나 그들은 일상이라는 습관에 머물러 자신을 소중히 여기며 위안하였지만 자신으로부터 변화를 이끌 생각은 없어 보였습니다. 그저 안주하는 삶이었습니다. 이를 제가 먼저 깨고 함께 하고자 말과 행동으로 드러낼 수 없었습니다. 눈으로 지켜본 그들의 삶은 진실하고 소중했기 때문입니다. 결국 만남을 통해 함께 생각을 나누고 잠시나마 수행을 하는 시간을 나누어 저마다 자기 자신에 대한 이야기를 드러내기 시작했습니다."

수행과 함께 이야기를 나누던 사랑채는 이제 넘치는 발길과 저마다의 마음크기를 담지 못했다. 회당대종사에게 새로운 공간이 필요했다. 누구나 다가서고 분별없는 이야기를 나눌 수 있는 공간이 필요했다. 회당대종사는 굳이 새로운 공간이 아닌, 지난 삶의 습관이 가득한 곳이면 더욱 좋겠다고 생각했다.

회당대종사는 마을 위, 대나무 숲으로 둘러싸인 월성 손씨 재실을 빌려 사용했다. 문중의 재실은 자주 사용하지 않는 공간이다. 하지만 한해의 시작과 함께 감사함의 예를 갖추던 인연 가득한 곳이다. 물론 이곳은 조상에 대한 은혜로움을 간직하는 문중의 근본 자리다. 회당대종사는 이 자리에서 가난으로 고통 받는 자, 병으로 고통 받는 자, 그리고 일상의 삶 속에서 함께 생활하던 이웃 사람들을 위해 대중법문을 열었다. 지난 과거의 습習을 깨듯 생활 속에서 실천하는 불교의 참된 죽비소리를 이곳 이송정에서 울린 것이다. 대한불교진각종에서는 대중이 모여 하나 된 법문을 전한 이 자리를 회당대종사의 초전법륜지라 부른다. 그리고 이곳에 대종사의 뜻을 담은 조그마한 정자를 새로이 세웠다.

2) 머무르지 않는 마음을 세우고, 나누어 키우는 해탈을 향해

계전동에서의 수행과 정진은 대중과 함께하는 진정한 교화의 시작이 되었다. 회당대종사는 서로 다른 삶을 이끈 대중의 사연을 귀담아 들었다. 단지 듣는 것만으로 대중은 자신을 내려놓는 수행의 근기를 마련하기도 했다. 하지만 이들을 바라보는 회당대종사의 앞에는 하나 된 수행의 모습을 전하고 마음을 새로이 세우는 과제가 등장했다.

"교화 시작과 함께 교도와 병환자들이 많이 찾아왔는데 당시 대부분

난치병으로 집안의 재산을 탕진하였고 가정은 불화한 경우가 많았습니다. 그러므로 이들은 병이 낫는 동시에 일체의 고통을 해탈하여야 했습니다. 이에 저마다 자성불自性佛이 있음을 자주적으로 깨닫고 부자자효父慈子孝하고 부화부순夫和婦順하며 자신의 삶을 바꾸어 저마다의 서원을 이루기 시작했습니다."

_ 대한불교진각종 교사敎史 중에서

회당대종사는 자신의 수행을 함께 나누어 저마다의 근기에 맞는 수행법을 찾아 법으로 전하기 시작했다.

'착하고 부지런한 이 땅의 백성들은 무엇을 잘못 하였기에 일제 36년간의 고통을 받았으며, 아직도 병과 가난의 고통에서 헤어나지 못하고 있는가? 또 남과 북은 원수가 되어 곳곳에서 좌우익의 대립이 일어나더니 국토가 양단될 지경에 이르렀는가? 사람들은 서로 소통이 되지 않아 곳곳에서 일어나는 불화不和의 고통을 만들고 다시 저마다 생지옥을 만들고 있지 있는가? 도대체 이 모든 불행은 어디로부터 온 것인가?'

회당대종사는 이에 대해 우리가 잘못 살아온 결과라고 생각하였다. 그리고 '우리는 무엇을 잘못한 것인가?'라는 근원적인 내면의 성찰을 궁구했다.

'모든 병은 그 원인을 정확히 알면 치료의 방법도 확실히 알 수 있다. 오늘의 고통과 혼란은 분명히 그 원인이 있을 것이다.'

이를 깨치는 것이 시대불교이다. 회당대종사의 심인불교는 현실을 살펴 원인을 찾는 수행으로 시작되었다. 누구나 철저히 나 자신을 돌이켜 보고 '내가 무엇을 했는지?' 스스로 묻고 자신을 바로 밝히는 데서 심인불교는 탄생되었다.

> 심인은 곧 다라니를 내 마음에 새겨있는
> 불심인佛心印인 삼매왕을 가리켜서 말함이요
> 진리는 곧 변함없는 만유실체 본성이라
> 실상實相같이 자심自心알아 내 잘못을 깨달아서
> 지심至心으로 참회하고 실천함이 정도니라
>
> _『실행론』 3-2-1

회당대종사의 가르침은 너무나 간단했다. 그리고 분명했다. 회당대종사에게 참된 수행이란 있는 그대로[實相] 나의 마음을 정확히 들여다보고 자신의 잘못을 깨달아 지심으로 참회하고 바른 삶을 실천하는 것이었다. 수행은 나를 바르고 정확히 아는 데서 시작되는 것이다. 하지만 병과 가난 그리고 불화의 고통 속에서 대중은 정작 자신의 잘못을 모르고 있었다. 이 세상에 일어나는 모든 일은 그 원인이 있음을 바로 보지 못한 것이다. 이를 살핀 회당대종사는 지금 내가 당하고 있는 모든 고통은 그 원인이 있음을 확신했다. 회당대종사는 자신의 마음을 들여다 깨쳐보니 자신의 생각이 잘못 되었고, 생각으로부터 말이 잘못 나오고 행동도 잘못 되어 있는 것을 확신했다. 그리고 마음을 바로 세웠다.

'다시는 그런 잘못된 생각을 하지 않고, 잘못된 말을 하지 않고, 잘못된

행동을 하지 않으리라.'

회당대종사의 결심은 새로운 인생의 시작이었다. 나아가 회당대종사는 모든 잘못의 근본은 나의 마음을 바로 세우지 못한 어리석은 자리에서 비롯되었기에 나의 마음을 어떻게 잘못 사용한 것인지 철저히 규명하고 바로잡는 수행을 '참회'라 하였다. 무엇보다도 처절한 참회가 있어야 새로운 출발을 할 수가 있으며 미래의 방향 또한 세울 수 있다고 강조하였다. 이를 위해 우리는 먼저 내가 나의 마음을 철저히 들여다 보아야 한다. 그리고 '누가 무엇을 보아야 하느냐?'는 질문에 내가 나를 보아야 하며, 있는 그대로의 세상을 직시直視하는 길을 강조하였다.

수행은 먼저 저마다의 삶을 과거와 비교하고 아쉬움을 드러내는 어리석음을 떨치는 일이어야 했다. 나아가 미래에 집착하여 현실을 망각하는 허망한 어리석음 또한 떨치는 일이다. 회당대종사에게 불교의 새로운 가르침을 교화의 이름으로 여는 창교創敎는 과거와 비교하고 한순간의 현실을 소중히 생각하지 못한 대중을 향한 자각과 실천의 선언이었다. 그리고 이는 저마다 생각을 바꾸어 누구나 몸소 실천하자는 근대불교의 혁신적 교화선언이었다. 나아가 과거로부터 이어져온 집착을 떨쳐 자주自主의 가치를 세우고 대중을 향해 '함께 함'의 소중함을 전한 일대 사건이었다. 회당대종사는 과거에서 지금에 이르는 수많은 인연과 그 은혜를 담아 저마다의 변화를 함께 하고자 스스로 실천하는 해탈의 삶을 열었던 것이다.

먼저 저마다의 망심妄心을 버리고 자신의 근기 속에 새로운 가치를 세워야 했다.

3) 참회, 드러냄으로 시작하는 수행의 길

참회란 내가 나를 들여다보아 나의 잘못을 깨달아 고치는 것이다. 회당대종사는 여기서 한 발자국 더 나아갔다. '내가 나를 본다'는 행위에서 '무엇이 나를 보는가?'라는 행위의 주체에 대한 깊은 내적 성찰을 이어갔다. 그리고 나의 마음의 본체, 즉 심인心印이 나를 보고 있으며 이는 저마다의 허망한 삶 속에서 다시금 심인으로 드러나야 했다. 나아가 저마다의 심인을 밝혀 자신의 중심을 확실히 세우고, 내가 바로 우주의 주인공이 되어 당당하게 살아가자는 것을 진각종의 기본 종지宗旨로 선언하였다.

여기서 심인이란 '옴마니반메훔'이며, 이는 『육자대명왕신주경』에서 '관세음보살 본심미묘 심인'이라고 밝히고 있다. 일반적으로 '옴마니반메훔'을 '관세음보살 본심미묘진언'이라고 하는 것과 상통相通한다. 그러나 회당대종사는 더 깊이 들어가서 본심은 누구의 본심이든 상통하므로 육자진언은 모든 불보살의 본심이라 깨달았다. 즉 회당대종사에게 진언眞言과 심인心印은 둘이 아닌 하나였다. 진언이 심인이며, 심인이 진언이었다.

그리고 회당대종사는 대중에게 육자진언의 수행을 믿음과 실천으로 이어가야 한다고 강조했다. 이어 회당대종사는 부처님과 같이 생각하고 행동하는 삶의 자세를 불심인佛心印이라 하였다. 이를 줄여 심인이라 했다. 그리고 이를 대중에게 전한 법설을 이와 같이 재구성할 수 있다.

> "불심인은 저마다의 내면에 세운 부처이다. 즉 심인은 수행자의 본심本心이며, 본심은 의타적인 삶을 떨쳐 자주적으로 '참다운 나'를 세우는 마음의 근본자리이다. 나아가 심인은 마음 가운데 있는 부처님이며 이

부처를 드러내어 실천하는 삶이 수행이다. 그러므로 자주적인 실천불교의 근본은 저마다 세운 심인의 자리에서 시작하는 것이다."

그리고 이를 회당대종사는 다음과 같이 적고 있다.

'심인은 불심인佛心印이요, 진리는 불심인의 진리를 말한다. 우리의 심중心中에 있는 불심인은 참으로 미묘하고 신통하고 광대 무량한 진리이다. 심인은 우리의 본심이며, 마음 가운데 있는 부처님이다. 그리고 일체의 죄와 복과 인과를 티끌만치도 어긋남이 없이 진실하게 깨닫게 한다. … 인과가 추호도 어긋남이 없는 것은 우리 심중에 부처님이 계시기 때문이다.'

_『실행론』 2-2-1-가

회당대종사는 심인의 가르침을 실천으로 이끌어야 했다. 심인의 가르침은 과거의 불교와는 달리 실천으로 새로운 생활을 여는 신행운동이어야 했다. 먼저 우리 모두는 자주적으로 자신의 마음을 다스리고 일상의 삶을 정리하며 이를 나누어 키우는 실천의 주인이 되어야 했다. 이를 위해 회당대종사는 크고 작은 고민과 씨름했다. 대중에게 다가서기 위한 고민은 이처럼 신중할 수밖에 없었다.

"그동안 세상을 통해 보고 익힌 것 가운데 하나는 저마다 자신의 주장을 해석하고 이를 전하는 것에 지나지 않았다는 것입니다. 2,500년 불교 또한 옛 선사의 가르침을 해석하고 전하며 이를 아는 것만이 깨달음이라 했음을 부정할 수 없었습니다. 그저 자신과 가족, 나아가 국가를 위해 기원하고 그 기원을 위해 수행을 하고 있었습니다. 하지만 이제는 변해야 합니다. 과거의 해석에 머무르는 것보다 중요한 것은 나로부터 시작하는 부처님의 삶이어야 합니다."

회당대종사는 대중에게 다가서는 신행의 방향을 '변화로 새로워지는 삶'이라 했다. 기복祈福으로 변하는 의타적인 삶이 아니라 '마음 바꿈'으로 변화를 이끄는 자주적 삶의 가치를 저마다 신행으로 세우고 실현하는 것이었다. 이를 대종사는 다음과 같이 설하였다.

'심인진리는 다른 종교와 같이 어떤 신을 대상으로 하는 믿는 것이 아니라 청정한 자기 본심을 깨닫고 지혜와 자비로 행하는 진리이며, 깨쳐서 고치고 고쳐서 행하는 진리다.'

_『실행론』 2-2-1-나

먼저 대종사는 '신神을 대상으로 믿는 것'을 깨야 했다. 이는 의타적인 삶을 깨치는 길이기도 했다. 이를 위해 대종사는 금강경 사구게 가운데 한 구절을 강조했다.

"무릇 상相이 있는 것은 다 허망虛妄한 것이라, 만약 모든 상相이 상 아님非相을 보면 즉시 여래如來를 본다."

凡所有相 皆是虛妄 若見諸相非相 卽見如來

대종사는 저마다의 집착을 깨고자 금강경 사구게를 대중에게 자주 설하였다. 이를 통해 대중이 어리석음으로부터 벗어나는 해탈의 길을 강조하기도 했다. 이는 과거의 습관에 얽매여 '선비'라는 이상적인 삶을 가진 자에게 조상의 은혜를 말하기에 앞서, 은혜를 갚는 길이 바로 내가 잘 사는 것이라는 가르침이 되었다. 나아가 이는 부처님에게 기대어 원인 없는 결과를 기대하는 자에게는, 바깥 부처가 이루어 주는 것이 아니라 내가 세상의 주인 되어 이루어 가는 실천의 길이 되었다. 또한 과거 남존여비男尊女卑의 습習에 젖어 가정의 불화 속에서 고통 받는 이에게 과거의 습을 깨고 상대자를 통해 자신이 삶이 존중받아야 한다고 강조했다. 그리고 과거의 집착으로부터 떨쳐 일어나는 '현실의 중요성'을 더했다. 나아가 과거의 집착을 떨쳐 새로움을 세움에 있어 마주하게 되는 걸림을 경계하여 무주상無住相의 가르침으로 나아갔다.

"마음을 일으키되 상에 머물지 않는다."

應無所住而生其心

회당대종사는 과거의 집착을 떨쳐 새로운 마음을 세우되 그 마음 또한 머물지 않아야 한다는 가르침을 강조했다. 나아가 과거의 집착을 떠난 새로운 마음 또한 안주하여 머무르면 집착에 지나지 않는다는 회당대종사의 가르침은 머무르는 바 없이 본래 있는 그대로의 진실한 마음을 내는 것이다. 이는 집착이 없는 텅 빈 마음이 되어 세상의 인연과 그 경계를 따라 '있는 그대로'의 마음으로 현실적 실천을 강조한 것이다. 회당대종사는 세상만물의 변화와 천만 경계를 마주하고 진실히 다가서되 이에 집착함이 없이 본래 그대로의 마음을 드러내어야 한다는 가르침을 대중에게 전하였다.

이는 과거의 습관과 어리석음이라는 원인에 머무르고 집착하는 일상의 연속을 직시하고 이를 깨쳐 새로운 마음을 일으키되 이 마음 또한 머무름의 집착이 되어서는 안 된다는 가르침을 전하였다. 즉, 우리의 삶은 집착함이 없이 현실에 진실로 다가서는 삶이자 살아있는 실천의 연속이 되어야 한다.

또한 대종사는 대중이 떨쳐야 할 집착과 어리석음을 시대의 흐름 속에서 관찰하였다.

> '우리 민족은 36년간 일본침략의 포악한 정치문화[虐政]로 물심양면物心兩面의 고난을 겪었다. 해방 이후, 급속도로 유입된 사상적 물질적 혼란으로 모든 질서가 문란함에 따라 수신修身과 도덕道德은 이미 없어진지 오래다. 그럼에도 불구하고 조선 오백년 숭유배불崇儒排佛 끝에 일본불교와 같이 겨우 대중불교로 향하고 있으나, 이 또한 아직 자주적인 각성覺性불교는 일어나지 못하였기에 국민의 대부분이 크고 작은 병은 막론하고 의약으로 완치할 수 없는 질병이 말할 수 없이 허다하였던 특수한 상황이었다.'
>
> _ 대한불교진각종 교사敎史 중에서

어려서 회당대종사는 조국의 산하가 일본의 침략으로 피폐했고 민족의 자주가 위축되었음을 알았다. 이어 자신이 태어난 섬을 등지고 세상을 향해 첫 걸음을 옮겨 배움을 채우고자 하였다. 그리고 회당대종사가 맞이한 뭍의 현실은 암울했다. 조국산하의 생채기를 귀로 듣고 눈으로 확인하는 아픈 현실이었다. 하지만 회당대종사에게 민족 자주의 상실은 도리어 자주적 삶의 중요성을 담는 정신적 해탈의 계기가 되었다. 그리고 피폐한 현실은 가난한 고통으로부터 벗어나야 하는 빈고貧苦 해탈의 계기가 되었다. 더욱이 개개인의 몸과 마음 속 난치병은 한 가정의 살림을 탕진하기에 이르렀고 이러한 가산家産의 탕진은 곧 가정의 불화로 이어졌다. 이러한 고통의 순환을 끊기 위해 회당대종사는 각성覺性을 강조해야 했다.

결국 회당대종사는 계전동, 초전 법륜의 교화에서 저마다 지난 습관에 얽매인 마음의 병을 벗고 육체적 병고에서 해탈하여 가정의 화순和順과 세간의 어려움을 해결하는데 힘을 더했다. 또한 회당대종사는 자신은 물론 세간의 고통에서 벗어나는 첫 걸음을 '마음공부'라 불렀다. 나아가 회당대종사는 자신이 부처라는 자주적 깨달음을 가지고 일체의 어려움을, 있는 그대로의 사실로 확인하여야 일체의 고苦를 극복하는 해탈에 이른다고 전하였다. 이를 위해 먼저 자신의 삶을 살피는 계기가 필요했다. 참회의 바른 법이 필요했다.

회당대종사는 집착으로부터 생기는 마음의 고통과 함께 몸의 고통이 있으며, 고통을 치유하고자 집과 재산을 탕진하니 가난에 이르게 되고, 다시 가난이 가정의 불화를 일으키는 대중의 미혹한 삶을 살폈다. 그리고 이를 끊어 자주의 새로움을 채워야 했다. 하지만 대중은 선지자의 가르침만으로 자신의 미혹을 내려놓지 못했다. 일상의 습習으로 이어진 긴 시간의 업業이 이들을 누르고 있었다. 회당대종사는 이 또한 외부의 힘에 의지해서는 안된다고 생각했다. 의타적 생각으로 이루어진 업業이나 성공은 타인에게 의지하는 습관을 만들기 때문이었다. 회당대종사는 자기 자신을 살피는 자주적 참회를 펼치기 위해 다시 도심으로 나서야 한다고 강조했다.

저마다 자신만이 최고라는 명분으로 자기만의 세상에 자신을 가두기도 한다. 바로 아집我執이다. 이는 자기 자신에 대한 집착이다. 회당대종사는 이러한 '자기집착'으로부터 자기만의 상相을 만들고 자신만의 상相

에 동의하지 않거나 비판하는 자를 적敵으로 만드는 해방 후 혼란을 보았다. 저마다 이 땅의 독립을 위해 노력한 민족 근본의 자리를 잊은 채, 저마다의 삶에 집착해 타인의 생각과 교류하지 못했다. 지난 시간의 아상我相만을 집착으로 키우고 이를 주장했던 민족의 혼돈을 회당대종사는 지켜보았다.

그저 자신을 중심으로 분별하는 어리석음이 가득했던 현실이었다. 개인도 이와 다르지 않았다. 개인은 자신의 가문과 그 역사 그리고 양반이라는 집착 속에 자신의 삶과 이익을 더한 이해관계를 만들었다. 그리고 이를 중심으로 보이지 않는 적敵 또한 만들고 있었다. 막연히 이겨야 한다는 더 큰 집착을 만들고 있었다. 이를 경계하던 회당대종사는 계전동의 교화를 남긴 채 다시 도심으로 나서야 했다. 이를 위해 대중과 함께 이러한 현실을 직시하고 자아의 참된 성품인 자성自性을 깨쳐 자주自主의 성품을 밝히는 신행으로서 참회懺悔를 드러내야 했다.

회당대종사는 참회에 대해 때때로 아집我執을 버리는 길이라 했으며 상相을 버리는 바른 수행이라 하였다. 나아가 회당대종사는 일상의 실천적 수행에 대해 이처럼 전하려는 뜻을 가졌다.

> "상相이란 집착을 넘어 '나'라는 생각이 만들어내는 인습因習적인 사고와 행위를 말하는 것입니다. 참회의 일상 속에서 저마다 자신의 상相에 전도망상되는 어리석음을 없애고 자신을 주인으로 다스리는 삶이 자주自主 그리고 자유自由라고 할 것입니다."

특히 대종사는 구체적인 상相에 대해 자주 이야기 했다. 나아가 자신을 살피어 이를 알고 곧 참회할 것을 대중에게 강조하였기에 심중에 간직한 법문을 이와 같이 그려 볼 수 있다.

"부자인 사람은 항상 부자로 살아온 자신의 습관대로 생각합니다. 한 끼 걱정을 하는 어려운 이의 고통을 모르는 것이지요. 가난한 사람은 자신의 가난한 현실과 고통을 한탄하며 그저 자신이 처한 현실에 집착하는 어리석음을 가지고 있습니다. 저마다 자신이 처한 현실에 집착하여 생각하고 자신의 습관대로 선택하며 행동하는 한계를 지니고 있습니다. 이를 상相이라 합니다. 이러한 상相이 많은 사람은 자신을 유세하거나 자랑하는 일에 다시 집착하거나 자만하기도 합니다. 반면 이러한 저마다의 상相은 자신을 비하하거나 자책·원망하는 부정적 측면 또한 있습니다. 이처럼 굳어진 고집에 얽매여 '있는 그대로'의 사실을 부정하거나 오해하는 어리석음을 스스로 만듭니다. 이를 치유하는 길이 바로 참회입니다."

회당대종사는 참회를 참회심공懺悔心工이라 불렀다. 마음공부의 시작인 참회심공에 대해 회당대종사는 먼저 자신을 철저히 살펴서 자신의 허물을 찾아 드러내고 이를 고치는 노력이라 하였다. 특히 자신의 허물을 살피는 일이란 '나'라는 집착의 시선을 버리고 나와 인연된 사람의 생각을 담아 자신의 부족함을 살피는 것이다. 회당대종사는 이를 위해 스스로 뉘우치고 타인의 시선을 거울삼아 자기 자신을 돌이켜 발전시키는 일이 진정한 참회라 하였다.

'항상 자기의 탐진치貪瞋痴 허물을 뉘우쳐서 그 허물을 고치는 것이 참회공부가 된다. 기도가 아니라 참회로 나아가야 한다. 이는 남을 비방하는 것이 아니라 살리기 위한 것이다. 비방하지 말아야 한다. 참회하는 데 길이 열린다. 우리 교教의 화두話頭는 「내 허물이 무엇일까?」이다.'

_『실행론』 3-10-4

대종사는 이처럼 '기도가 아닌 참회'를 강조했다. 이 가르침은 개개인이 자신도 모르는 의타依他로부터 벗어나 저마다 자신을 자주自主로 바르게 세우는 삶의 시작이 참회라는 실천적 불교의 선언이 되었다. 특히 회당대종사는 '남을 비방하는 것이 아니라 살리기 위한 것'이 바로 참회라 하였다.

회당대종사의 참회는 한 개인을 위한 실천이 아니라 서로 의지하고 서로를 비추어 밝히는 상의상관相依相關의 연기적 가치를 강조한 것이다. 나아가 회당대종사는 참회에 대해 옳고 참된 삶을 실현하는 우리 사회의 '살림 밑천'이라 강조하며 불교의 실천적 가치를 드러내었다. 그리고 이는 공공의 가치를 불교적 시선으로 드러낸 사회운동이었다. 특히 회당대종사는 '참회하는 데 길이 열린다'라는 말을 통해 우리가 옳고 바르게 잘 사는 삶의 궁극적 가치를 참회로 열었다.

또한 회당대종사는 상대자의 허물을 보지 말고 내 허물을 고칠 것을 수행으로 드러내고자 먼저 희사하고 참회로 드러난 저마다의 허물을 바르게 고쳐 다시 짓지 않겠다는 서원을 강조하였다. 그리고 회당대종사는 나의 허물이 참회와 서원 그리고 실천으로 드러나면 상대자의 저 허물도 자연 없어진다는 가르침을 펼쳐 연기적 세상 속 공존의 가치를 참회의 실천으로 드러내었다.

대종사는 희사喜捨와 참회에 대한 법문을 다음과 같이 구상하였을 것이다.

"참회는 우리가 함께 살아가는 사회 속에 바르고 참된 삶을 이끄는 수행입니다. 하지만 이러한 참회는 쉽지 않습니다. 왜냐하면 우리는 인과법을 이미 알고 있습니다. 내가 하는 행위의 결과는 상과 벌로 이어진다는 사실을 알고 있습니다. 그러나 악한 원인에 나쁜 결과가 따르는 것에는 예민하지만 착한 행위를 지으면 좋은 결과가 온다는 사실은 너무나도 쉽게 의심하고는 합니다. 참회는 선인선과善因善果나 악인악과惡因惡果를 변함없이 믿고 실천하는 것이어야 합니다. 나쁜 결과가 있을 때, 참회하여 자신을 고쳐야 합니다. 특히 좋은 결과가 있을 때는 참회로 자신을 살피어 그 원인을 똑똑히 알아 이를 적극 실천해야 합니다. 이것이 바로 불교입니다."

4) 유교의 습習을 자주적 신행信行으로

회당 손규상 대종사의 초전법륜지, 계전동 이송정에서의 교화는 시간을 더하며 진언소리 가득한 자리가 되었다. 저마다 시간을 지키며 육자진언의 진솔한 소리를 내었으며 진언수행은 스스로의 마음을 키워 삶을 넓혀갔다. 이처럼 각각의 자리에서 육자진언을 소리 내어 자신을 밝히는 대종사의 진언수행법은 누구에게나 쉬운 수행으로 전해지기 시작했다. 하지만 회당대종사는 자칫 지금의 머무름이 집착이 되리라는 의심을 지니고 다시 새로움을 더하고자 계전동을 떠났다. 이송정의 교화를 제자에게 맡기고 양동마을로 나아갔다.

양동은 경주 손씨 종가宗家가 있는 마을이다. 회당대종사는 진기1년

(1947) 9월 25일 양동의 관가정觀稼亭에 대중과 함께 마음을 키울 넓은 자리를 정하였다. 관가정은 경주 손씨 3세조 손소(孫昭 1433-1484)의 아들인 우재愚齋 손중돈(孫仲暾 1463-1529)이 살던 곳이다.

사실 양동마을은 유학의 전통이 배어 있는 곳이다. 조선 중기 중종 때의 문신이자 유학자인 이언적李彦迪의 종가宗家 또한 바로 이곳 양동에 있었다. 대종사는 양동으로 발길을 정하고 이곳에 대중의 수행터전을 마련하면서 다음과 같이 입장을 정리하였을 것이다.

> "과거, 대중을 위해 수행의 터를 마련한 양동마을은 유교의 습習이 고스란히 내려오는 마을입니다. 그곳은 전통이라는 가치가 일상의 삶을 이끌고 있었으며, 유교를 지키며 이어온 양반의 전통과 함께 그 위상이 가득한 자리였습니다. 이처럼 조선 500년 유교의 가치를 고스란히 담은 자리였기에 유학의 획일화된 사고가 일상이 되고 문화로 자리 잡았습니다. 그 만큼 세상변화에 대한 새로움을 담지 못했습니다. 전통이라는 한계도 있었던 것입니다. 이러한 자리에 자주적 사고와 변화에 유연한 삶의 자세가 필요하리라 생각했습니다. 곧고 깊게 자리잡은 긴 역사의 습習 속에는 새로운 문화를 심고 살피는 자리가 될 인연이 가득했습니다. 사실 관가정觀稼亭 또한 볼 관觀에 심을 가稼, 새로움을 심고 살펴 키우는 자리였기에 그 의미가 가득했습니다."

양동 관가정에서의 교화는 누구나 찾고 들르며 자신의 마음을 더하는 계기가 되었다. 그리고 진언소리 내는 수행처로 점차 자리 잡아 나아갔다. 두 손을 모으고 진언소리 가득한 수행자의 삶은 참된 성품本性을 밝히고 일상의 삶을 바꾸어 나아가는 길이 되고 있었다. 저마다의 집착을 살펴 어리석은 생각을 끊는 양동마을의 진언대중은 참되고 바른 삶을 더해 가난과 병 그리고 불화不和의 고통을 여의고 자주와 실천의 힘을 키우고 있었다. 나아가 과거의 어리석은 집착과 원망을 여의고 참회의 삶을 통해 나날이 새로운 길을 열었다. 마을 주민 또한 지난 자신의 삶을 떨쳐 일어나 진언수행의 새 길에 동참하기에 이르렀다.

이에 대종사는 양동 관가정을 달리 양동 참회원이라 부르고 참회정신을 대중과 함께 세워 수행으로 나누기 시작했다. 마침 경주 손씨 종가宗家의 맏며느리가 대종사의 가르침에 공감하여 수행에 동참하게 되었다. 하지만 이는 곧 양동마을에서의 갈등이 되었다. 특히 조선 오백년 유교를 숭상하고 불교를 배척하던 유교적 가풍 속에 자주적인 삶을 불교적 수행인 참회와 진언으로 이루고자 한 회당대종사의 교화는 경계의 대상이었던 것이다. 이에 대해 대종사는 다음과 같이 생각하였다.

> '초전 법륜을 펼친 계전동 도량은 손우당에게 맡기고 경주시 강동면 양동 송첨관 가정에서 도량을 열고 교화를 개시한 바, 사방에서 교도들이 구름과 같이 모여들었다. 이들은 본성을 찾아 저마다의 고통에서 해탈하였다. 하지만 시대의 방편을 펼쳐 참된 가르침을 전하는 일에 장애가 따랐다. 봉건 유가의 완고한 이들의 험악한 말과 비방이 이어졌으며 관권을 앞세워 방해함으로 잠시 교화를 미루어야 했다.'
>
> _ 대한불교진각종 교사敎史 중에서

양동마을의 유학자들은 옛 전통과 다른, 대종사의 수행을 받아들이지 못했다. 결국 허가받지 않은 종교집회라는 유학자들의 빌미로 인해 회당대종사는 잠시 양동마을에서의 수행을 멈추어야 했다. 회당대종사는 자주적 삶을 실현하고 참회의 삶 속에 바른 미래를 담는 수행이 옳더라도 공공의 법과 질서를 지키고 존중해야 한다는 입장을 정하였다. 그 심중을 이렇게 살필 수 있을 것이다.

"해방 후 우리나라는 혼돈이었습니다. 사회가 불안한 탓에 관官의 허가 없이 대중이 모여 집회를 할 수도 없었습니다. 이는 과거의 의타적 삶에 익숙하여 그저 시키는 것만을 하는 옛 문화만이 안정된 바른 길이라 여겼던 것입니다. 이러한 문화 속에서 사람들이 스스로 한자리에 모여 가르침을 나누고 수행하는 일은 나와 다른 생각을 가진 누군가에게는 이해하지 못하거나 나쁜 일로 보였을 것입니다. 하지만 공공의 법과 절차를 고려하지 못한 행위는 나의 생각만이 옳다는 작은 집착이었기에 잠시나마 수행처를 쉬어야 했습니다. 그리고 다시 누구에게나 옳고 바른 생각을 담을 수 있는 수행처로 키워야 했습니다. 이것이 바로 급변하는 세상 속에 자주적인 변화의 삶을 더하는 길이라 여겼습니다. 그리고 다시 대중의 의견을 모으며 다시 새로움을 더하고자 서원할 수 있었습니다. 화禍가 도로 공덕이 되는 길을 함께 열었던 것입니다."

회당대종사는 봉건적인 사고에 사로잡힌 유학자들의 비난과 조롱을 탓하지 않았다. 나아가 관가官家의 권력에 의지한 그들의 방해 또한 원망하지 않았다. 반면 있는 그대로 드러나 자신의 앞에 놓인 일들에 보다 집중했다. 회당대종사는 자신의 생각과 실천이 원만하지 않았다는 참회 속에 새로움을 더하는 것이 진정한 서원이라 생각했다. 그리고 상대자의 허물을 나의 허물로 깨달아 먼저 자신을 고치는 일이 바로 상대자를 고치는 일이라 여겼다. 회당대종사의 이러한 생각은 곧 수행자 각각의 삶 속에 전해지기 시작했다. 마음을 나누기 위해 먼저 물질을 나누는 희사와 함께 진언 소리 더하는 수행을 스스로 실천하기에 이른 것이다. 이는 각자의 삶 속에 자주적 실천불교를 드러내기 시작한 것이다. 이처럼 회당대종사가 대중과 함께 했던 시간 속에서 자주적인 수행의 길이 열리고 있었다. 새로운 불교가 시작되고 있었던 것이다. 대종사가 양동에서의 교화에 대해 가진 심경을 이처럼 밝힐 수 있을 것이다.

> "양동을 울렸던 대중의 진언소리는 부처님의 은혜와 천지天地에 대한 깊은 통찰의 과정으로 이어졌습니다. 나 자신이 한 시대와 인연된 소중한 존재라는 사실을 은혜 속에서 깨닫게 된 것이죠. 이는 다시 수행으로 이어져 때와 장소를 가리지 않는 마음공부가 되었습니다. 나아가 마음공부는 개인의 허물을 드러내는 유상有相 참회에서 보이지 않는 인연을 살피고 자비와 희사의 마음을 키우는 무상無相 참회로 이어지고 있었습니다. 이를 살펴 나 또한 깊은 생각에 잠기게 되었습니다. 저 자신이 양동에 머물러 함께 함을 지속하는 것은 또 다시 스승에 의지하는 일이 될 것 같아 잠시나마 떠나야 했습니다."

이에 회당대종사는 자주적 깨달음[覺性]의 불교를 키우기 위해 다시 자신의 마음 크기를 키워야 했다. 한 달간 이어진 관가정의 교화를 대중에게 남기고 다시금 자신이 스스로 큰길을 열어야 하는 시간이 되었음을 대중에게 전했다.

5) 골짜기 시냇물에서 넓은 바다를 향해 도시로

계전은 골짜기에 물이 모이고 흐르기 시작하는 곳이다. 그 물은 대중의 진언소리로 이어져 다시 물줄기를 이루고 그 물줄기는 다시 양동마을을 감싸고 다시 바다로 향해야 했다. 회당대종사는 자신의 삶이 흐르고 있음을 깨닫고 그 흐름에 집중하기 시작했다. 첫 법문을 설하였던 계전동과 대중과 함께 진언소리 키웠던 양동마을에 이어 이제 포항으로 나아가야 했다. 그곳은 회당대종사가 뭍의 생활을 시작한 자리이다. 하지만 깨달음과 교화를 위해 다시 찾는 포항은 새로이 다가서야 할 교화지였다. 회당대종사는 농촌과 달리 산업과 경제의 인연을 앞서 수용하고 나름 선진문물의 수용이 빨랐던 포항에 대해 깊은 생각을 잠기었다. 아마도 이와같은 심정이 깔려 있었을 것이다.

> '지난 반세기, 이 땅과 민족은 일본의 침략과 가혹한 통치 속에 몸과 마음의 고통을 겪었다. 그리고 해방의 순간이 다가왔다. 하지만 해방이라는 가슴 벅찬 순간도 잠시였다. 우리에게 해방은 서구의 다양한 사상과 물질의 급격한 변화를 경험하게 했다. 그토록 바랐던 해방은 우리에게 또 다른 갈등과 무질서로 다가와 민족의 정신을 다시 혼탁하게 하는 고통이었다. 이념은 대립하고 새로운 문물은 이기적 자본의 무기가 되었으며 유교적 질서는 무너져 버렸다. 정신과 물질의 문란함 속에서 수신修身의 도덕은 사라진지 오래다. 나아가 불교를 폄하하고 배척한 조선 오백년의 문화 속에 왜색불교의 흐름은 대중을 현혹시키고 있다. 자주를 잃은 이 시대, 불교의 새로운 방향이 필요하다. 자신의 주체적 삶을 이끄는 불교로서 깨달음[覺性]의 불교가 우리 시대의 불교

여야 한다. 각성의 불교는 크고 작음의 분별없이 저마다 자신의 삶을 원인과 결과로 살피고 자주적인 실천으로 이끌어야 한다. 이제 다시 1,600년 그 깊은 불교 속으로 들어가야 한다.'

회당대종사는 해방 이후 이어진 민족의 삶을 사상과 물질의 급격한 혼돈으로 바라보았다. 그리고 그 혼돈을 극복하기 위해 우리의 전통불교를 시대정신으로 바로 세워야 했다. 양동 참회원의 시간을 거울삼아 회당대종사는 속가俗家인 포항 상원동에 도량을 개설(1947.10.15)하고 인연 있는 수행자와 함께 진언수행을 이어갔다.

계전동 이송정 그리고 양동마을의 인연이 포항 도심으로 이어진 속가의 수행도량은 대중과 함께 하기에 부족했다. 이에 회당대종사와 함께 신행을 이어온 자회심自悔心 보살은 자신의 신흥동 집을 대중에게 열었다. 때마침 대구에 머물던 회당대종사의 아내, 원정각 스승에게도 법연法緣이 이어졌다. 대종사를 따라 배우고 익히던 원정각 스승의 정진력이 남달랐기에 당연한 것이다. 나아가 원정각 스승과 함께 수행하던 청정심淸淨心 보살이 자신의 집을 수행처로 희사하는 동참 서원의 인연이 되어 대구의 자주적 새불교운동 또한 대중과 함께 시작되었다. 이 인연으로 청정심 보살은 지아비의 병고를 해탈하는 신행의 결과를 스스로 증명하였으며, 이내 대구 시내에 자주적 불교운동이 펴져가기 시작했다.

회당대종사는 이를 지켜보며 대중을 향해 새로이 전할 법을 이처럼 자내증 하였을 것이다.

"지난 천년의 불교는 절을 찾아 부처님께 절을 하고 복을 구하며 불경佛經을 읽는 것으로 그 전통을 이어왔습니다. 수행이란 이름으로 나의 밖 대상과 교류하고 교섭하는 것을 경계하였지만 새로운 불교는 이에 머물러서는 안 됩니다. 이제 우리는 자기 자신을 돌이켜 참회의 마음으로 육자진언의 소리를 더하여 수행하고, 저마다의 집착을 떨쳐 자신을 열어야 합니다. 나아가 자주와 자유의 열린 마음으로 집안의 울타리를 여는 것은 대중을 향해 새로운 그릇이 되겠다는 서원입니다. 이는 자신의 신행을 결과로 내증하는 것이자 새로운 불교의 시작을 알리는 서원이며 회향입니다. 바로 당신이 주인공이 되는 자주의 불교이자 실천의 불교이며, 이를 수행으로 익히는 당신이 바로 생활의 불교로 나서는 큰 문門이기도 합니다."

이렇게 회당대종사의 가르침은 현실로 드러나는 자주적 선언이었다.

이와 함께 포항의 자회심 보살의 집도 새로운 불교와의 인연으로 맺어진 사람으로 넘쳤다. 이들과 함께 서원할 큰 그릇이 필요했다. 넓고 큰 도량 속에 모두가 함께 하는 자리가 있어야 했다. 이러한 회당대종사의 생각에 과수원을 운영하던 포항 중동의 정해영鄭海永은 회당대종사에게 자신의 주택을 위탁하고 대중을 위한 넓은 마음자리가 되기를 서원했다. 회당대종사를 이를 받아들이고 자회심 보살을 스승으로 인증하였다. 그리고 자회심 보살 자신이 대중과 함께 신흥동에서의 수행을 계승하여 전하도록 했다.

깨달음을 이어 대중과의 교화 인연을 이끈 회당대종사에게 시간은 빨랐다. 회당대종사에게 시간은 사람과의 인연 속에 참된 불교의 심성心性을 여는 것이자 보이지 않는 씨앗이었다. 옛 춘농상회의 꿈이 수많은 사람들의 심성으로부터 다시금 꽃피고 있었다.

3. 대중과 함께 하는 참된 깨달음

1) 참회원에 담는 서원이 시작되다

포항 중동의 교화 또한 시간을 더하며 인연을 쌓는 공덕의 장으로 성장하고 있었다. 신흥동에 이어 중동에서의 교화도 또한 작은 인연을 큰 인연으로 담는 그릇이 되고 있었다. 육자진언을 외우고 참회하며 자신의 바른 생각을 담는 쉬운 불교, 누군가에게 의지하는 것이 아니라 내가 스스로 주인이 된다는 희망의 자주불교는 소문으로 전해졌다. 그리고 소문은 누구나 동참하는 순간, 어렵고 힘든 사람에게 따뜻한 손길이 되고 만다.

잠시나마 대종사와 함께 하는 포항 중동에서의 수행 여정은 주택을 가득 채우는 환희심이 되었다. 그즈음 회당대종사는 대구에서 그저 대종사를 따라 수행정진하며 자주적 불교의 위상을 키웠던 원정각 스승의 교화 소식을 듣는다. 그 소식을 들은 대종사의 심정은 이렇게 엿볼 수 있을 것이다.

> "원정각 스승의 수행 정진은 진정 보살의 모습 그 자체였습니다. 자리를 펼쳐 한자리를 정하면 그 자리가 곧 진언의 자리가 되듯이 용맹정진의 수승함은 함께 하는 이의 벅찬 신심이 되었지요. 이에 나를 따라 나서지 않고 가족과 함께 대구에서 스스로 수행 정진하며 시절 인연을 기다릴 것이라는 말을 끝으로 나 자신 또한 계전동과 양동 그리고 포항으로 교화를 이어왔던 것입니다. 그러던 가운데 소식이 날아왔습니다. 이제 대구에 한번 오셔야겠다는 것입니다. 대구는 대도시라 포항보다 더 많은 어려움이 있었습니다. 그리고 이를 어진 성품으로 잘 이

끌던 원정각 스승의 청을 거부할 수 없었지요. 결국 대구라는 새로운 인연지로 나서야 했습니다."

회당대종사는 포항 중동의 교화를 정해영과 손원도孫元道에게 맡기고 대구 남산동으로 발을 옮겼다. 이때가 진기2년(1948) 1월 20일의 일이니 회당대종사가 교화를 시작한지 반년이라는 시간이 흘렀다. 회당대종사는 그 시간을 이와 같은 마음으로 돌이켜 살폈을 것이다.

"되돌아보니 거의 반년이라는 시간을 더불어 수행하며, 만나는 이들과 수행을 나누었던 것입니다. 교화의 시작 또한 문중의 터전이었으며 이를 키워 도심으로 나온 곳이 섬을 나와 첫발을 디뎠던 뭍, 포항이었습니다. 아마도 대중과 함께 수행하지 못하였다면 나 자신 또한 잊혀져 버려 다시 울릉도를 찾았을지도 모릅니다. 하지만 대중과 함께 수행하고 부족함을 참회로 깨우쳐 새로운 서원으로 담는 지난 시간은 자주적 불교의 참된 수행풍토를 다져 나갈 수 있었던 힘이 되었습니다. 이는 포항에서 다시 대구로 나아가게 했던 시절의 인연인 듯합니다."

회당대종사는 대구 남산동으로 향했다. 이곳은 아내인 원정각 스승이 가족과 함께 수행을 펼쳐 대중과 함께 나누고 키웠던 도량이다. 남산동에서의 교화는 이미 주변에 소문으로 전해지고 있었다. 부처님을 찾아 예불하고 공양을 올리는 절이 아니라 자신의 본래 성품을 찾아 수행하는 사찰이자 자주적인 생각으로 나를 바꾸어 세상의 주인이 되는 수행터라는 새로운 인식이 자라나고 있었다. 나아가 이를 함께 하고자 하는 권선勸善이 넘치기 시작했다. 해인경海印經과 응원사 교화는 그 사실을 전하는 말과 종단의 기록을 중심으로 이렇게 요약할 수 있다.

> '자비인 김희옥의 보시로 그동안 갈망하던 일을 할 수 있게 되었다. 바로 진언 수행의 근본이자 부처님의 가르침을 담아 참회와 수행으로 새로움을 담은 해인경海印經은 수행자의 마음 거울이 되었습니다. 이를 처음 인쇄하여 저마다의 가정에 생활과 실천의 불교를 더할 인연이 실현된 것입니다. 이는 교화의 큰 진전을 이루는 것이었으나 스승으로서 일체의 지지支持를 더하지 못하고 이를 증명하지 못한 세속의 혼탁 속에 머물러야 했다. 1,600년 불교의 습을 계승하던 자들의 시기와 질투가 교화의 장애로 드러난 것이다. 당시 대중의 교화터전을 제공한 남산동 응원사應圓寺 주지 김원경金圓鏡이 5월 10일 선거의 투표장소로 사용한다는 이유로 교화의 터를 비울 것을 요구하고 결국 법으로 교화지의 폐쇄를 도모하기에 이른 것이다.'
>
> _ 대한불교진각종 교사敎史 중에서

당시 남산동 교화가 대종사의 동참으로 크게 일어나자 이를 이웃 사찰의 스님들이 눈여겨 보았다. 그리고 이를 수용하는 듯 응원사 주지 김원경은 대종사에게 자신의 사찰에서 대중을 위한 법문을 청했고, 대종사는 그 인연 또한 대중을 위한 큰 걸음이라는 생각으로 흔쾌히 법을 전하였다. 나아가 김원경은 대종사의 제자가 되기를 간청하고 먼저 대종사에 대한 예의를 갖추었다. 이에 동참하듯 대종사의 가르침을 담은 해인원경의 인쇄와 배포 또한 응원사 신도회장 자비인 김희옥이 맡아 보시하게 된다.

진기2년(1948) 3월 10일, 가정마다 부처님의 가르침을 담아 전하는 해인원경의 배포는 근대적 한글경전을 대중의 손에 쥐게 한 일대 사건이었다. 그리고 이들은 대종사의 인품과 어진 법문에 힘입어 대종사의 교화에 동참하였으며 진언소리 울리는 대중의 수행은 사찰을 가득 채웠다. 하지만 이를 시기한 응원사 주지 김원경은 1948년 5월 10일 총선거가 다가오자 응원사 도량을 투표장소로 사용한다며 대종사와 진언수행 대중과의 상의없이 수행처를 비울 것을 요구한 것이다. 김원경의 태도를 접한 대종사의 속내를 이처럼 풀어볼 수 있을 것이다.

> "과거의 그릇된 습관을 바로 하고자 올바른 법과 가치가 일어날 때에는 항상 어려운 일들이 있습니다. 부처님이 깨달음을 대중과 함께 나누고자 하였을 때에도 마왕 파순이 전법傳法을 방해하였으며 예수의 설교가 대중과 함께 하자, 바리새 교도들이 예수를 모함하는 일도 있었습니다. 공자와 맹자에게도 옳고 그름이라는 시비가 끊이지 않았습니다. 이처럼 마장魔障이 준동하는 것은 우리가 참회와 서원 그리고 진언수행으로 세상과 나누고자 하는 가르침이 옳고 진실하며 중생을 함께 하고자 하는 마음이 순수하기 때문입니다. 수행의 순수함을 시기하는 세인의 질투와 어리석음은 수행자 모두가 함께 깨쳐 나아가야 할 과제이자 참된 성품으로 바로 세워야 할 미래입니다. 그러므로 있는 그대로 받아들여 부족함을 참회하고 다시금 정진하는 것이 바르고 참된 수행의 길이 될 것입니다."

김원경의 속내를 읽은 회당대종사는 응원사의 도량을 폐지하고 이웃 계산동에 2층 주택을 임대하였다. 수행에 동참한 대중과의 인연을 소중히 여겨 새로운 인연처에 다시금 수행자의 서원을 담아 키우고자 회당대종사는 대구경찰서에 집회 허가(1958.5.15)를 얻는 등 지난 혼란을 수습하는 인연을 실천으로 드러내었다. 응원사와의 인연은 비록 다하였지만 이러한 대종사의 진심은 공간을 떠나 대중의 마음속에 자리 잡기 시작했다. 먼저 움직인 이는 응원사의 신도회장 김희옥 자비인 보살이다. 자비인 보살은 이화여전을 나와 대구지역에서 신심 넘치는 실천을 이어온 불자다. 이를 눈여겨 본 회당대종사는 보살과의 지난 인연을 소중히 여겼다. 나아가 자신의 지난 삶을 살펴 바른 신행의 길을 열고자 하는 자비인 보살의 뜻을 존중했다. 비록 응원사에서의 부족한 인연일지라도 스스로 자신을 살펴 자주적인 실천의지를 갖춘 보살이였기에 회당대종사는 자비인 보살을 계산동 참회원의 원장으로 임명하였다. 자비인 보살을 받아들이는 대종사의 마음을 이처럼 헤아릴 수 있을 것이다.

"대구 응원사 자비인 보살은 신심 가득한 현교顯敎의 보살입니다. 나와 인연되어 해인경을 인쇄하고 배포하는 등 실천적 의지가 남다른 보살이기도 했습니다. 특히 보살은 해인경의 인쇄에 있어 과거 한문으로 이뤄졌던 경전을 한글로 옮기고 이를 읽고 따라하는 신행 속에서 한글을 깨치게 하겠다는 제 생각에 벅찬 공감을 표했습니다. 아마도 서구식 교육을 받은 여성이기에 글을 깨친다는 의미를 알았던 것 같습니다. 앞서 나는 자비인 보살에게 한글경전의 의미를 전한 적이 있습니다. '고통의 어리석음을 깨치기 위해 먼저 글을 깨쳐야 합니다. 글을 깨친다는 것은 그동안 스님에게 의지하며 따르던 의타적인 신앙에서 벗어나 직접 부처님의 가르침으로 다가서는 길이자 자신이 주인되는 길을 여는 것입니다. 어리석음에서 해탈하려면 먼저 글을 깨쳐야 합니다.'라고 말입니다."

한문을 한글로 번역한 해인원경의 배포는 대중의 어리석음을 깨쳐 참된 삶의 길을 여는 신호였다. 마치 고려불교의 흥왕興旺이 승가의 나태를 경계하며 결성된 지눌의 정혜결사에 기인하듯이, 지난 세월동안 승가에 의뢰해야 했던 불자에게 한글 해인경은 저마다의 개안開眼 인연으로 다가서는 것이었다. 이는 조선 500년이라는 유교적 질서가 갈랐던 신분의 분별을 깨는 사회적 실천이었으며, 나아가 저마다 배우지 못한 서러움을 극복하고자 했던 많은 사람들이 참회원을 찾는 계기가 되었다. 이처럼 부처가 되는 실천의 가르침을 담아 대중에게 다가선 해인경은 당시 대구불교의 파격적 충격이 되었다. 한글 해인경이 있는 불자와 없는 불자라는 세인의 시선은 참회원을 찾는 계기가 되었고 이내 계산동 참회원의 공간은 다시 사람으로 넘치게 되었다. 회당대종사는 다시 공간을 키워야 했다.

대구에서의 교화는 시간을 더하며 도량을 키우고 다시 참된 수행으로 채우는 신행의 새로운 역사가 되었다. 회당대종사는 넘치는 계산동 참회원에 이어 남산동에 참회도량을 세우고 하영택河寧澤, 원오제 윤신진尹信眞 스승을 대표로 하여 집회 허가(1948.5.30)를 받았으며, 동참대중의 뜻을 담아 부족한 공간을 넓히고자 시장 북통에 또 다른 참회원을 세워 배덕원裵德遠을 대표로 교화 동참의 뜻을 키웠다. 이러한 동참의 흐름 속에 김희옥 자비원 보살 또한 자신의 대봉동 건물을 무상으로 제공하여 법法의 물길을 넓혔다.

2) 참회원 시대

대구에서의 교화는 한글 해인경의 배포와 함께 참회와 자주적 실천이라는 깨달음 불교로서의 새 길을 열었다. 하지만 참회원의 개설과 교세의 확장이라는 교화의 큰 길 속에서 크고 작은 어려움을 겪어야 했다. 이에 회당대종사는 국가로부터 집회처를 신고하여 허가 받는 등 그간의 경험을 지혜로 발휘하였다. 이는 '민주시민으로서 종교의 자유를 지키고, 자유로운 종교적 활동으로 자주적 심성을 키우는 길'을 만드는 과정이었다. 하지만 지역 중심 단위의 참회원 운영에 머무른 현실을 극복하고 키워야 했다. 회당대종사는 단위 참회원에 머무르는 신행이 되어서는 안 된다는 선언과 함께 모두가 하나의 생각으로 수행에 임하고 대중에게 다가서야 한다는 사실을 강조했다. 그리고 하나된 생각과 수행을 통해 서로의 다름을 극복하는 방향을 찾고자 했다. 더 큰 그릇에 대중에 뜻을 모으고 외부의 시기와 질투 속에 바르고 참된 길을 제시해야 했다.

이러한 생각을 담아 회당대종사는 그간 대중에게 수행의 터로 다가선 참회원을 '교화단체참회원'이라는 명칭으로 새로이 하고 조직과 강령 등의 제도적 틀을 갖추어 경상북도 공보과에 사회단체 등록을 하였다.

이러한 배경과 고난 그리고 진기 2년(1948) 8월 3일 '교화단체참회원'의 등록에 대해 회당대종사가 남긴 사실을 풀어보면 다음과 같다.

> '대중의 동참으로 대구에서 참회와 수행의 자주적 불교가 커지자 옛 불교의 습에 머물렀던 이들의 시기와 질투가 넘쳐나기 시작했다. 이들을 달리 현교지마라 불렀다. 이들은 과거의 습에서 벗어난 새로운 불교신행을 질투하여 신문을 통해 여론을 조장하거나 삿된 인연의 끈을 이용하고 각 기관을 찾아 선동하였다. 이러한 일부의 삿된 행위는 결국 담화가 발표되는 지경에 이르게 되었다. 또한 이웃 종교의 그릇된 민원과 진정으로 인하여 남산동 참회원 도량과 계산동 참회원 도량은 집회 허가기간 연장이 기약없이 미루어지기 시작했다. 또한 하영택 스

승 등 참회원을 대표하던 스승들은 이유없이 경찰의 조사에 응해야 했고 이에 교화가 중지되는 사태에 이르렀다. 다행이 참된 개화의 수행을 지속하던 대중은 다시 각자의 가정에서 참회와 서원을 이어가며 자주적 각성의 인연이 놓치지 않았다. 하지만 이는 그 동안의 부족함을 극복하고 해결하여야 할 과제였다. 이에 뜻있는 수행자가 중심이 되어 다양한 방법으로 현실의 부당함을 해결하고자 관공서에 진정하는 등의 노력이 계속되었다. 그 노력은 당시 도지사인 장인환張仁煥과 경찰서장인 강수창姜燧昌의 지시에 의하여 종교의 선택과 자유를 침해해서는 안 된다는 인권존중의 원칙하에 법적 해결을 모색하게 되었다. 이에 회당대종사는 교화단체 참회원을 조직하고 이를 1948월 8월 3일 경상북도 공보과에 사회단체로 등록하였다. 나아가 같은 해 대한민국의 법과 제도가 정비되는 정부수립의 시절인연과 사회단체의 등록에 맞추어 대종사는 신흥공업사주식회사 상무 박석윤朴錫潤 불자의 사택에서 따로 일주일간 강도불사를 하였다.'

_ 대한불교진각종 교사敎史 중에서

이처럼 회당대종사는 사회단체 등록과정에서 그 의미를 대중에게 펼쳐 종교자유를 지키고 이를 통해 수행대중의 자주적 실천 의미를 더하고자 새로이 참회원을 개설하였다. 회당대종사와 대중은 새로운 참회원을 대구시장 중심에 위치한 건물 2층에 세워 국가로부터 공인된 불교신행의 터전임을 세인들에게 널리 알렸다. 나아가 이는 공公과 사私를 구분못하는 세인의 어리석음을 깨치고 불교의 바른 법을 수용하는 인연이 되었다. 그리고 회당대종사는 대중에게 다가서는 불교의 위상을 갖추고자 다시금 깊은 생각에 잠기게 되었다.

3) 나누어 키우는 불교, 강도와 희사의 실천

회당대종사는 대한민국 정부수립에 즈음하여 참회원의 사회단체의 등록의 현안을 해결했다. 그리고 종교는 한 집단의 이로움이 아닌 국가적 이로움이 되어야 한다는 생각하였다. 정부수립이 원만히 이루어져야 한다는 서원을 세우고 대중과 함께 강도불사를 봉행하였다. 이를 회당대종사는 훗날 종교는 개인에서 단체를 넘어, 국가의 안위와 안녕을 서원으로 담아야 한다는 큰 뜻을 '진호국가불사鎭護國家佛事'로 신행화하였다.

특히 회당대종사는 해방 이후 이 땅의 혼돈과 갈등을 지켜보며 남북한 하나의 독립정부가 되기를 기다렸다. 그러나 현실은 달랐다. 남과 북이라는 또 다른 구분이 민족을 나누고 가두었다. 회당대종사는 외세의 침략에 36년의 시간이 지났음에도 이 땅이 다시 외세의 이념으로 둘로 나뉘게 된 것을 한탄했다. 신탁통치에 찬성을 하거나 반대를 하는 두 집단을 지켜보아야 했으며 외세의 힘에 저마다의 삶을 걸어야 했던 가슴 아픈 역사의 현실을 지켜보아야 했다. 시절 인연이 기구하다는 생각을 놓지 않았던 대종사는 새로운 수행의 길을 열어야 했다. 바로 강도講度불사였다. 강도講度란 서원을 성취하기 위해 각자가 진실한 서원을 밝히고 실천하는 불공이다. 또한 이는 교화단체참회원의 하나 된 뜻을 개개인이 담고 키우는 저마다의 그릇이 되어야 했다. 회당대종사는 이를 하나 된 부처이자 근본인 법신 비로자나부처님이 저마다의 마음 속에 들어가 생각과 실천으로 승화하는 것이라 전하였다. 그리고 이를 천강千江에 비친 달에 비유하였다.

'법신부처님의 진신이 천백억 화신으로 나투므로, 그 화신의 진리인 몸은 하나이다. 세상 유정 동물이 각각 차별이 있으나 그들의 영명지각(靈明知覺 신령한 지혜의 밝음으로 깨달음을 아는 것)은 하나이다. 동적강東赤江에 비친 달은 그 본원本源인 공중 달의 그림자라. 세상 사람이 각각 그릇을 가져와 각기 동적강 물을 길어 가면 세상사람 수효대로 그릇 가운데 달 하나씩 있으니 그 많은 달이 공중 달의 그림자임을 알아야 한다. 그릇과 물과 공중 달의 세 가지 인연三緣이 합하여 그릇마다 달이 나타나니 그릇은 비록 다를지언정 달은 다르지 않다.'

_『실행론』 2-5-4-가

회당대종사와 진언수행자 대중이 실천한 강도는 하나 된 진리의 생명력을 저마다의 생명력과 자주적 위상 속에 담아 키우는 수행이 되었다. 나아가 이러한 강도는 저마다의 개별적인 다양한 삶과 그 인연을 하나 된 그릇에 담는 진호국가불사의 큰 뜻으로 드러나기 시작했다. 대중의 대서원이 된 것이다. 이는 서로 다른 삶을 비교하거나 비난하는 어리석음을 자를 일깨우는 경책警策이 되기도 했다.

"사람들은 다름을 비교하며 시비하거나 자신도 모르는 갈등에 젖게 됩니다. 사실 서로가 다른 것은 마음 그릇과 실천을 위한 마중물이 각기 다르기 때문입니다. 하지만 각각의 그릇에는 저 하늘의 달이 담겨져 있습니다. 달은 본래 하나였습니다. 이처럼 개별성 속에 본래의 참된 가치인 달은 둘이 아닌 하나로 비춰왔습니다. 이제 우리는 내 그릇에 비친 달만을 소중히 여겼으나 이제 저 하늘의 달을 스스로 가리키고 바로 보아야 합니다. 저마다의 그릇과 마중물이 다르다하여 싸우거나 시기하여 질투 하는 것은 어리석음이 아닐 수 없습니다."

회당대종사는 위의 속내처럼 서로의 개별성을 존중하였다. 다른 생각과 행동이 때로는 갈등이 되었으나 이를 극복하는 수행으로 화합을 이끌었다. 이러한 수행으로 마음을 키우며 일상 속에서 자주적인 주인이 되는 것이 참된 수행이라 말했다. 하지만 마음을 키우고 자주적인 삶을 이끄는 수행도량은 부족했다. 이에 회당대종사와 함께 수행하던 대중은 저마다의 수행을 나누고자 서원했다. 다른 일상과 마음 일지라도 대중의 교화 서원은 하나 된 달과 같이, 서로의 가슴에 있었다. 참회원을 찾는 수행자들은 각기 자신의 마음 그릇에 비친 달을 드러내어 곳곳에 참회원을 세우는 인연공덕을 쌓기 시작했다.

회당대종사는 대중의 뜻을 담기 시작했다. 먼저 대중교화를 시작한 양동마을에 참회원을 개설하였으며(진기3년 1월 15일) 경주 사방(士方)에 주택을 빌려 참회원을 개설(진기3년 3월 13일)하였다. 이는 마음으로 이루는 불국토의 구현이었다. 나아가 경북 군위에 복전화 전수를 파견하여 교화의 터를 다지게 하였으며 스승이 떠난 포항의 신교도들은 스스로 수행하는 자주적 실천의 자리를 지키고자 정진을 이어갔다. 하지만 민족의 자주적 독립과 그 위상을 위해 참회와 자주적 서원을 이어오던 회당대종사의 불사에 6·25동란이라는 전란戰亂이 다가왔다. 수행도량인 대구 남산동 참회원은 국민방위대가 국가수호를 위해 사용하게 되었으며(진기4년 7월 7일) 대종사는 수행의 자리가 국가의 안위를 위한 터전이 되는 현장에서 대중에게 법을 설하였으리라 짐작된다.

"지난 36년 동안 이어진 민족의 수탈을 극복한 지 벌써 5년이 지났습니다. 이제 법과 제도로 우리 사회의 안정된 길을 열어야 했습니다. 하지만 이념이라는 갈등이 남과 북으로 분별하더니 결국 이 땅을 피와 눈물로 덮는 참담함을 눈으로 지켜보게 되었습니다. 지난 시간 포항 계전동에서 시작한 우리들의 수행은 한 개인의 참회와 수행이었던 모양입니다. 이제 개인의 서원과 참회, 그리고 참회원 식구들과 함께한 참회와 서원에서 벗어나, 국가를 위한 참회와 서원의 길을 함께 나서서 키워야 할 것입니다. 우리의 마음을 키워 대중은 대승大乘의 길로 걸어 나아가야 합니다."

회당대종사는 남산동 참회원을 국가의 안위安危를 위한 호국의 터로 정하고 국민방위대를 지원하는 한편 참회원의 수행을 대중과 함께 진호국가불사로 키웠다. 이후 남산동 참회원은 제27육군병원이 되어(진기4년 11월 27일) 전란으로 상처 입은 병고를 치유하는 해탈처로 자리 잡게 되었다. 회당대종사는 수행대중과 함께 진언수행의 공덕을 이제 어렵고 힘든 환자를 돌보고 치유하는 자비실천으로 다시 이끌어야 했다. 나아가 대종사는 대중과 함께 참회로 국가의 부족함을 채우고 서원으로 국가의 안위를 더하였으며 이를 성취하고자 참회원 개설을 멈춤없이 이어갔다.

대구 대봉동 참회원은 전란이 촉발되기 앞서 건축을 시작하여 그해 9월 1일 참회와 진언 수행의 터로 열었다. 전란 속에서 회당대종사는 전장戰場의 굶주림과 아픔을 지닌 대중에게 병고와 가난고의 해탈을 위한 참회와 서원의 인연처가 되기를 서원했다. 무엇보다도 전장에서 지친 마음을 치유하고자 하는 뜻을 수행공동체의 역할 속에 담아야 했다. 이어 대종사는 밀양 참회원(진기4년 7월 15일), 부산 창신동 참회원(진기4년 10월 10일), 서부리 참회원(진기5년 3월 15일), 내남 참회원(진기5년 3월 20일), 법산 참회원(진기5년 3월 30일), 안강 참회원(진기5년 5월 17일), 비산 참회원(진기5년 9월 9일), 유금 참회원(진기6년 3월 5일) 등 참혹한 전란 속에서 전장의 상흔을 치유하고 민중의 어려움을 구하기 위해 참회원의 개설에 매진하였다. 이렇게 전란 속에서 참회원을 개설하면서 회당대종사는 아래와 같은 의미를 찾았다고 생각된다.

"전란戰亂 속, 눈으로 보고 귀로 듣는 세상은 처참했습니다. 아프고 지친 몸, 한 순간 가족과 떨어져 홀로된 상실감과 두려움, 나아가 잔혹한 전쟁의 흔적이 무감각한 일상이 되고 있었습니다. 민족의 현실은 가슴 아픈 나날이었습니다. 이러한 현실을 가슴에 담으며 참회의 그릇이 개인에서 가정 그리고 이웃과 국가라는 더 큰 삶을 담아내기 위한 서원을 세워야 합니다. 그리고 이를 실천하고자 참회원의 진언수행자와 함께 자비로운 마음을 전하고 서로의 마음을 키워 분별없는 세상을 만들어야 합니다. 더불어 인연되는 모든 이가 전란戰亂의 현실을 극복하고 바로 서는 자각自覺의 힘을 키우고자 참회원의 개설과 용맹정진의 나날은 우리가 계속 이어가야 합니다. 이는 어렵고 힘든 현실을 도피하거나 자신을 한탄하며 무작정 복을 구하는 기복祈福의 불교에서 벗어나, 스스로 자신의 삶을 살피는 새로운 불교이어야 합니다. 또한 우리는 원인과 결과의 이치를 있는 그대로 깨치고 부끄러움을 드러내어 당면한 현실에서 스스로 자기 운명을 개척하여야 합니다. 자신을 먼저 바꾸어야 합니다. 이는 자주적 실천의 길이자 진정한 불교의 나아갈 길입니다. 바로 불교가 생활이 되는 길입니다. 결국 우리는 부처님의 가르침과 공덕을 체험하는 불교의 새로운 장을 여는 일꾼이어야 합니다."

나아가 회당대종사는 전란이라는 고통의 현실 속에서 새로이 불교가 나아갈 길을 고민하고 참회원의 위상과 면모를 키워야 했다. 대중의 고난과 민족의 고통을 극복하고 민족의 큰 서원을 담고자 다시금 깊은 생각에 잠기었으리라.

> '우리의 마음은 본래 청정하며 변함없는 것인데 세상의 변화는 물질의 이로운 일이 지나쳐 총과 칼로 잔혹한 현실을 만들었다. 처참한 수탈과 민족 말살의 뼈아픈 36년의 시간이 분단과 민족상잔의 비극으로 이어지는 현실은 모두에게 고통이었다. 이를 살펴 들여다보면 참되고 바른 우리의 생각과 마음이 집착이라는 어두운 곳에 머물러 밝음을 보지 못한 것과 같다. 이러한 생각에 참회라는 수행의 의미를 더하여야 한다. 변함없는 마음자리를 대중과 함께 나누어야 한다. 그리고 저마다의 삶 속에 병과 가난 그리고 불화의 고통을 덜어야 한다.'

회당대종사의 생각은 오직 어렵고 힘든 자의 현실에 다가가서 이를 해결하고자 하는 서원으로 다져졌다 그리고 이는 대중과 함께하는 실천으로 드러나기 시작했다. 하지만 그 드러냄의 근원자리 또한 저마다의 마음이었기에 이에 대한 고민도 깊었다.

4) 심인으로 채우다

회당대종사는 전란의 혼돈을 떠나 마음자리를 모으기 위해 심인心印이라는 의미를 더해 수승한 수행의 근간을 세웠다. 심인이란 불심인佛心印의 줄임말이자 부처님의 변함없는 근본 성품이다. 이를 마음에 비추어 수행으로 담은 것이 바로 심인이다. 나아가 회당대종사는 마음 밝히는 공부를 심인공부라 부르고 이를 통해 참회와 진언수행 그리고 자주적 서원을 키워나갔다. 이에 심인불교라는 종단의 정체성을 세워 다시금 대중이 하나 되는 정진을 이어가고자 했다.

회당대종사는 경상북도에 등록한 교화단체 참회원의 명칭을 진기5년(1951) 7월 29일 '심인불교 건국 참회원'이라는 새로운 명칭으로 중앙공보처에 등록하였다. 심인불교 건국 참회원의 등록과 함께 회당대종사는 '참회로서 자신의 허물을 깨닫고 마음의 바른 자리이자 변함없는 근본 마음인 심인을 밝혀 저마다 자주적 실천을 이루는 불교'라는 새로운 뜻을 세웠다. 그리고 회당대종사는 과거 불교의 습에서 벗어나 대중에게 자주적이며 주체적인 각성의 불교에 대해 이처럼 분명하게 설하였다고 짐작된다.

"기존의 생각과 습習을 바꾸기 위해 먼저 해야 할 것은 우리의 말입니다. 우리의 언어는 과거로부터 이어온 무게가 있습니다. 대중이 이를 스스로 벗어나기란 쉽지 않습니다. 우리가 사용하는 단어의 성격과 의미가 달라도 과거의 언어를 그대로 사용한다면 대중은 그저 과거의 습관에 머물러 더 혼란스러운 것입니다. 그러하기에 긴 시간 전해 내려온 인지認知의 습을 끊어야 했습니다. 베풀어 나누거나 공양을 올리는 보시布施 그리고 부처님의 성품인 불성佛性 또한 자주적 성품으로서의 가치를 담고 있으나 대중은 그 표현만으로 다시 복을 구하거나 부처님을 의지처로 삼을 것입니다. 먼저 '보시'라는 전통적인 용어를 '희사喜捨'라는 용어로 바꿔 대중과 함께 실천하여야 합니다. 희사란 자신의 것을 기쁘게 나누어 저마다의 마음을 키우고 자비심을 드러내는 실천이자 수행입니다. 나아가 나의 것이라는 집착을 떨치고 그 비움을 통해 다시금 옳고 바르며 자주적인 생명력을 채우는 실천입니다. 그리고 이를 수행으로 키워 나날이 실천하는 것은 참으로 값진 성품을 키우는 인생의 농사와 같습니다. 또한 부처님 성품이라는 뜻을 가진 불성佛性은 나에게도 있는 참된 성품입니다. 이는 나의 성품과 다르지 않습니다. 이제 우리는 부처님의 성품을 드러내어 사용해야 합니다. 하지만 부처님 성품은 나와 다른 외부의 이상적 성품으로 받들거나 모시는 경향으로 흐르기 쉽습니다. 이제 이를 자성自性, 본성本性 또는 심인心印이라 할 것입니다. 저마다의 본래 성품을 드러내어 참되고 바른 삶을 실천으로 이루어 나아가야 합니다. 희사와 자성, 본성 그리고 심인은 우리의 삶을 자주적인 실천으로 이끌어 참되고 바른 생각과 말, 행동을 몸소 드러낼 것입니다. 나의 참된 성품인 자성, 본성 그리고 심인은 주인으로 사는 길을 여는 열쇠와 같습니다. 이제 모두가 금은보화 가득한 금고를 바른 생각과 말과 행동이라는 주체적인 삼밀三密로 열어야 할 것입니다. 드러내어 실천으로 완성해야 할 것입니다."

5) 함께 깨달아 보자. 참회해 보자. 그리고 실천해 보자

심인불교 건국 참회원의 이름으로 대구 경북지역에서의 참회와 서원 그리고 실천의 자주적 불교를 수행으로 드러낸 회당대종사의 교화는 시기와 질투의 정서적 갈등과 한국전쟁이라는 물리적 환난 속에서도 대중의 마음속에 자리 잡는 희망이 되었다. 부처님의 가르침을 한글로 읽으며 급변하는 문명에 다가서는 주인이 되었다. 대중과 함께한 회당대종사의 삶은 해방과 전란의 급변하는 사회 속에서 대중을 향한 자비와 실천의 교화방편이 되었으며 이는 머무름 없는 물결이 되었다.

대종사는 참회원을 찾거나 육자진언 수행에 관심을 가진 자에게 다음과 같이 설하며 감동을 주었지 않을까?

"지금 힘들어 고통스럽거나 자신과 주변에 어둡고 부정적인 일들이 있다면 이는 각각의 원인이 있기 때문입니다. 생각과 말과 행동이라는 나로부터의 원인도 있을 것이요, 보이지 않는 인연의 원인도 있을 것입니다. 그 원인 가운데 부정적인 원인이 지금의 고통이 되는 것입니다. 그러므로 대중은 먼저 이 원인을 찾아야 합니다. 이는 깨달아야 하는 현실입니다. 그리고 이러한 원인의 근원적 행위자는 다름 아닌 바로 나 자신입니다. 이제 당신이 주인 되어 스스로 반성하여 참된 주체자의 자리를 마련해야 합니다. 나로부터 시작되는 주체적인 삶을 위해 올바른 생각과 말과 행동으로 드러내야 합니다. 이는 인연대중의 노력으로 이루어야 하는 실천입니다."

회당대종사의 이러한 가르침은 불교의 새로운 선언이 되어 전해지기 시작했다. 바로 '함께 깨달아 보자. 참회해 보자. 그리고 실천해 보자.'는 선언이었다. 대종사의 가르침은 생활 속에서 누구나 부처님의 삶을 만드는 진정한 불사佛事가 되었다. 나아가 육자진언이 우리의 팔자八字를 고친다는 교화의 법을 설하며 대중에게 다음같이 위로를 주었을 것이다.

"대중 여러분, 자신을 한탄하거나 원망하며 자신의 팔자八字 탓을 하는 사람이 있다면 이를 어떻게 받아들여야 할까요? 맞습니다. 팔자는 과거의 습習에 얽매여 한치 앞으로도 나아가지 못하게 하는 것입니다. 자신이 스스로 만드는 병입니다. 또한 팔자 때문에 '나는 변하지 않는

다'는 생각은 어리석은 집착이자 자신을 스스로 가두는 감옥입니다. 이를 떨쳐야 합니다. 자신의 감옥에서 스스로 벗어나야 합니다. 생명이 있는 한, 외부의 고난과 실패 속에서도 우리는 끊임없이 자주적인 생각과 자세로 삶을 이끌어야 합니다. 이를 위해 먼저 자신의 참된 성품을 바로 보고 이를 자주적인 힘으로 키워야 합니다. 참된 성품을 키우기 위한 방편 가운데 하나는 우리의 본심을 밝히는 진언입니다. 바로 육자진언 '옴마니반메훔'입니다."

회당대종사의 법문은 대중에게 새로운 불교로 다가서는 계기가 되었다. 나아가 누구나 수행과 실천으로 자주적인 삶을 이끌어, 병과 가난 그리고 불화不和와 불신不信을 끊는 변화의 시작이었다. 서원을 기복이 아닌 자신의 힘으로 이룰 수 있다는 새불교 운동이 되었다. 불교가 삶을 자주적으로 바꾸고 우리사회의 미래를 이끄는 운동이 된 것이다. 더불어 대종사와 함께한 대중의 불교운동은 희사喜捨로 드러내는 수행의 자리가 되었으며 이를 나누는 공덕은 다시 대중에게 전하는 실천이 되었다. 바로 회향廻向이다. 대종사와 대중의 이 같은 실천은 머무름이 없는 무상의 실천이 되어 동참자 모두가 그 의미를 더하였다.

Ⅳ. 마음의 부처를 찾아서

1. 사회와 중생의 문맹을 고치고

1) 가장 쉬운 불교

회당대종사는 지난 시간을 마음 안으로 살폈다.

'섬을 나와 배움의 갈애를 해소하고자 했으나 주권을 상실한 현실은 가슴 아팠다. 나아가 대구에서의 학업조차 계속하기 어려웠다. 자유롭지 못했다. 자유롭지 못한 학업의 한계는 나에게 세상을 향해 민족의 아픔을 담아야 하는 인연이 되었다. 그리고 나라 잃은 국민의 삶 속에는 과거의 사대주의事大主義와 양반이라는 의타적이며 분별적 시선이 고착화되어 있음을 보았다. 반면 침략과 급격한 성장, 그리고 세계를 향한 일본의 야욕野慾에 대해 의문을 갖기도 했다. 우리와는 다르다는 시선으로 비난하거나 질투하는 것이 아니라 나와 다르면 배우고 익혀야 했다. 나는 과거 민족의 의타적 생각과 그 행위의 근원적 문제를 해결해야 했다. 자주적 삶을 위해 경제적 독립이 우선이라는 생각을 가지고 울릉도 경제를 세우기 위해 노력도 했었다. 다시 뭍으로 나와 상업적 성공은 이루었으나 이는 자주의 조건이었을 뿐 해결의 근원이 되지 못했다. 대중의 의식이 세상변화에 주체적으로 대응하지 못했다. 무엇보다도 의식의 주체적 개혁이 필요했다. 이를 해결하기 위해 정치로 다가서고자 했으나 정치는 도리어 갈등을 만들어 남과 북으로 나뉘는 결과로 그 속내를 드러냈다. 이 또한 부족한 것이다. 한민족이라는 오랜 생각 속에서 변화를 이끌어야 했다. 그리고 자주의 참된 가치를 간직한 부처님의 가르침에 다가서 배우고 익히기도 했다. 마음 속 자주를 실현하기 위한 간절함은 수행의 고통으로 이어졌다. 하지만 간절함의 시간은 고통을 넘어 참된 깨달음으로 다가 왔다. 그리고 계전동, 포항, 대구에서 자주적 불교를 실천하기 위해 대중과 함께 참회하고 누군가의 시기와 질투 등 한 시절의 인연 또한 참회의 가르침으로 담아야 했다. 그리고 대중과 함께 하나된 서원으로 드러내었다. 하지만 한 발, 한 발 움직이던 발걸음은 멈춤이 아니라 새로움을 더한 변화의 계기가 되어야했다. 더 큰 인연을 만들어야 했다. 이제 한걸음 더 나아가야 한다. 그리고 그 걸음 속에 긴 시간을 담아야 한다. 새로움이 전통이 되어야 하는 변화가 필요하다.'

참된 깨달음의 불교인 심인불교의 시작과 함께 회당대종사의 고민 또한 커져갔다. '참된 깨달음의 불교'를 대중과 함께하기 위해 어떻게 나누고 키워야 쉽고, 바른길로 이끌 수 있느냐는 고민이었다. 그 고민은 '깨달음이 무엇이냐?' 하는 것에서부터 시작했다. 회당대종사는 깨달음이란 나의 잘못을 먼저 깨닫는 데서부터 출발하는 실천이라 여겼다. 지금까지 바르지 못한 습관을 자신도 모르게 더하고 키우며 살아온 인생을 철저히 돌이켜보아야 했다. 그리고 나의 잘못을 바로잡는 노력 속에서 지혜가 열리고 복이 들어온다는 간단한 진리를 대중에게 전하기 시작했다.

회당대종사에게 진리는 모든 사람들이 다 갖추어 드러내는 실천의 삶의 모습으로 여겨졌다. 이는 어느 특정 종교에만 해당되는 진리가 아니다. 굳이 어떤 성현에게 꼭 배워야 아는 진리도 아니다. 사람은 정신만 똑

바로 가지게 되면 어느 누구에게 배우지 않더라도 똑바로 살게 되어 있는 것이다. 그렇기 때문에 회당대종사는 염송을 통하여 나 자신을 들여다보면 저절로 나의 잘못을 깨달아 바로 살게 된다고 대중에게 법으로 전하였다. 더욱이 회당대종사와 함께 한 '옴마니반메훔' 염송은 본심本心의 진언이다. 이 본심진언만 외우면 저절로 본심을 찾게 되며, 본심의 자리에서 나를 돌이켜보면 나의 잘못이 훤하게 보이고 다시는 잘못을 저지르지 않아 바른 생활을 하게 된다. 나아가 회당대종사는 이 진리를 '불교에만 통하는 진리가 아니며 석가모니 부처님만이 가르쳐 준 진리도 아니다. 불교의 진리는 부처님 이전부터 있었던 진리이며 인류 만민의 공통된 진리'라고 강조하였다.

또한 회당대종사는 불교의 가장 큰 가르침은 인과의 법칙이며 이 인과의 법칙도 불교만 해당되는 것이 아니고 모든 중생에게 다 해당되는 진리라 설하였다. 나아가 연기의 이치를 살펴 현재 잘 사는 사람은 잘 사는 인연을 지었으며, 현재 고통을 받고 있는 사람은 고통의 인연을 지어온 결과로 어렵게 사는 것이기에 앞으로 잘 살려면 좋은 인연을 미리 지어 놓아야 한다고 설하였다. 이처럼 누구나 지금 이 자리에서 복을 지어야 잘 살 수 있게 된다. 이것이 바로 희사喜捨이다.

> 내가 아무리 노력하여 벌어온 재물이라 할지라도 그것은 부처님의 재물을 내가 잠시 이용하는 것 뿐이다. 어린 아이가 부모님의 은혜를 모르지만 철이 좀 들면 그 은혜를 알게 된다. 이와 같이 일월日月을 보게 되고 성장을 하는 것은 모두 부처님 은혜이다. 부처님께 먼저 복을 짓고 나머지는 자기 현실 생활에 써야 한다.
>
> _『실행론』 4-6-12-가

이처럼 은혜에 대한 감사함 속에서 모든 사람의 공통된 목표인 행복한 생활을 이룰 수 있다. 회당대종사는 행복하려면 먼저 복과 지혜를 같이 갖추어야 한다고 강조했다. 비유하면 사람이 아무리 잘 살아도 지혜가 없으면 온전한 삶이 아니며, 아무리 지혜가 뛰어나더라도 잘 못 살면 불행한 것이다. 이제 불교는 복과 지혜를 동시에 갖추어서 잘 사는 수행이 되어야 했다. 따라서 회당대종사는 부처님의 모든 법문 가운데 복지구족福智具足의 법문을 중요시하기 시작했다. 희사로서 복을 짓고, 염송으로써 지혜를 일으키는 것, 이것이 바로 진각종 불교의 기본인 것이다.

2) 한글 전용의 교화

지난 36년 간 일제의 억압에서 해방이 되었지만 대부분의 사람들은 글을 몰랐다. 더욱이 일본은 한글 사용을 금지해 왔다. 그 결과 민중의 문맹률이 높았다. 여기에 불교의 모든 경전은 한문으로 되어 있다. 보통 사람들도 이해하기 어려운데 글자를 모르는 사람들에게는 더 말할 필요도 없었다.

회당대종사는 이를 먼저 해결하여야 주체적이며 누구나 자주적인 삶이 가능하다고 보았다. 이를 위해 먼저 가장 쉬운 불교를 가장 쉽게 가르치기 위해서는 한글을 사용하는 것이 필수적이었다. 당시 불교라고 하면 어려운 한문경전이 먼저 떠오르는 시기였다. 회당대종사는 우선 '옴마니반메훔'을 한글로 써서 커다랗게 붙이고, '마음 닦는 공부', 십악참회'등을 정성껏 붓글씨로 써서 꽂이로 엮었다. 그리고 이를 한 장씩 넘기면서 한글 공부를 시켰다. 이것이 이른바 '꽂이경'이다. 한글로 된 꽂이경은 진각종에서만 볼 수 있는 독특한 교화의 방법이었다.

한글로 된 경전의 보급은 가히 불교계의 변화를 이끌었다. 우리 불자들은 비록 뜻은 모르지만 경전을 그냥 외우는 사람은 많았다. 외우면 공덕이 있다하니 무턱대고 외웠던 것이다. 그러던 사람들이 자기가 외우고 있는 경전의 뜻을 알게 되면서 진리를 하나하나 깨우치게 되니 신심이 일어나지 않을 수가 없었다.

회당대종사는 이미 공부한 한학을 기반으로 부처님의 뜻을 쉽게 전하고자 한글로 경전을 옮기기 시작하였다. 어려운 한문경전을 쉽게 한글로 풀이하여 사람들에게 가르쳤다. 이를 못 알아듣는 사람이 거의 없었다. 한글로 된 경전은 모든 불자들의 염원이었다. 회당대종사는 민중의 문맹을 깨고 '가장 쉬운 불교'를 가장 쉬운 우리말로 편찬하여 오늘의 '진각교전'을 만들었다. 하지만 한글조차 모르는 사람도 많았다. 회당대종사는 이들을 위하여 남산동 참회원에서 한글 강습을 실시하였다. 이것은 한글 교화와 함께 민중을 위한 대 사회적인 사업의 시초가 되었다. 도량이 대중을 위한 공간이 되었던 것이다. 회당대종사의 교육 사업은 여기서부터 시작되었다. 남산동 참회원의 한글 강습은 날로 번창하였다. 한글을 깨우쳐 한글로 된 경전을 읽게 되니 그 감격은 말할 수가 없었다. 육신의 눈과 정신의 눈을 함께 뜬 것이었다. 수강생의 숫자가 계속 늘어났다. 이에 회당대종사는 진기3년(1949) 3월 1일 당국의 허가를 받아 '건국고등공민학교'를 참회원 내에 개설하였다. 강사는 교도 중에서 신옥申鈺씨를 임용하였다. 이렇게 시작한 건국고등공민학교는 종단 교육 불사의 효시가 되었다.

이듬해 5월 15일 건국고등공민학교는 강의를 중지하였다. 그러나 이것은 끝이 아니었다. 회당대종사는 본격적인 교육 불사를 진행하기 위한 준비에 들어갔다. 회당대종사에게 교육은 참된 정신으로 세상을 깨우는 국가의 백년대계百年大計였다. 백년의 대계는 천년의 종교가 되고 천년의 종교는 민족의 자주와 주체로 된다는 신념이었다. 나아가 회당대종사는 '이 땅의 아이들을 제대로 교육을 시키지 않고 국가의 미래를 어떻게 기대할 수 있겠는가?'라는 자신의 질문에 실천으로 답하고 증명했다. 바로 오늘의 심인중고등학교, 진선여자중고등학교, 위덕대학교의 태동이다.

3) 생활 속에서 실천하는 불교

회당대종사는 불교가 산 속에서 스님에 의지하는 기복의 문화가 되고 천상천하天上天下 유아독존唯我獨尊의 자주적 선언이 실천으로 드러나지 못함을 아쉬워했다. 그리고 불교는 실천으로 드러나 나누고 키워야 하는 삶이 되어야 한다고 강조했다. 그 쉼 없는 강조는 진각종의 가장 큰 특징이 되었다. 바로 생활불교이다. 생활불교란 한마디로 생활과 불교가 하나가 되어 저마다의 삶이 변해야 하는 것이다. 회당대종사는 이에 대해 다음과 같이 밝혔다.

> '자기의 생활 속에서 불佛의 진리를 체득하여 우리의 실생활에 활용하여야 되는 것이다. 인지認知의 발달과 시대의 변천에 따라 부처를 숭배하는 것도 다만 불상에만 국한하여 귀의하지 않고 우주만물 허공법계를 다 부처로 알게 되므로 일과 경전이 따로 있지 않다. 세상 일을 잘하면 그것이 곧 불법공부를 잘하는 사람이고 불법공부를 잘하면 곧 세상 일을 잘하는 사람이 될 것이다. 이것이 곧 생활불교의 본령本領이 되는 것이다. 또는 불공하는 법도 불공할 처소와 그 대상인 부처가 따로 있는 것이 아니라 어떠한 곳이라도 삼밀과 희사로써 불공하는 수행자의 원願에 따라 그 불공하는 처소와 부처가 있게 된다. 이렇게 된다면 부

처님이 없는 곳이 없으며 일마다 불공이 되는 것이다.'

_『실행론』 3-4-6

회당대종사는 그야말로 일과 경전이 따로 있지 않는 불교, 불교와 생활이 하나가 되어 있는 불교를 창시하였다. 회당대종사는 이를 창시했다기보다 오히려 부처님 근본정신으로 돌아가 '생활 속에서 실천하는 불교'를 회복한 것이라 하였다. 이는 근본불교의 실천인 것이다. 회당대종사는 한 시대의 불교 문제와 고민을 마음 속으로 궁구했다.

'우리도 모르는 사이 불교는 잘못 알려진 부분이 많다. 깨달음이란 무엇인가? 라는 막연한 질문에서부터, 특정인이나 전문가들만이 깨달음을 입에 오르내릴 수가 있다고 생각하는 사람이 많았다. 이는 차별이다.'

이러한 고민과 함께 회당대종사는 이 깨달음을 가장 쉽게, 가장 쉬운 말로 쉽게 나누고 쉽게 전해야 했다. 한글로 배우고 익혀 심인불교를 실천하는 사람들은 심인당에서 배운 진리를 저마다의 삶 속에서 실천을 드러내니 어떤 일을 맡겨도 당연히 잘 하는 사람이 되는 것이다.

시방삼세 나타나는 일체 모든 사실들과
내가 체험하고 있는 좋고 나쁜 모든 일은
법신불의 당체로서 활동하는 설법이라
밀은 색色을 이理로 하여 일체 세간 현상대로
불의 법과 일치하게 체득함이 교리이니

체험이 곧 법문이요 사실이 곧 경전이라

_『실행론』 2-9-1-가

이처럼 회당대종사의 법문은 생활불교의 정수精髓가 되었다. 더 이상 말이 필요 없는 법문이었다. 회당대종사는 이대로만 실천하면 세상에 어떤 일을 하여도 잘 할 수밖에 없는 사람이 된다고 설하며 이것이 바로 생활불교의 위력이라 강조하였다. 나아가 이는 한글로 된 법문의 힘이 되었다. 심인당에서 한글을 배우고, 한글 법문으로 깨침을 얻어 생활 속에 활용을 하게 되니 잘 살 수밖에 없는 힘이 계속 솟아나왔다. 이는 불교가 생활이며, 생활이 곧 불교인 참회의 불교, 심인의 불교, 진각의 불교가 들불처럼 번지는 것은 당연한 결과로 이어졌다.

2. 전란, 새로운 진호국가불사를 열다

1) 어둠 속의 등불

회당대종사의 대각은 어리석었던 긴 시간의 미몽迷夢에서 새롭게 깨어나는 순간이다. 일제 강점 36년, 해방의 혼란기에서 대각을 이룬 회당대종사는 나라의 운명을 가슴에 담았으며 자신의 현재 속에서 조국을 함께하는 삶으로 이끌었다. 대종사의 눈에 비친 주변의 일상은 너무나 가난하였다. 그러니 병으로 고통을 받는 사람도 자연히 많아 삶은 어려웠다. 그러므로 어려운 만큼 불화의 고통도 따랐다.

이렇게 고통스러울 때 나타난 회당대종사의 심인의 법, 진각의 법은 어둠 속의 등불이었다. 이같은 어려움을 직시하고 이를 깨쳐 바른 삶을 이끌고자 회당대종사는 다음과 같은 취지의 생활 법문을 전하였다.

'가난은 희사로써 퇴치하고, 병을 나으려고 하지 말고 마음을 고치는 데서 병이 고쳐진다.'

회당대종사의 가르침을 듣는 자는 이처럼 쉬운 진리를 실천하게 되니 모든 것이 저절로 해결되었다. 마음을 고치니 불화의 고통도 저절로 물러갔다.

회당대종사와의 인연도 생활 속에서 이어졌다. 초창기 심인당이 생기기 이전 해인행 스승이 경주에서 체험한 일이다.

"어느 훌륭한 도인이 옆집에 온다는 얘기를 듣고 그냥 호기심에서 찾아가 보았습니다. 시간이 조금 늦었는데 가 보니 방안에서 말소리가 들렸지요. 툇마루에 걸터앉아 점점 나도 모르게 귀가 기울어졌습니다. 그 자리에서 저는 한 가지를 분명하게 깨칠 수 있었습니다. 바로 '나도 저 사람같이 살면 사람이 잘못 되지는 않겠구나.'하는 것이었습니다. 사실 내가 깨친 것은 이게 다입니다. 그 이후로부터 저는 이 도인이 가르쳐 준 대로 살아가니 정말 모든 것이 다 잘 되고 세상살이가 너무 쉬었습니다. 나중에 이 분이 회당대종사였음을 알았습니다. 대종사께서는 그 인연으로 저를 발탁하여 스승으로 임용하였습니다. 가난과 병 그리고 불화의 고통에서 해탈하는 인연은 회당대종사와의 만남이었던 것입니다."

이처럼 회당대종사의 심인불교는 실천하기 쉬운 불교가 되어 세인에게 다가섰다. 초기 교화에서 회당대종사의 일상 모습은 그대로 교화로 이어졌다. 회당대종사가 일상생활 속에서 보이는 말씀과 행위는 바라보는 사람에게 그대로 법문이고 감동이었다. 이처럼 일상생활에서 온 몸으로 보여주는 교화를 위의교화라고 하지 않는가. 그래서 심인불교는 마음을 바꾸어 언행을 바르게 하면 모든 일이 원만하게 이루어졌다. 이는 크고 작은 병고를 고치는 인연이었다. '법신 부처님' '법계 진각님'을 믿고 실천을 하게 되니 모든 일이 저절로 해결되었다. 당시 캄캄한 세상에서 심인불교의 가르침은 어둠 속의 등불이었다. 이 등불을 향해서 사람들은 점점 몰려들었다.

2) 참회원의 탄생

저마다의 실천으로 병과 가난 그리고 불화를 극복하는 실천불교는 눈과 귀로 전해지기 시작했다. 시간을 더할수록 심인의 등불, 진각의 등불을 향해 모여드는 사람들이 넘쳤다. 회당대종사는 도량을 찾는 이들이 들어서지 못하고 발길을 돌리는 모습에 가슴 아팠다. 새로운 공간, 대중과 함께할 도량이 필요했다.

그 첫 번째 도량은 대구 남산동의 '남산동 참회원(희락심인당)'이었다. 진기3년(1949) 음력 3월 초순에 착공하여 사월 초파일 상량식을 하였다. 아직 재정은 열악하였으나 신교도들의 열화와 같은 염원에 힘을 입어 착공을 하게 되었다. 그 때 이영중李榮重이라는 교도가 신심을 내어 공사에 총 책임을 맡아서 훌륭한 건물을 짓겠다고 자원하였다. 회당대종사가 경비도 부족하고 인건비도 제대로 지급할 수가 없다고 하니 이영종은 다음과 같이 답했다.

> "불사를 하는데 인건비라뇨. 제가 무보수로 최선을 다해 성심껏 공사를 해보겠습니다."

저마다의 작은 서원과 원력이 더해지기 시작했다.

드디어 진기 4년(1950) 1월 25일, 음력으로는 12월 8일 성도절이었다. 초파일에 상량식에 이어 성도일에 낙성식을 하게 되니 이 또한 우연은 아니었다. 이날은 법신불의 보살핌이 가득한 날이었다.

낙성식의 날, 교도들은 감격하였다. 만국기로 장엄을 하고 인산인해를 이룬 사람들의 모습을 본 회당대종사는 그 감격을 회상했다.

> '포항 계전의 이송정에서 양동 관가정을 거쳤다. 대구에 들어와 남의 집에서 설움을 당하기도 했다. 그리고 이제 명실상부한 우리의 수행도량을 당당히 가지게 된 것이다. 신교도들이 희사와 정성으로 세운 수행도량 참회원을 바라보고 지금부터 그 어떠한 일도 할 수 있다는 자신감을 이제 함께 키워야 한다.'

남산동 참회원이 건립되자 교화는 본격적으로 일어나기 시작하였다. 이후 포항과 안강 사이에 사방 참회원, 포항 참회원, 경주 황오리 참회원(홍원심인당), 경북 군위의 대율 참회원, 대구 내당동의 내당 참회원(선정심인당), 경북 영일군 기계면 용기의 용기 참회원(범찰심인당)이 1949년 겨울부터 1950년 사이에 연달아 개설되었다. 이 당시 건립된 참회원은 대부분 스승들의 재산 헌납으로 이루어졌다는 특징이 있다. 이에 대해 회당대종사는 그 인연을 다음과 같이 밝혔다.

"지치고 힘들던 지난 과거에서 벗어난 수행자들이 앞장서 다른 이의 고통과 번민을 살피기 시작했습니다. 자신의 것을 나누어 병과 가난 그리고 불화不和의 해탈을 위해 손수 나섰습니다. 부처님을 위해 수많은 장자長子가 나섰듯이 이들이 나서 세운 심인당은 종단의 큰 힘이 되었으며 근대불교의 새로운 공간을 세우는 인연 공덕이 되었습니다."

하지만 진기4년(1950) 6월 20일, 대봉동 참회원(의밀심인당)을 착공한 지 5일 만에 6·25사변이 일어났다. 인부들은 불안해하였다. 교도들도 불안하였다. 여기서부터 회당대종사의 법력이 본격적으로 드러난다. 회당대종사는 피난을 가자는 사람들의 권유에 한 치의 동요도 없이 보다 진취적이며 자주적인 법문을 설했다.

"전쟁이 물러가야지 내가 왜 물러가는가."

우레와 같은 회당대종사의 외침은 물러남이 없는 수행의 자리를 키웠다. 그리고 3개월 후, 대봉동 참회원이 완공되어 법신불 전에 헌공하였다. 전쟁 속에 대구는 피난민이 몰려들어 혼란하기 그지없었다. 낙동강 전선의 포성이 대구까지 들렸으나 대봉동 참회원은 당당히 세상에 그 위용을 드러내었다.

한편 대봉동 참회원은 '서원당'과 '심인당'을 구분하여 서원당에는 초심자들이, 심인당에는 수행 경험이 많은 교도들이 각각 이용하며 수행 정진하였다. 이는 초심자들은 법이 무르익으면 심인당으로 옮긴다는 회당대종사의 이상적인 구상이었다. 그러나 이 과도기적인 교화의 틀은 오래 가지 못하였다. 회당대종사는 수행도량의 명칭을 '심인당'으로 일원화하였다. 이제 심인당의 시대가 열린 것이다.

3) 종단을 떠받칠 재목들

회당대종사에게 사람들이 몰려들었다. 이 가운데 스승이 되어 종단을 이끌어갈 만한 재목들도 함께 모여들었다. 희사와 염송으로 참회의 법을 실천하여 심인을 밝힌 앞선 수행자들은 자연스럽게 이웃들에게 생활불교의 가르침을 권하였다. 회당대종사가 실천으로 드러내어 보여준 것을 다시 나누고자 하는 대중의 서원이 되었다. 그리고 이는 '내가 해보니 분명히 좋은 일이 있더라.'라는 권선勸善이 되었다. 나아가 이 좋은 법을 우선 가족들에게 권하고 이웃들에게 권하니 모두가 병과 가난 그리고 불화의 고통에서 해탈하였다.

회당대종사는 이 중에서 역량 있는 교도들을 불러 스승이 되라고 권하였다. 처음에는 모두 펄쩍 뛰었다. 이는 당연한 일이었다. 불교의 스승이 된다는 것은 아무나 할 수 있는 일이 아니라는 과거 출가승의 습관에 머물러 있었던 것이다. 회당대종사의 권유에 질문은 끊이지 않았다. 스승과 제자는 진실을 담아 말없이 대화를 하였다.

"저는 아무것도 아는 게 없는데 제가 어떻게 스승이 될 수 있겠습니까?"

회당대종사는 이에 물러서지 않았다. 이는 넘어서야 이룰 수 있는 경계였다.

"많이 아는 것, 소용없습니다. 희사하고 염송하고 마음 잘 쓰면 다 되는 것 아닙니까. 그것만 알면 됩니다."

회당대종사는 일상의 수행을 더하고 나누는 자리가 바로 수행자의 자리이며 그 자리를 지키고 키워온 대중이 바로 스승의 위의威儀를 갖춘 자라고 격려했다. 그리고 스승 입문의 길을 제도로서 열었다. 진각종의 교화 스승의 탄생은 끊이지 않았다. 그리고 회당대종사는 스승의 삶과 자세에 대해 다음과 같이 격려하고 이끌었다.

"아는 것이 힘이라는 말도 있지만 아는 것이 병이라는 말도 있습니다. 어설프게 많이 아는 것보다 한 가지라도 완벽하게 알면 거기서 힘이 나오는 것입니다. 이 힘은 깨달음으로 이어집니다. 깨달음과 함께 지혜로 중생들을 이끌어가니, 이는 배워서 아는 지식으로는 따라 올 수 없는 무궁무진한 진리의 법이 용솟음칠 것입니다. 마치 우물물에서 계속 물이 넘쳐 나오듯이 말입니다."

스승과 제자의 이러한 무언의 대화는 계속되었고 회당대종사는 이를 정리하여 법문으로 남겼다.

깨쳐서 아는 것은 태양과 같이 밝아서 무한하고, 낱낱이 배워서 아는 것은 박학博學이라도 유한하다.

_『실행론』 2-4-1-가

이같은 회당대종사의 가르침은 수행과 회향의 실천으로 이어졌다. 먼저 회당대종사의 친여동생인 자회심 스승, 초창기 응원사에서 잠시 교화할 때 응원사 신도회장 출신의 자비인(김희옥) 스승, 부산 교화의 토대를 만든 원오제(윤신진) 스승, 기독교 전도사 출신인 유인광 스승, 포항 교화의 뿌리를 내린 청정관(이초자) 스승, 안강과 청도에서 대중과 함께 참된 깨달음의 실천을 이끈 해인행(김복순) 스승, 경주 홍원 심인당에서 많은 중생을 제도한 안인정(손연옥) 스승, 일찍 남편을 여의고 오직 심인진리 하나만 의지하여 부산의 화친 심인당을 거쳐 명륜 심인당에서 정년을 맞이할 때까지 부산 지역의 사표가 된 지회심(주재택) 스승, 대구 성당동의 허허벌판인 보원심인당에서 지역 주민들의 마음을 사로잡아 오늘의 큰 심인당으로 발전시킨 복선정(김두라) 스승, 대전 지역에서 교화의 토대를 마련하고 교화의 꽃을 활짝 피운 대안화(김온순) 스승, 6·25 전쟁 중에 남산동 참회원에서 종조님을 만나 큰 신심을 드러내고 불승심인당에 주석하며 가냘픈 몸에서 강철 같은 법을 실천하여 중생들의 마음자리를 단단히 굳히게 한 대안정(배점시) 스승 등 이들 스승은 진각종 초기, 수행과 교화의 틀을 마련하는 결정적인 역할을 하였다. 나아가 이들은 회당대종사의 가르침을 실천으로 드러낸 진각종 여성 교화자인 전수傳授로서 온 몸을 다 바쳤다.

한편 정사 스승인 아당(박을수) 스승은 공무원 출신이다. 관직에서 물러나 고위 경영인으로 일하다가 대구로 피난을 왔다. 이때 대종사를 만나 제도濟度되었다. 독실한 불교신자인 그는 교리에도 해박하였다, 그는 진기 5년(1951) 9월 18일부로 정사로 임명되어 원오제 스승 후임으로 신창동 심인당에 보임되었다. 그 후 정제심인당, 정정심인당을 거쳐 대종사 열반 이후 통리원장을 역임하면서 종행정의 초석을 다지기도 했다.

석암(김경순) 스승은 진기6년(1952) 내당동 심인당에서 교화를 시작하여 통리원장을 역임하였다. 부농의 집안에서 태어나 현대 교육을 받은 그는 공무원과 회사원으로 일하다가 부인 대혜관 전수와 함께 진각종에 입문하였다. 무서운 정진력과 교법의 호지護持로서 만인의 본보기가 되었던 그는 물려받은 가문의 전 재산과 자신의 재산을 모두 종단에 헌납하여 종단 발전에 신명을 다 바쳤다.

원정(손대련) 스승은 현대 교육을 받은 밀양의 공무원 출신이다. 진기7년(1953) 시취試取로 교단 사무직에 발령을 받아 진기9년(1955) 4월에 정사로 임명을 받았다. 회당대종사를 도와 종단의 기초를 다지는 등 지대한 공헌을 세웠다. 특히 그는 한학에도 능하여 초기 종단의 교리 정립에 많은 공헌을 남겼다. 그러나 교리 해석의 문제로 종단과 인연을 달리 하여 총지종을 창종하였다. 현재 총지종의 종조로 추존推尊이 되고 있다.

4) 전장戰場, 그 안에 피어난 꽃

일제의 무단 강점에서 해방되었지만 정치와 경제는 혼란스러웠다. 국가의 안정을 향한 우리 사회의 몸부림 속에서 진각종을 창교하였다. 대중과 함께 지난 숙업宿業을 참회하고 자주적 실천의 주인으로 함께하고자 했던 서원 속에서 정부가 수립(1948.8.15) 되었다. 하지만 2년 후 남과 북이라는 이념의 날선 분별이 6·25한국전쟁으로 이어졌다. 나라는 한순간 아수라장으로 변했다.

회당대종사의 아들, 손제석이 당시 상황에서 아버지와의 일화를 전하였다.

'1950년 6월 25일 전쟁이 일어나 저마다 가족의 생사를 걱정하는 두려운 고통이 시작되었지요. 저는 그 이튿날부터 어떻게 수소문 하여 대구행 기차를 어렵게 타고 28일 아침 희락심인당에 가서 아버지를 찾아뵈었습니다. 물론 전쟁 속에 저를 보시면 얼마나 기뻐하실까하는 생각에 반가워하실 어버지 모습만 생각했습니다. 하지만 아버지 반응은 달랐습니다. 그렇게 반가워하는 눈치가 아니었습니다. 대뜸 하시는 말씀이 '너 참 잘 왔다. 나라가 어려운데 한 사람이라도 더 군軍에 가서 적을 물리쳐야 되지 않겠나?'저는 너무나 황당하고 허무하였습니다. '아버지가 왜 …'라는 생각 밖에 들지 않았습니다."

삶과 죽음이 교차하던 전장戰場 속에서 목숨을 살리고자 집을 찾은 아들에게 대종사는 인정이 아닌 세상의 이치로 아들을 맞이하고 있었다. 아들 손제석의 이야기를 간추리면 다음과 같다.

"살아 있으니 군대에 가라는 아버지 회당대종사의 말을 듣고 멍하니 앉아 있으니 '걱정할 것 없다. 네가 죽을 목숨이면 여기 있어도 죽고, 살 목숨이면 군에 가서도 산다. 이 길로 곧 바로 군에 가거라.'는 아버지의 말씀이 있었습니다. 저는 사실 너무도 서러웠습니다. 아버지가 정말 원망스러웠습니다. 그러나 워낙 생각이 깊고 근엄한 분이라 말 한 마디 못했습니다. 다음날 군에 자원 입대하여 장교로 5년간 근무하였습니다. 정훈장교로서 통역관 보직으로 복무하여 크게 어려운 점은 없었습니다. 하지만 아무리 생각을 하여도 이해가 안되는 순간이었습니다. 아마 저 같으면 당연히 '자식이 죽을지도 모르는데'라는 생각을 했을 것입니다. 살아갈수록 아버지의 은혜가 존경스럽지만 아직도 완전히 이해되지 않았습니다. 단지 긴 시간이 지나 조금이나마 다가설 수 있었던 것은 아버지는 저를 근심하는 빛이 전혀 없었다는 기억과 마치 저를 어느 곳에 심부름 보내는 것 같았다는 느낌입니다. 이를 불교에서 '여여如如하다'라고 하기에 조금이나마 이해할 수 있었습니다. 그저 분별없이 있는 그대로의 현실을 바라보셨던 그 용기만을 짐작할 뿐입니다."

회당대종사의 아들, 손제석씨는 서울대학교 정치외교학과를 졸업하고 미국 유학을 다녀와 서울대 외교학과에 교수로 재직하였다. 그리고 제5공화국 시작과 함께 청와대 교육문교수석비서관을 지낸 후 제27대 문교부 장관을 역임하고 초대 위덕대학교 총장을 지냈다.

훗날 이 이야기는 대중에게 전해져 회당대종사의 분별과 사심이 없는 풍모의 한 단면으로 전해졌다. 마치 진리를 깨달은 고타마 싯다르타가 자신의 고향으로 돌아와 '아버지로서 제게 나누어 주실 유산은 무엇인가요?'라고 묻는 아들 라훌라에게 참된 바른 삶의 길인 출가를 유산으로 전했던 것과 같이, 세인들 사이에서 집착과 분별을 떠난 하나의 사건으로 전해지고 있다.

나아가 회당대종사는 자신의 건강과 목숨을 걱정하여 '피난을 가야 한다'라는 대중들의 간곡한 권유를 철퇴鐵槌와 같은 법으로 거부했다. 회당대종사는 시류時流를 좇거나 따르는 세인과는 달리 행복과 고난을 있는 그대로의 삶으로 마주하였다. 드러난 현실을 부정하지 않고 실천으로 다가서고자 했으며 이는 옳고 바른 길을 여는 순간이었다.

한편, 한국전쟁 가운데 당시 변변한 건물 하나 없었던 현실 속에서 종단은 남산동 참회원 본부 건물을 국민방위대에 징발 사용하는 것을 수용하였다. 이에 회당대종사는 그 옆에 천막을 치고 '막사교화'를 펼쳤다.

천막에서의 교화는 진기9년(1955) 1월 30일까지 5년 반 동안 지속되었다. 진기4년(1950) 1월에 낙성을 하여 청정한 도량에서 교화의 토대를 내리던 순간 전쟁이 발발하자 참회와 서원의 도량을 국가의 공적 자원으로 사용하게 되니 저마다의 서원을 담았던 신교도들의 불편함은 말할 수가 없었다. 회당대종사는 있는 그대로의 현실과 간절한 서원이 깃든 신교도들의 서글픈 시선을 담아야 했다. 그리고 진실을 실현하는 주요 덕목으로 공公의 일과 사私의 일을 바로 세우는 실천을 강조한 회당대종사는 신교도의 불편한 심정을 이처럼 법문으로 달래기도 하였을 것이다.

> "누군가의 어려움은 수행자가 먼저 나서서 도와야 합니다. 지금은 국가가 어려운 때입니다. 국가를 위해 저마다의 서원을 하나로 모으는 것은 지금 있는 그대로의 수행입니다. 나의 자리를 믿음으로 비워주는 이 공간은 수행의 자리이자 다시금 진호국가의 서원을 체험으로 세우는 인연의 자리입니다."

회당대종사의 위로 섞인 가르침은 오히려 교도들의 자긍심으로 커가고 있었다. 그리고 나라가 어려울 때 국가를 위해 도움을 줄 수 있었다는 사실은 앞으로 교단발전의 커다란 의미가 되었다.

회당대종사는 현실의 도량을 비우며 저마다의 마음 도량을 키우는 법을 대중과 함께 실천으로 이끌었다. 그리고 그 가르침은 세인들의 입으로 전해지는 교화의 바람이 되었다. 진언수행의 도량을 찾는 사람들이 점점 몰려들었다. 어느새 '옴마니반메훔 하는 곳에 가면 난리를 피할 수 있다'는 소식이 세인들의 마음으로 전해지기 시작했다. 회당대종사의 진실한 마음이 세인들의 눈과 귀로 커져가고 있었다. 그리고 그 인연을 진실함과 절실함으로 담은 종단의 그릇이 있다. 바로 대안정(배점시裵點時) 스승이다. 대안정 스승은 전쟁이 발발하자 믿고 의지하던 시동생 2명이 군대를 가고 사촌 시동생 3명도 모두 군대를 갔다. 살길이 막막했던 배점시 보살이 심인당을 찾았다. 종조님으로부터 옴마니반메훔을 열심히 외우면 모든 일이 잘 된다는 말씀을 듣고 낮에는 봇짐을 머리에 이고 행상을 하였으며 밤에는 심인당에 와서 염송을 하였다. 밤새 염송을 하고 잠도 제대로 못 잤는데도 배점시 보살은 힘이 더 솟아나고 마음이 맑아져 왔다. 1년 후 시동생 5명이 모두 살아있다는 기적 같은 소식을 듣고 더욱더 열심히 정진하면서 더욱 진실히 장사를 하였다. 장사도 잘 되고 지혜도 점점 열렸다. 이 모습을 본 대종사는 그를 스승으로 발탁하여 침산동 심인당의 교화를 맡겼다.

밀교학자인 청림 박태화 선생도 대구로 피난을 왔다가 대종사를 만나 교도가 되었으며, 아당 박을수朴乙守 스승도 대구 피난 중 대종사를 만나 스승이 되어 부산에서 교화를 맡았다. 전쟁은 모든 것을 앗아 갔지만 수행처는 회당대종사와 세인들에게 새로운 인연의 장이 되었다. 교화는 불꽃같이 일어났다. 모두가 전쟁의 폐허 속에 희망을 잃고 있을 때 진각종 심인당에서는 희망의 불꽃을 저마다의 마음으로 피웠다. 난리 속에서 심인불교의 불꽃은 훨훨 타올랐다.

수행으로 하나된 '희사하고 염송하고 참회하여 깨닫는 진리'의 불꽃은 온 나라에 번져나갔다. 그리고 곳곳마다 도량을 지어달라는 즐거운 원성이 들렸다. 이에 답하듯 회당대종사는 6·25 직후부터 진기6년(1952) 12월까지 전쟁의 소용돌이 속에서 대중과 함께 전국 13개의 심인당을 개설하였다.

대구 대봉동 참회원과 경주 황오리 참회원을 비롯하여 밀양참회원

(진기4년 7월 15일), 부산참회원(진기4년 10월 10일, 범석심인당), 대구의 침산참회원(진기5년 5월, 불승심인당), 경주 서부리 참회원(진기5년 3월 15일, 선혜심인당), 월성의 내남 참회원(진기5년 3월 20일, 항복심인당), 성주의 법산심인당(진기5년 3월 30일, 신밀심인당), 안강참회원(진기5년 5월 17일, 신혜심인당), 대구 비산참회원(진기5년 9월 9일, 신익심인당), 월성의 유금참회원(진기6년 3월 5일, 교석심인당), 대구 동인동심인당(진기6년 8월 11일, 승원심인당), 서울심인당(진기6년 9월 29일, 밀각심인당) 등이 전쟁 중에 신설된 도량이다.

전장戰場의 고난은 시간을 더하며 회당대종사의 법력과 대중의 원력이 되어 심인당으로 드러나기 시작한 것이다. 저마다의 서원과 원력이 국난 극복의 작은 인연이 되었으며 진각종의 교세는 다시금 깊은 자리에서 움트기 시작했다.

5) 서울 밀각심인당, 진호국가불사 그리고 전쟁의 종지부 되다

대구 대봉동참회원(의밀심인당) 건립을 위한 착공식을 한 지 5일 만에 6·25 한국전쟁이 일어났다. 전쟁의 혼란 속에 공사 진행 여부를 놓고 갈등을 하는 인부들을 향해 회당대종사는 격려의 말을 이었다.

> "걱정하지 말고 공사를 진행하라. 전쟁이라 하여 숨을 멈출 것인가? 전쟁이라 하여 끼니를 거를 것인가? 살아있는 지금 이 순간, 최선을 다하는 생각과 그 실천적 삶이 바로 주인이 되는 길이다. 나와 함께 전장의 주인이 되어보자."

저마다 전쟁의 두려움으로 위축되었던 순간, 회당대종사의 격려는 당당하고 힘찼다. 적은 이미 대구 인근을 다 포위하여 간간히 포성 소리도 들려왔다. 귀로 들리기 시작한 공포의 전운은 이제 곧 눈앞 현실로 드러날 판이다. 이러한 상황에서 공사를 진행한다는 것은 진정 부처님의 화현이 아니고서는 일어날 수 없는 일이라 주변에서는 말리기도 했다. 하지만 대봉동참회원은 석 달만에 공사를 완료하고 준공을 하였다. 뒤이어 난리 중에도 대구와 경상남북도 일원에 심인당 건립의 발길은 계속 되었다. 회당대종사와 대중은 전장戰場의 난리에 전혀 아랑곳하지 않았다. 있는 그대로의 여여如如한 삶을 이어 갔던 것이다.

비록 무력이지만 유엔군의 도움으로 잠시나마 남과 북은 하나된 국토를 그릴 수 있었다. 하지만 전쟁의 상황은 비관적이었다. 9월 28일 서울을 수복하고, 국군과 유엔군은 삼팔선을 돌파하여 압록강에 이르렀다. 남북통일이 눈앞에 보였다. 그러나 중국과 인접한 국경에는 중공군이 기다리고 있었다. 중공군이 파죽지세로 내려와 1·4후퇴를 거쳐 다시 우리 국군과 연합군은 평택까지 밀렸다. 그리고 다시 서울을 수복하였다. 지금의 휴전선 부근에서 밀고 밀리는 접전이 계속되었다. 전쟁이 끝날 기미가 보이지 않았다. 이즈음 회당대종사는 탄식을 하였다.

"내가 국군을 따라 이북까지 가서 진호국가불사를 했어야 되는 것인데!"

회당대종사의 탄식은 이내 새로운 서원으로 담겼다.

"아무래도 안 되겠다. 내가 전쟁을 끝내려 서울을 가야겠다."

대종사는 포항과 경주 대구 그리고 부산에서 대중과 함께 수행을 더 하며 교화를 펼쳤다. 그리고 수행과 교화 속에서 만나는 사람들의 삶에 집중했다. 그들의 소중한 이야기에 다가가 저마다의 고통과 그 원인을 깨치고자 참회와 함께 인연의 간절함을 대중과 나누었다. 그리고 자주적 삶을 이끌고자 저마다의 성품을 발현發顯하기를 또한 서원했다. 결국 이는 대중을 위한 도량을 키워야, 참되고 자주적인 불자의 삶을 나눌 수 있다는 생각으로 커져만 갔다.

대종사는 전란이 남긴 민중의 상처를 심중에 품었다.

"가족의 생사를 모른 채 홀로된 아이, 자식을 잃은 어른, 총과 칼의 위협 속에 그저 울부짖는 연약한 중생, 그리고 전장의 수많은 억울함을 치유하고자 다시 적을 만들고 질시와 갈등을 만드는 사람에 이르기까지 전쟁은 저마다의 생각 속에 불안과 혼돈混沌을 채우고 있었습니다. 또한 두 눈에 소중히 간직하고 싶었던 모든 것들이 순간 잿더미로 변하는 상실감 또한 컸습니다. 이들의 아픔에 다가서야 했지요. 다시 희망의 이름으로 긍정을 채워야 했습니다. 그리고 과거를 중심으로 현재를 평가하는 어리석은 인연을 살펴, 그들의 시선을 돌려야 했습니다. 현재를 중시하며 미래를 담아야 하는 전환이 필요했습니다."

회당대종사는 한국전쟁 속에서 대중의 아픔을 담을 큰 그릇을 생각했다. 포항, 경주, 대구, 부산에 이르는 교화의 과정을 살피고 새로운 자리에 새로운 그릇을 세워 새로운 길을 열어야 한다고 염원했다.

진기6년(1952) 9월 25일, 대종사는 서울로 향했다. 해는 넘어가 앞을 가렸으나 전쟁이 남긴 상처와 흔적은 노을 속에 더욱 비참했다. 그리고

'바로 이곳에 새로운 교화터를 마련하여야 한다.'는 생각이 피어났다. 하지만 서울 어느 곳이 참회와 서원의 첫 자리가 되어야 하는지 고민했다.

대종사의 당시의 회고를 전해들은 대중의 기억을 더듬어 요약하면 다음과 같다.

> "대구에서 기차를 타고 영등포역에 내려 걸었습니다. 폐허라는 단어를 절감하는 현실이 눈앞에 펼쳐졌습니다. 더 걸어 봤습니다. 찢어진 건물보다 사람들의 굶주림과 불안함이 눈에 들어왔습니다. 방향을 잃은 채 한발 한발 옮기는 걸음은 이곳에 새로운 교화터를 마련해야겠다는 생각을 다지고 있었지요. 시간을 더하며 가장 어렵고 힘든 곳에 마음 수행의 도량을 만들어야겠다는 생각이 차오르고 있었습니다. 그리고 연세 많으신 어른께 여쭈었죠. '이곳에서 가장 살기 힘든 곳은 어디냐고요?'하지만 들려오는 대답은 '어디가나 똑 같아요'라는 한숨 가득한 넋두리였습니다."

회당대종사는 다시 걸었다. 그리고 다리 건너 청계천에 이르러 옹기종기 모인 사람들 속으로 들어갔다. 그리고 다시 물었다.

> "전쟁 속에 힘드시지요. 서울 어느 곳이 가장 많이 부서지고 살기 힘듭니까?"

나이 많으신 할머니가 웃음 지어 대답했다.

> "저기 계천溪川 아래가 힘들지. 여긴 그래도 좀 나아. 왕십리로 가 봐.

근데 뭐하려고?

회당대종사는 웃음으로 화답하며 할머니의 두 손을 꼭 쥐었다. 그리고 전쟁의 흔적과 같이 일그러진 할머니의 손에 '옴마니반메훔' 붉은 글씨가 쓰인 진언 다라니를 전했다. 그리고 할머니의 질문에 답했다.

"할머니, 함께 잘 살아보려고요."

이튿날. 회당대종사는 청계천을 따라 서울 왕십리를 천천히 둘러보았다. 낮은 계천은 막힘없이 흐른다. 예나 지금이나 폐허가 된 도심을 가로 질러 흐르는 물을 회당대종사는 한동안 지켜보았다. 그리고 폐허의 잔해 속에서 지난 시간을 간직한 듯 모양 빠진 벽돌을 한동안 매만졌다.

"청계천 하구 쪽으로 한나절을 천천히 걸었습니다. 그리고 어렵고 힘들어 보이던 할머니가 더 어려운 계천 아래로 가보라던 배려의 목소리는 귓속을 떠나지 않았습니다. 잔잔히 흐르는 청계천 물과 부서진 벽돌이 눈에 들어 왔습니다. 그리고 결심했죠. 청계천의 물을 더하고 폐허 속 못난 벽돌을 쌓아 수행터를 만들겠다고 말입니다. 이 수행도량은 헤어짐의 상실감은 물론 의지할 곳 없이 살아온 사람들에게 지금 있는 그대로의 현실에서 최선을 다하고 그 결과로 자주적 이상을 키우는 길이라 생각했습니다."

서울 성동구 하왕십리 173번지. 대종사는 청계천 하구에서 남쪽으로 500미터 떨어진 곳에 자리를 정하고 인연 있는 신도들을 모았다. 그리고 간소하게 불법의 인연을 담아 대중과 함께 정진하였다. 이어 대중의 수행 공덕을 모아 서울 첫 수행터전인 밀각심인당의 건립을 시작했다.

밀각심인당의 건립은 전란을 피해 대구로 피난 왔던 교도들이 다시 상경하는 계기가 되었다. 이들은 자신의 수행을 잇고 시대의 고난을 나누고자 심인당 건립에 적극적으로 동참했다. 하지만 상심에 빠져 저마다 의욕을 잃고 그저 한 끼를 해결하려던 주변 사람들의 눈에 대종사와 대중이 동참한 심인당 공사는 이상했다. 그리고 수 일이 지나자 인근 파출소에서 나와 자초지종을 물었고 대종사는 공사의 의미와 활용에 대해 상세히 전했다. 그 후, 심인당 건립에는 작은 변화가 따랐다. 심인당 건설 과정에 대한 회당대종사의 회고를 여러 사람의 전언에 따라 재구성하면 다음과 같다.

"공사를 지켜보던 사람들 가운데 폐허 속 벽돌을 가져오는 이들이 있었습니다. 자세히 보니 굶주려 생활이 빈궁한 자였습니다. 깨어진 벽돌을 한번 가져다 주더니 서너 번을 손에 가득 벽돌을 담아 어려운 걸음을 하는 모습을 여럿 보았습니다. 그리고 그들에게 깨어진 벽돌일지라도 이를 옮기는 일은 마음을 실천으로 드러내는 일이자 뭔가를 이룰 수 있다는 인과의 이치를 더하는 가르침이라 생각했습니다. 그 가르침을 함께 하고 싶었습니다. 그래서 그들에게 작은 금액이라도 벽돌의 값을 주라고 공사소장에게 지시하고 전국의 심인당에 편지를 보냈습니다. 전국 심인당이 서울에 심인당을 짓는 일에 동참할 뜻을 전하는 간곡한 편지로 전하였습니다. 각각의 심인당에서 절약하여 대중을 먼저 살피고 함께 절량하고 희사한 경비를 모아 국가재건을 위한 수행도량을 세우자는 뜻을 전하였습니다."

진기7년(1953) 3월 18일 드디어 서울 왕십리 심인당은 완공되었다. 한 할머니가 자신보다 어려운 이를 위한 이야기를 전하고 이를 대종사는 서원하듯 살펴 도량의 터를 정하였다. 그리고 청계천을 물을 담고 폐허의 벽돌을 다듬어 바닥에서부터 벽돌을 쌓아 건물을 지었다. 그 기록에는 진언 수행자는 물론이고, 의아한 생각으로 바라보던 지역 주민이 틈틈이 동참하던 이름 모를 인연 대중의 공업共業이라 쓰여 있다. 그리고 왕십리 수행터를 밀각密覺심인당 이라 이름하였다. 회당대종사는 '밀密은 비밀스러운 진리의 자리이며 각覺은 깨우침이니, 밀각은 비밀스러운 진리를 깨닫고자 하는 서원의 자리이며 이 자리는 동참자의 손으로 폐허의 잔해를 다듬어 일구어 낸 성취의 자리이자 호국의 서원을 담은 진호국가의 도량이다'라고 그 의미를 더했다.

진기7년(1953) 7월 27일 마침내 휴전이 성립되어 전쟁이 끝났다. 이 소식을 전해들은 회당대종사는 다음과 같이 회한悔恨의 법문을 설한 것으로 전해진다.

> "내가 서울에 진호국가 도량을 개설한 것에 머물지 않고 국군을 따라 평양과 신의주까지 더 나아가 그곳에 진호국가 도량의 깃발을 꽂았더라면 이렇게 민족 분단의 아픔이 지속되지 않을 것이다. 이제 다시 민족이 하나가 되려면 반세기가 훨씬 지난 세월이 될 터인데, 물론 그때는 지금과 같은 총칼을 앞세운 통일이 아니라 어느 날 갑자기 조용한 가운데 책상머리에서 이루어 질 것이다. 그러나 그 동안 얼마나 많은 이들이 이산離散의 아픔을 겪어야 하겠는가. 모두가 나의 허물이다."

회당대종사에게 밀각심인당은 호국도량, 진호국가불사의 상징이다.

이후 밀각심인당뿐만 아니라 전국의 모든 심인당은 진호국가 도량으로서의 국가적 서원을 담게 되었다. 진호국가鎭護國家, 즉 나라를 지키고 보호하는 서원의 자리에는 남녀가 따로 없고, 노소가 따로 없음을 회당대종사는 다음과 같이 법으로 남겼다.

> "우리 모두가 진호국가불사의 실천자들이다. 애국愛國을 하는 데는 너와 내가 따로 없다. 우리 모두가 하나가 되어 이 나라를 굳건히 지켜야 하는 것이다."

진각종의 수행도량인 심인당의 중앙에는 '옴마니반메훔' 본존 진언이 있다. 그리고 해인경 양쪽에 '진호국가불사鎭護國家佛事'라는 커다란 글씨가 세로로 서 있다. 진각종 수행자는 나라를 비롯한 공동체가 안정이 되어야 한다는 '진호국가불사'의 서원을 세우고 이를 실천으로 완성하고자 노력한다. 이처럼 '진호국가불사'는 나와 국가 그리고 세상이 하나 되는 불교의 수행이자 진각종의 교법이다.

3. 법난을 통한 성장

1) 법난의 발생

회당대종사는 깊은 생각에 잠겼다.

> '대중의 뜻을 모아 수행도량을 세우니 전장의 구름이 몰아쳤다. 세상

의 모든 일은 장애 없이 순조롭게 진행되는 일은 없다. 서원 앞에 마장魔障이 있었다. 큰 일에는 큰 마장이, 작은 일에는 작은 마장이 일어났다. 이 마장을 극복하지 않고는 절대로 성장할 수 없는 것이 삶의 길이다.'

회당대종사는 세상이라는 거친 물결 속에 종교라고 해서 예외가 있을 수 없었던 사실을 살폈다. 전장戰場의 구름을 거두니 종단에 구름이 일기 시작했다.

종단의 종무행정 기능을 갖춘 수행도량인 남산동 참회원을 지을 때 총 책임을 맡아 건물을 완공하였던 이영중은 교도들에게 자긍심을 심어주었던 인물이다. 또한 그는 자기의 재산도 헌납하여 종단 운영에 도움을 주었다. 이에 회당대종사는 진기5년(1951) 5월 그의 부인 김수련金樹蓮을 대명동 심인당(현 구경심인당)의 스승으로 임용하고 이영중을 시용試用이란 직함으로 교화 보조를 맡겼다.

하지만 그는 진기8년(1954) 7월 5일, 대구 희락 심인당에서 개최된 최고스승회의인 인회印會에서 갑자기 대종사의 가르침을 따라 더 이상 종단의 스승을 할 수 없다고 사의辭意를 표명하였다. 이후 7월 12일 십이불납十二不納을 선언하였다. 십이불납이란 희사금의 10분의 2는 종단에 헌상하는 것이다. 이를 지키지 않겠다는 것은 스승으로서의 법을 지키지 않겠다는 의도이다. 이것은 탈퇴를 앞둔 예비행동이었다. 7월 15일 이영중은 김성엽, 백성화를 대동하여 서울 밀각심인당을 찾았다. 그들은 종단 재산의 반을 달라고 회당대종사를 협박하였다. 이에 회당대종사는 단숨에 거절하였다. 이영중의 요구에 대해 회당대종사는 자상한 법문으로 달래기도 했으리라 여겨진다.

"사부대중의 간절한 원력과 수행의 공덕으로 이룩된 종유宗有재산은 공공의 재산입니다. 사사로이 할 수 없는 무서운 공유물입니다. 함께 지켜주시는 스승의 길을 포기하지 말아 주십시요."

함께 서원하고 동행하고자 하는 회당대종사의 뜻은 간절하였다. 하지만 이들은 7월 17일 구경심인당에서 심인불교 탈퇴를 선언하고 '대각사'라는 이름으로 교화를 하겠다고 나섰다. 이에 대종사는 수차례 이영중을 만나 설득을 하였으나 그들은 이를 받아들이지 않았다.

이에 종단은 교도들에게 이영중의 사태를 알리고 종유재산의 분할을 운운하는 그들의 선동에 넘어가지 말 것을 알렸다. 나아가 회당대종사는 희사와 염송이 깃든 종단의 재산은 어느 개인의 소유가 될 수 없다는 총유總有재산의 신행적 의미를 전했다. 또한 회당대종사는 그동안 분명한 회계 처리의 과정을 살펴 종유재산 관리의 법을 보다 투명하게 세웠다. 이처럼 종단의 종무행정과 회계 등의 문제는 어떠한 경우라도 분명하게 처리하는 것이 되었으며 이는 지금까지 진각종의 법으로 자리 잡아 내려오고 있다.

이영중은 종단에서 이탈한 사람과 종단의 불만 세력까지 규합하여 공개적인 대항에 나섰다. 배덕원, 손원도, 응원사 주지 김원경, 조계종 경상북도 종무원장 박도수 등이 주동이 되었다. 먼저 이들은 진각종을 사교邪敎라고 몰아부쳤다. '불교 모독에 관한 건' 16개 항목의 진정서를 만들어 대구경찰서를 비롯한 관계 기관에 제출하였다. 이들의 음해와 모의는 계속되었다.

2) 마군魔軍의 준동蠢動

2년에 걸쳐 법난이 진행되는 동안 회당대종사는 한 번도 이들을 원망하지 않았다. 그리고 시기와 갈등이 시작 되었을 때 대중에게 시절인연의 법문을 아래의 취지로 전하였다.

> "이 일은 우리 종단이 진리로는 급진적으로 발전하는데 객관적인 교리를 완벽하게 구비하지 못한 인연으로 오는 결과입니다. 서원과 수행을 담는 새로운 법과 제도를 갖추어야 한다는 시대의 법문입니다. 이제 교리체계와 종행정의 민주화를 속히 이루어야겠습니다."

회당대종사가 대중에게 설한 법문은 시대를 반영하고 서로 다른 삶을 하나된 수행과 교리체계 속에 담는 종단의 서원이자 격려가 되었다.

시간을 더하며 마군의 준동은 점점 도를 더했다. 조계종 경북 종무원장 박도수가 남대구 경찰서장에게 '유사 종교단체 해산 진정서'를 제출하면서 진각종의 전 재산을 조계종에 귀속시켜 달라고 한 것입니다.

사실 당시의 공무원들은 종교의 실태를 제대로 파악하지 못하는 시절이었다. 과거의 관념에 사로잡힌 세인들에게 진각종은 기존의 불교와 많이 달랐다. 먼저 불상을 모지지 않는 것이 생경했다. 그리고 당연히 스님들이 사찰을 지키고 교화를 하여야 하는데 속인과 똑같은 복장을 하고 대중과 함께 수행을 하는 정사, 전수라는 사람들이 전통불교의 시선에서 매우 달랐다. 또한 회당대종사는 병의 고통에서 벗어나기 위해 약에 의지하는 의타적인 치료에서 벗어나 스스로 병의 원인을 살피고 이를 치유하기위해 세간의 약을 사용하지 않는 약불藥不을 강조하였다. 이는 대구 시내 한약사들 사이에서도 좋지 않는 소문이 되었다. 급기야 이들은 자신들의 피해가 점점 커지자 회당대종사를 희사금 전용 등 회계 부정의 사기 혐의로 고발하였다.

진기8년(1954) 10월 15일, 회당대종사는 남대구 경찰서로 연행되어 구속 수감되었다. 연행 중에도 회당대종사는 정진을 이었다. 그 어떤 삿된 시선과 질의에 일체 묵언으로 응대하였다. 이를 지켜본 수사관들도 회당대종사의 의연한 모습에 쉽게 다가서지 못하고 부족하나마 예우를 갖추었다.

이를 지켜보아온 진각종도들의 억울함과 분노가 하나 둘 폭발하기 시작하였다. 지난 전장戰場의 혼란 속에 생명을 구하고자 처절한 삶을 이어 왔다면 이제 이들은 자신의 생명을 지키고자 참았던 울분의 소리를 하나로 모으기 시작했다. 전국의 스승과 2천 4백여 신교도가 자신의 이름을 담아 대구 지방법원장, 대구 지방검찰청장, 경북 경찰국장, 남대구 경찰서장 앞으로 진정서를 제출하였다. 교도들은 더 이상 심인불교를 모독하는 처사를 묵과할 수가 없다고 자주적인 삶의 자세로 종교의 자유를 지키고자 과격한 행동까지도 불사하겠다는 지경에 이르렀다. 이에 종단 지도부는 교도들을 진정시키며 진리로서 해결하자고 대중을 설득하였다.

대중의 인욕忍辱과 인내忍耐의 수행 속에 참되고 바른 길이 열리기 시작했다. 교도들 가운데 서울 용산에 살고 있었던 노유복盧有福이라는 사람이 이영중, 김원경 등을 상대로 그들의 행위가 중상모략에서 비롯되었음을 대구지검에 고발한 것이다. 아울러 지난 9월 4일 남대구 경찰서 김식金埴 형사에게 사건을 확대시켜 달라면서 수표 5만환을 건낸 부정한 사실이 드러났다. 이는 왜곡된 세인들의 시선이 정의를 지키는 종단을 외호外護의 공감으로 드러나기 시작했다. 회당대종사는 이를 '화禍가 도로 복福

이 된다'는 인과의 이치로 설명하기도 했다.

11월 25일 구류 기간의 만료로 회당대종사는 석방되었다. 40여 일간의 구속에서 풀려난 회당대종사의 대중 앞에 다시 섰다. 그리고 그 인연을 살펴 다시 이러한 취지의 법을 전하였다.

> "내가 거기에 간 것도 법계의 뜻이었습니다. 거기에서도 내가 꼭 해야 될 일이 기다리고 있었습니다. 그 사이 불교에 대한 교리를 법조계에 널리 인식 시키게 되었습니다."

회당대종사는 원망하거나 후회하지 않았다. 이를 바라본 대중들은 오히려 회당대종사가 무슨 출장을 다녀온 사람 같았다고 전했다.

당시 세간에서는 이 일을 '심인불교 사건'이라고 불렀다. 언론에서 계속 보도가 되었다. 회당대종사는 종단 그리고 수행대중이 세간의 법으로 고초를 겪었지만 세인들에게 종단을 새로이 알리는 인연이 있었음을 살폈다. 그리고 지금부터 무엇을 어떻게 하여야 할지를 함께 고민하기 시작했다. 나아가 각종 진정서 공방으로 심인불교의 교리를 법조계에 널리 인식시키는 계기가 되었다. 그리고 이단 행위자들에게 적극적인 교리 대응을 펼쳐 새로운 불교가치를 담은 진각종 교리의 참 뜻을 알리는 계기가 되었다.

하지만 한 시절의 법란은 쉽게 끊어지지 않았다. 12월 15일 대종사는 다시 구속 되었다. 마군들이 대종사를 사기 혐의로 고소했다. 당시 고소의 내용은 학교 설립을 위해 설립한 자선사부에 종단의 기금 25만원을 넘겨준 것이 횡령이며, 초파일을 맞아 관행적으로 공무원에게 촌지를 준 것이 뇌물죄, 그리고 이영중이 자기의 재산을 종단에 희사한 것은 대종사의 꼬임에 넘어간 것이라는 주장이다.

3) 진리의 승리

왜곡된 고소는 곧 사실로 드러나기 시작했다. 학교 설립을 위해 종단의 기금을 사용한 것은 대중의 교육열을 나눔으로 키우고자 했던 수행자 모두의 서원이었으며 초파일 관행적으로 이웃과 나누던 봉사 활동 가운데 국가를 위한 노고에 감사하는 마음으로 관공서를 찾았던 것은 나누어 키우던 희사의 가르침을 실천으로 드러낸 것에 지나지 않았다. 특히 이영중의 기부한 재산은 당시 출연자의 뜻을 존중하여 대중과 함께 교육과 나눔 그리고 이를 함께하고자한 수행도량 건립의 서원이었다. 이는 지난 시간을 돌이켜 자신의 우愚를 범하는 어리석음에 지나지 않았다.

회당대종사는 12월 25일 구류기간 만기로 다시 풀려났다. 이번에는 좀 더 구체적으로 당시의 경험을 회상을 하였다.

> "내가 아직 방편 선교지善巧智가 부족하여 이와 같은 일이 일어난 것입니다. 내 이제 부족함을 알아 대중과 함께 더욱 정진할 것이니 우리 교敎 또한 당연히 깨칠 것이 많습니다. 지난 고난의 시기를 돌이켜 살피니 여하간 시비는 외도外道로부터 오는 것이었습니다. 이제 나를 주체적으로 바로 세워 의타적인 삶을 더욱 경계하여야 합니다"

회당대종사는 크고 작은 세간의 경험을 인과의 이치로 바로 살피고 이를 통해 다시금 대중과 함께할 길을 열고 있었다. 그 뜻을 담듯이 대중들의 새불교운동은 큰 길로 뻗어나갔다. 전장의 급박함 속에 국가가 사용하였던 남산동 심인당은 다시 수행도량의 자리를 찾아 심인당의 참뜻을 살리게 되었고, 어렵고 힘든 이들에게 작은 희망을 나누던 자선사부의 사업은 계속 진행이 되었다. 이러한 수행과 봉사의 활동을 하나된 뜻으로 모아서 보다 큰 걸음으로 나아가길 서원한 회당대종사는 진기9년(1955) 2월 14일 대중과 함께 교教의 칭호를 정하였다. 회당대종사와 대중은 법적 칭호를 '대한불교진각종 보살회'라 정하고 신행의 정체성을 공인하였다. 그리고 일반적인 칭호를 '심인불교'라 부르며 수행의 참뜻을 대중과 나누었다. 특히 교리칭호는 '삼신불교', 교당 칭호는 '심인당'으로 정하여 옛 불교의 참된 정신을 오늘날의 문화로 잇고자 하였다.

진기9년(1955) 4월 15일, 모든 스승과 교도 2천2백여 명이 연명한 진정서를 다시 대구지방법원과 관련 기관에 제출하였다. 2차 진정의 내용은 이영중과 함께 일을 도모한 일행 가운데 손규식孫奎植, 손시현孫時顯 등이 자기의 잘못을 뉘우치고 참회서와 고소취하서를 제출한 것과 관련하여 이영중 등의 모략을 바로 잡고자 파사현정破邪顯正의 자세로 종교의 자유를 침해하는 일이 없어야 한다는 요지였다. 손규식은 진언종을 개종한 손원도의 아들로서 후에 손영진으로 개명하여 진언종을 이끌어간 인물이다.

진기9년(1955) 4월 23일 종단에서는 해종 행위를 한 김수련, 이영중에 대하여 스승직을 해임하고, 교도로서의 자격까지 박탈하는 채탈도첩褫奪度牒의 출교黜教 조치를 내렸다.

하지만 마군들의 모략은 집요하였다. 이에 종도들은 그들에게 맞고소를 하자는 의견도 있었다. 그러나 회당대종사는 그들에게 원망의 눈길을 단 한번도 준 적이 없었다. 오직 회당대종사는 울분을 삭히지 못하는 대중에게 진실을 향한 수행의 길을 함께 하자고 아래의 심정으로 권선勸

善하였다.

"먼저 우리가 깨쳐야 합니다. 무엇이 고난의 원인이 되었으며 다시는 이런 마군의 준동이 일어나지 않도록 법과 제도를 바로 하여야 합니다. 그리고 이 일은 올바른 법正法으로 해결되는 것입니다."

하지만 법란의 동요는 쉽게 끝나지 않았다.

한때 서울 밀각심인당에서도 수사관들이 들이닥쳤다. 이들은 학교 설립을 위한 희사와 그 지원에 문제가 있다는 민원을 확인하러 왔던 것이다. 이에 원정각 스승은 불사시간을 통해 오히려 그들을 감싸며 "이 일은 한 개인이 아닌 우리 모두 진호국가불사로서 대처해야 한다."는 법을 전하였다. 이 법문에 감화된 수사관들의 부인이 심인당을 찾았다. 교육을 통해 자주성을 키우고 이는 곧 국가의 일이라는 원정각 스승의 법은 배움으로 키우는 복과 지혜의 또 다른 실천이 되었다. 그리고 이들은 이내 신교도가 되었다.

이에 앞서 사건의 진실을 조사하던 검찰의 증인으로 불려갔던 운범 강복수(강창호) 박사는 장시간의 신문 끝에 조서의 내용을 훑어보니 자칫하면 대종사가 본래의 선의善意가 왜곡되어, 법조문에 의해 큰 피해를 볼 수도 있겠다는 생각이 들었다. 운범님은 순간적으로 염송을 하였다. 옳지 않다는 의문을 더하며 염송을 이었더니 불현듯이 한 생각이 떠올랐다. 조서의 맨 앞머리에 '심인중·고등학교 설립을 위하여'라는 문구가 떠올랐다. 사건의 경과만 있을 뿐 그 본래의 취지가 드러나지 않은 사실을 밝혀 회당대종사가 실천한 모든 것이 공익을 위한 일이었음을 밝혔다. 회당대종사를 어떻게 하든 구속시키려고 했던 담당 검사 또한 어려운 국가의 현실에서 교육을 통한 자주적 실천을 이끌고자 했던 회당대종사의 뜻을 존중으로 받아들이는 계기가 되었다.

사건은 새로운 국면을 맞았다. 진기9년(1955) 11월 16일, 속개된 2차 예비심문에서 사이비 종교라는 누명을 밝히기 위해 담당 변호사는 당시 문교부 장관과 동국대 총장을 거쳐 국회 문교사회분과 위원장인 김법린金法麟씨, 조계종 총무원장인 청담青潭 스님, 문교부 문화국 교도과장인 김동일金東日씨 등 5명의 증인을 신청하고 이들은 법정에 서게 되었다. 이들 증인은 그 동안 진각종의 불교운동을 살피어 회당대종사의 참 뜻을 공감하고 나누며 부처님의 가르침을 펼치던 형제와 같은 이들이었다.

먼저 이들은 회당대종사의 실천과 함께 생활의 불교인 대한불교 진각종이 사이비가 아니라는 결정적인 증언을 하였다. 특히 청담스님은 진각종의 교리가 불교의 교리를 수용한 불교의 가르침이라고 증언하였으며 이영중 등 훼불을 일삼은 자들이 문제를 삼은 '법계 진각님'은 회당대종사가 아니고 비로자나불을 상징하는 호칭이라는 것을 '보리심의' 등 경전의 자료를 모아 제출하였다. 국가에서 대한불교진각종을 인정하였다는 국회 문교사회분과 위원장의 법정 진술 그리고 전통불교를 수용한 진각종의 교리의 수승함을 밝힌 조계종 총무원장의 진술은 진각종단의 수행이 호국의 근대적 이해와 실천적 불교의 신행이라는 사실이었다. 나아가 진각종단은 참다운 깨달음을 위하여 삶을 변화시키는 수행을 중시하는 종단이라는 사실로 확인되었다.

진기9년(1955) 12월 15일 최종 언도 공판의 날이다. 이영중과의 대질신문에서 회당대종사는 낮은 목소리로 마지막 진술을 하였다.

"자네, 아직 못 깨달았느냐, 네 잘못을 정녕 모르겠는가? 나를 음해하여 이기는 것이 목적이었던가? 나는 대중을 위해 무엇을 어떻게 할 것인지 함께 고민하였을 뿐이네."

회당대종사의 사건 담당 이현우 판사는 고발된 16개 모든 항목에 무죄를 선고하였다. 회당대종사는 무고한 사건의 중심에 서서 다시 대중을 바라보았다. 그리고 그 동안 고된 경험에 대해 다음과 같은 취지의 술회述懷를 하였다.

"고난의 사슬에서 벗어난 순간, 그 벅찬 감격은 말할 수가 없었습니다. 한순간 몰아친 시간이 두 눈에 맺혀 눈시울이 붉어지는 순간, 함께 수행하고 그 고통을 몸과 마음으로 나누던 스승님과 신교도님들의 일상이 진언의 소리되어 울리는 듯 대중과 함께 환호하였지요. 돌이켜 고난의 시간이었으나 우리가 함께 세우고자 했던 심인불교, 대한불교진각종의 법이, 진리가 세상과 함께하는 더 큰 힘을 얻었을 수 있었던 것은 저와 함께 끊임없는 진언 소리로 이어준 대중의 인연과 그 결과 였다는 사실을 다시금 깨닫게 되었습니다. 파사현정破邪顯正의 진리가 고난과 갈등을 극복하는 큰 힘이라는 사실 또한 법계가 증명하는 우리의 모두의 결과에 다시 감사할 뿐입니다."

12월 19일, 동아일보와 서울신문은 '심인불교 사건'이 무죄라는 것을 보도하였다. 검사 서주연徐柱演이 대구 고등법원에 항소하였으나 진기 10년(1956) 4월 13일 기각이 되어 사건은 종결되었다.

4) 법난 속에 얻은 공덕

2년여 기간 동안 이어진 마군의 준동은 시련으로 다가와 거친 시간의 상처를 남겼다. 물론 드러내지 않았으나 회당대종사의 마음 속에 대중의 시련과 지난 아쉬움이 가득했다. 그리고 보다 큰 제도와 그릇을 만들어야 했다. 이른바 '이영중 법난'의 기간 동안 회당대종사는 보다 많은 인연과 함께하고자 큰 서원을 담는 그릇을 드러내야 했다. 이 뜻을 다시 서원으로 세운 진각종단의 수행 대중은 심인당 건설 사업을 멈추지 않았다. 법난의 시기에 개설된 심인당은 영천 금호의 진불심인당, 울릉도의 현포심인당, 경주의 불국사심인당(황경심인당), 서울의 영등포심인당(능인심인당), 괴동심인당, 부산 동래의 온천심인당(화친심인당), 경주 건천의 실각심인당 등 크고 작은 서원이 모여 심인전당으로 드러난 것이다. 또한 이 시기에 문교부에서 심인중학교 건립의 인가도 있었다. 나아가 새로운 신행의 표상으로 해인海印이 제정되었으며 서원가 또한 본격적으로 보급되었다.

고난으로 다가온 법난과 그 역경을 헤쳐나간 진각종은 비록 작은 종단이었지만 이 사건을 계기로 세인 속에 널리 알려졌다. 새로운 신행 모습으로 세간에 다가선 진각종은 실천적 수행으로 부처님의 가르침을 담고자 노력했다. 하지만 세인의 시선 속에 진각종은 전통적 불교의 시선과 달랐다. 그러나 마군의 준동으로 세상에 드러난 진각종은 진실한 수행으로 부처님이 되고자 하는 불교라는 사실로 세인들에게 알려지게 되었다. 이는 회당대종사와 함께 심인불교의 참 뜻이 세간에 전해지는 결과가 되었다. 나아가 남대구 경찰서장은 사과의 뜻을 담아 회당대종사를 손수 초대하여 진각종의 교리와 진호국가의 호국이념을 경청하는 계기를 마련하였다. 이 자리에서 회당대종사는 심인불교 교리의 우수성과 이 시대의 자주적인 종교의 필요성에 대해 역설하였다. 또한 경북 도지사와 대구 시장은 대종사를 시내 음식점에 초대하여 법난의 위로와 함께 정국의 안정을 위한 협조를 부탁하였다.

한편 사건이 종결되자 대중들 사이에서는 해종 행위자에 대한 향후 문제가 크게 대두되었다. 대중은 인因지어서 과果를 받는 심인의 진리를 세워 그 책임을 물어야 한다는 뜻을 전하였다. 하지만 회당대종사는 대중의 뜻을 헤아려 법을 전하였다.

> "저들은 우리를 고소하였으나 우리는 그리하지 않는 것이 불교인이요, 인욕행이요, 이것이 무언의 승리이며 무저항의 승리요, 장원무한한 승리라."

회당대종사는 일상의 모든 것이 수행이었다. 어렵고 힘든 일이라도 이를 인욕의 수행으로 이어 세간을 이해하고 그 이해 속에 종단의 발전을 도모하고 있었다. 회당대종사의 뜻에 종도들은 더 할 말이 없었다. 하지만 이영중과 김수련은 대명심인당을 비워주지 않고 '대각사'라는 현교 사찰의 간판을 달고 버젓이 삿된 법을 전하고 있으므로 이들을 철수시켜야 한다는 주장이 대중 사이에 강력히 일어났다. 이에 대해 회당대종사는 다시 넓은 도량을 드러내었다.

> "그들이 사용해도 교화에 사용할 것이요, 우리가 사용해도 역시 교화에 사용할 것이니 구경 그 용도는 일반인데, 하필 협량狹量하게 강제로 명도시킬 필요가 있겠는가. 시간을 더하면 본래의 큰 길이 바르고 참된 길임을 깨닫게 될 것이니 부득이 부스럼을 만들지 않는 것이 지혜

일 것이다."

회당대종사의 곧고 바른 소리에 대중들은 고개가 수그렸다. 그리고 자신의 마음 그릇을 책망하기에 이르렀다. 하지만 이를 바로 하여 더욱 정진을 이끌고자한 회당대종사는 제자에 대한 연민의 정을 깊이 마음에 담고 있었을 것이다.

> "이 일은 그들이 하는 것이 아니라 법계에서 일어난 일이다. 이를 바로 듣고 보아 법란의 고통을 손쉽게 처리하지 못한 것은 내가 스승의 은혜를 바르게 깨치지 못해 제자 또한 그런 것이다. 이제 다시 참회로 정진하여 곧고 바른 길을 세워야 한다."

회당대종사는 크고 작은 원망과 갈등 그리고 질시의 세상사에 대해 달리 상대자를 원망하지 않았다. 한 순간의 법난 와중에 드러난 가장 큰 공덕은 회당대종사의 실천행이 있는 그대로 세간과 중생들에게 참된 법으로 전해졌다는 것이다. 그리고 보다 바르고 참된 신행의 길을 대중과 함께 여실히 보여준 역사가 되었다. 나아가 이는 회당대종사를 있는 그대로의 사실로 바라보아야 한다는 세간의 인연이 되었으며, 그 인연은 세인에게 다가가 복된 사람만이 회당대종사를 찾아 누릴 수 있는 세간의 은혜로움이 되었다. 또한 이는 '상대자의 저 허물이 나의 허물이다'는 연기적 관계의 공존共存 공영共榮의 사실을 온 몸으로 보여준 회당대종사의 진정한 모습이었다.

시간이 지나 법란의 중심이었던 이영중은 그 후 이름을 이주호李州浩로 바꾸고 김천 심인당을 건설하여 5년 간 홀로 교화를 하였으나 별다른 진전이 없었다. 결국 그는 손을 들고 참회를 하면서 진기15년(1961) 3월 27일 대명동 심인당과 김천 심인당을 종단에서 매입해줄 것을 부탁하였다. 이에 회당대종사는 그들을 너그럽게 받아들였다. 긴 시간 숙업의 인연이었던 '이영중 법난'은 회당대종사의 넓은 도량으로 유종의 미를 거두었다.

한편 회당대종사는 농림촌에서의 깨달음을 이룬 이후 자신의 수행에 도움을 준 스승을 찾지 않았던 지난 시간의 아쉬움을 살폈다. 회당대종사에게 성서 농림촌의 박보살은 짧지만 스승의 인연이 있었다. 시간이 늦었음을 알았으나 회당대종사는 수소문을 한 끝에 박보살의 열반 소식을 듣고 당시 종무원으로 있던 김영호(혜일 스승)를 보내 조의금을 전하고 고결문을 지어 읽게 하였다. 회당대종사는 새삼 세인의 인연이 이와 다르지 않아 저마다 옛 인연을 소중히 하고 그 소중함을 간절한 삶의 자세로 담을 것을 대중에게 강조하였다.

V. 진각의 길을 펼치다

1. 밀교가 진각의 품에 안기다

청계천의 물을 이끌고 전쟁으로 부서진 벽돌을 모아 엮은 밀각심인당은 대중의 서원이 녹아 있었다. 회당대종사는 이 서원을 이끌어 진언수행으로 다듬어야 했다. 나아가 자주적 역량을 드러내는 실천으로 이끌어야 했다. 그러나 근기가 달라 그 실천에는 다시 서로의 다름이 비치기 시작했다. 누군가는 수행의 공덕이 쉽게 드러나고 누군가는 더뎠다. 자주적 역량을 위해 서원하고 참되고 바른 삶을 실천으로 이끌었지만 그 결과는 차이를 드러낸 것이다. 이는 인연이 모이고 흩어지며 드러나는 일이다. 하지만 일부 수행자는 작지만 드러나는 결과만으로 자신을 의심하거나 수행을 탓하기도 했다. 인과를 살피지 못한 것이다. 대종사에게 비친 수행의 모습이 이러한데 전국의 심인당에서는 더욱 힘들 것이라 생각했다. 종단의 헌법을 구상하는 과정에서 회당대종사의 마음속에서 복잡하게 일어난 심경을 이처럼 짐작하여 본다.

"깨어진 벽돌을 다듬고 모아 청계천의 물을 더하여 심인당을 지었습니다. 그 과정에서 저와 함께 수행하던 수행자들의 서원이 있었습니다. 그리고 인근 지역 사람들이 건물의 바닥에서 조금씩 벽돌로 된 벽이 올라오자 무심한 듯 지나며 모나지 않은 벽돌을 건내기도 했습니다. 마치 산사에 오르며 돌탑에 자신의 서원을 얹듯이 저마다의 깨어진 벽돌은 드러나지 않은 인연대중의 서원이었습니다. 이러한 서원이 벽돌과 흙의 틈을 막아 그 어떠한 외풍에도 흔들림 없는 자주적 도량으로서의 뜻이 되었습니다. 그리고 서원은 고스란히 밀각심인당에 담겼습니다. 하지만 한편으로 걱정도 따랐습니다. 드러난 건물은 모두에게 신심 가득한 덕담과 공덕이 되고 나누어 키우는 정진이 되었으나 각자의 인연과 업이 달라 수행자들의 수행 결과는 또한 시간을 달리하며 드러났습니다. 좋은 결과와 나쁜 결과로 구분되더니 좋은 결과는 다시 누구에게는 빠르거나 누구에게는 느린 결과로 드러난 것입니다. 모두가 열심히 했으나 그 결과가 가정마다 다르고 개인마다 달라 '저는 열심히 했는데 왜 이러냐'는 차별과 비교의 분별심이 드러나기 시작한 것입니다. 결국 이들은 자신의 수행과 삶을 의심하기 시작했습니다. 자신이 살아온 업이 다르고 그 인연이 다르기에 드러나는 현상 또한 다름을 법으로 깨쳐야 했습니다. 이처럼 나의 눈에 드러나 보이는 일인데 교화 일선의 스승 또한 이와 다르지 않다는 생각에 다시금 주변을 살펴야 했습니다."

회당대종사는 이제 신행의 근본을 다시금 대중과 함께 공유하고 그 근본으로부터 자신을 믿고 실천으로 정진하는 생활불교의 큰 틀을 고민하기 시작했다. 저마다의 삶과 그 인연이 만든 습관은 천지天地 차이지만 인간된 성품, 자성自性, 본성本性은 누구나 청정하며 분별없는 사실이라는 수행의 근본자리를 다시 세워야 했다. 그리고 분별이 없는 자성 또는 본성 일지라도 지난 시간 이를 맑게 쓰거나 탁하게 쓴 인연 또한 각자의 원인이 된다는 차별성을 무시할 수 없었다. 이를 무시한다면 이상理想에 지나지 않는 죽은 불교라 생각했다.

결국 회당대종사는 조선 오백년의 유교를 숭상하고 불교를 배격하던 이 땅의 현실, 일본의 침략과 해방, 해방 이후의 사상적 갈등 그리고 한반도 전쟁 등 지난 시간의 경험으로부터 우리가 함께 하여야 할 불교의 새로운 방향을 세워야 한다고 결심했다. 그리고 전국의 스승과 교도 가운데 대표를 불렀다. 종단의 근간이 될 종헌을 마련하고자 제헌총회를 소집한 것이다.

진기7년(1953) 8월 24일. 회당대종사가 교화를 펼친 지 7년이 되었다. 그 해 전국의 스승 대표 23명과 교도 대표 50명이 대구 남산동 심인당에 모였다. 회당대종사는 먼저 대중과 함께 참회의 정신으로 자주적 삶을 밝히고자 했던 참회원과 건국참회원에서 새로이 종단의 명칭을 정해야 했다. 나아가 신행에서 종단 운영에 이르기까지 이와 관련한 일체의 법과 물질을 다스리는 종단의 가치를 새로이 드러내어야 했다. 대종사는 먼저 그동안 수행으로 익히고 대중과 함께 키우던 자신의 생각을 정리하였다.

> '우리의 마음은 부처다. 부처는 곧 마음인 것이다. 그러므로 부처의 가르침은 우리 마음의 가르침이다. 부처님의 가르침인 불법佛法은 세상의 근본인 체體이며 세간의 가르침인 세간법世間法은 그림자인 것이다. 그러므로 체가 곧으면 그림자는 자연 곧게 되며, 체가 곧지 않으면 그림자 또한 곧지 않게 된다. 이를 근본으로 알아 부처님과 같은 마음을 우리는 심인心印이라 한다. 그리고 긴 시간을 더하며 시대와 사회는 변천하여 왔다. 과거의 종교는 하나만으로 세상을 이해하고 유지하며 함께 할 수 있었다. 하지만 오늘날은 이미 이원二元 중심으로 전환되었다. 다가올 미래는 진각眞覺님의 진리와 함께 말과 행동을 바로 가르쳐서 현세를 교화하여야 한다. 이것이 우리가 나아가야 할 새로운 불교다.'

회당대종사는 과거 관념적인 마음을 중시하던 불교의 가치를 소중히 생각하였다. 하지만 전통적이며 의례를 중시하던 기복적 불교가 깨달음이라는 절대적 가치만으로 중시되는 일원적 사고 속에 머물러, 실천으로 드러나지 못하는 한계를 알았다. 마음이 전체가 되지 못하는 시대의 흐름 속에 보다 큰 가르침을 이원二元의 가치로 새로이 담아야 했다. 대립적인 가치로 바라보던 서구의 정신과 물질을 상의相依 상관相關의 연기적 관계로 살피고 이를 자주적 실천으로 드러내는 것이 진정한 시대불교라 여겼다. 그리고 이를 깨닫는 것이 참된 깨달음, 진각眞覺이라 하였다.

이 날 총회에서 대중은 종단의 명칭을 '대한불교진각종 심인불교 보살회'라 정하였다. 이는 1,600년 한국 불교 속에서 자주적인 참된 깨달음[眞覺]을 지향하고 저마다 참된 성품[心印]을 참회와 육자진언 수행으로 가꾸어 드러내는 현대불교의 시작이었다. 나아가 이를 대중과 함께 나누는 '함께 함'의 동사섭同事攝과 희사喜捨의 실천으로 이루고자 다시금 '보살'의 이름을 강조하여 드러낸 것이다. 이는 종단의 정체성을 시대정신으로 표방한 것이다. 나아가 스승의 자격과 의무 그리고 수행자로서의 역할, 종단의 조직과 기구, 심회心會, 인회印會, 총인회總印會 등 대중의 의사결정구조를 담아 '대한불교진각종 보살회 헌법'이라는 종헌宗憲의 큰 그림을 대중의 이름으로 선포하였다. 보살회 헌법은 선포와 함께 초대 종단의 유지와 발전을 위한 바탕자리가 되었다. 이에 대해 대종사가 당시 대중과 함께 한 총회와 그 가치를 대중에게 설하려 하였던 심중을 다음과 같이 엿볼 수 있다.

"나무는 줄기 하나만으로 무성한 그림자를 만드는 것이 아닙니다. 하나의 가지는 둘로 나뉘고 다시 둘은 각각의 개별성을 더하여 자주적인 가지를 뻗어 나아갑니다. 물론 비와 바람에 시달려 나뭇가지는 서로 상처를 내기도 할 것입니다. 그러나 수많은 나뭇가지의 근본인 뿌리는 튼실해야 합니다. 뿌리가 튼실하면 상처 가득한 가지 또한 치유될 수 있기 때문입니다. 그 뿌리와 같은 것이 대중과 함께 연구하고 다듬어 만든 '대한불교진각종 보살회 헌법'입니다."

또한 회당대종사와 대중은 수행도량의 이름을 대중의 뜻을 모아 참회원에서 심인당心印堂으로 정하고 수행도량의 모든 것을 유지재단 대한불교진각종의 이름으로 등록(1954)하였다. 이는 서로 다른 삶 속에 하나 된 수행터전이라는 마음자리를 만드는 불사가 되었다.

1) 심인心印으로 교법의 틀을 세우다

진기1년(1947) 성서 농림촌에서 깨달음을 이룬 회당대종사의 법法은 '마음법'으로 시작한다. 마음의 법은 우리의 마음 하나 바꾸면 모든 것이 해결된다는 자주적 삶의 실천이다. 이것을 회당대종사는 달리 '심인心印의 법'이라고 했다. 심인은 마음의 근본이자 마음의 핵심, 즉 본심本心을 말한다. 이 본심의 법을 펼치는데 아무런 지장이 없었다. 하지만 지난 법난 속에서 진각종의 교리가 사이비 시비에 휘말리기도 했다. 가장 중요한 문제는 '법계 진각님'에 대한 그릇된 해석이었다. 달리 '도솔천 부처님' '하나 부처님'으로 명명한 이 호칭이 세인에게 오해의 시작이었다. 온 우주, 즉 시간과 공간을 모두 합쳐서 있는 하나의 진리를 상징적으로 칭한 것인데 여기서 언어적인 오해가 일어났던 것이다. 물론 법난을 통하여 오해는 풀리었지만 회당대종사는 뼈아픈 아쉬움이 있었다. 바로 '교리체계의 정립'이었다. 그리고 회당대종사는 자신이 스스로 수행의 근본 이치를 살폈다.

> '우리의 수행은 마음을 바꾸어, 마음을 잘 써서 말을 바르게 하고 행동을 똑바로 하는 것이다. 나아가 이를 수행으로 드러내어 인생을 바꾸고 저마다 해탈의 길을 여는 것이다. 하지만 일반인들의 시선 속에 이를 전하기란 쉽지 않다. 교리체계가 미흡하여 사람들이 오해할 수 있다. 이를 해결해야 한다.'

서울 밀각심인당에 머물던 회당대종사는 다시금 깊은 생각에 젖었다. 그리고 하나된 정진을 거듭하였다. 이를 지켜본 대중들은 회당대종사가 등을 땅에 붙이는 모습을 거의 보지 못했다고 전한다. 밀교에 관하여 연구를 하던 중 진기11년(1957)년 8월 12일 마침내 교학정비의 기틀이 되는 놀라운 증오證悟를 하였다. 다름 아닌 우주 본체인 법신 '비로자나불'을 교주로 하고 육자진언 '옴마니반메훔'을 본존으로 하는 밀교의 교학체계와 심인불교와의 교학적 접점接點을 찾은 것이다. 진각밀교의 탄생 순간이자 회당대종사의 깨달음이 밀교의 교리체계와 상응한 가르침이 된 것이다.

법계에 이치理致로 계시는 부처님, 진리의 부처님인 비로자나불을 진리를 설하는 주체인 교주敎主로서 세우고, 중생, 즉 사람의 맑고 깨끗한 마음인 심인을 나타내는 육자진언을 신행의 대상으로서의 본존으로 삼아서 교리의 체계를 세웠다. 회당대종사는 일찍이 우주진리는 본래 특정한 이름으로 나타낼 수 없기 때문에 여러가지로 불러왔다. 또한 우주진리는 중생인 우리의 마음에도 내재하여 있어서 나와 우주는 마음을 통하여 상응하고 있다고 여겼다. 그래서 맑고 깨끗한 마음의 본성을 심인이라 하고 심인은 본래 깨달아 있어서 진각님이라 보았다. 그리고 진각님은 또한 우주에 충만하여 있으므로 진각님의 보편성을 강조하여 법계진각님이라 하였다.

그런데 밀교문헌을 공부하면서 법계진각님을 법신 비로자나부처님으로 통일하고, 중생의 심인을 나타내는 육자진언을 염송하면 심인을 밝히고 비로자나불의 세계를 깨달을 수 있음을 체험하였다. 회당대종사의 심중의 깨달음을 풀이하면 이러할 것이다.

> "법계法界는 모든 시간과 공간을 다 하나로 통합한 우주 대총상大總相이며, 이는 하나인 것이다. 이 하나의 모습 그 자체가 상징으로 드러난 것이 바로 비로자나불이다. 당연히 모든 이치를 다 포함하고 있는 '있는 그대로'의 존재를 비로자나불이라고 개념 정리를 하고 나니 나머지는 자동으로 풀렸다."

회당대종사의 깨달음도 이와 일치하였다. 우주 생명인 비로자나부처님은 본체, 덕성, 작용을 갖추고 존재하여 온 우주에 충만하여 없는 곳이 없는 것이다. 그런데 비로자나 부처님의 본체는 지수화풍공식地水火風空識의 여섯 가지의 체성體性으로 이것을 이름하여 육대六大라고 불렀다. 그 모습은 전체의 모습으로서의 대만다라, 전체 속의 개체의 모습으로서 삼매야만다라, 소리 문자 말의 모습은 법만다라, 활동의 모습은 갈마만다라로 나타났다. 그 작용은 사람의 작용을 미루어 보면 몸[身] 말[語] 뜻[意]으로 활동하고 있다. 여기서 회당대종사는 육대 사만 삼밀의 교리체계를 원용하여 법신 비로자나부처님의 교리적 설명을 하였다.

이와 같이 우주진리를 살피면서 회당대종사는 온 세상은 일여一如의 관계로 서로 의지하고 관계를 맺고 있다고 보았다. 회당대종사의 심중의 뜻을 다음과 같이 풀어내어 볼 수 있다.

> "이 우주의 근본인 체體와 보이는 모습 그리고 그 작용은 나의 마음을 떠나서 따로 존재하는 것이 아니다. 즉, 일체의 드러남은 이 마음과 우주가 동시에 작용하는 것이다. 가령 하늘에 달이 떠 있다 하더라도 보는 사람의 마음에 따라 달리 보이기 마련이다. 이 세상의 그 어떠한 존재도 나의 마음과 함께 존재하는 것이지 마음을 떠나 따로 존재하는 것이 아니다. 부처님은 바로 이것을 깨달았다. 나 또한 이와 다르지 않다. 나의 마음과 우주는 함께 작용하는 것이기 때문에 개개인은 각각의 우주를 담는다. 천 명의 사람은 천개의 우주를, 만 명의 사람은 만개의 우주를 각각 담듯이 말이다. 이처럼 존재하는 중생 일체는 그 존재하는 만큼의 우주를 담는 그릇이다. 저마다 각각의 세상이 펼쳐진다."

결국 회당대종사는 비로자나불의 일여一如의 관계와 육대사만삼밀의 존재성을 스스로 증득한 가르침으로 간명하게 정립하여 '자성법신'의 말씀으로 설명하였다.

> 비로자나 부처님은 시방삼세 하나이라
> 온 우주에 충만하여 없는 곳이 없으므로
> 가까이 곧 내 마음에 있는 것을 먼저 알라
>
> _『실행론』 2-1-1-가

회당대종사의 심인불교는 밀교의 교리와 둘이 아닌 하나로 법계의 이치를 담는 큰 그릇이 되었다. 이로써 '진각밀교'가 완성된 것이다. 나아가 참회·심인·진각과 비로자나불이 하나가 된 것이다. 이것은 진각종단만의 교리가 아니라 모든 불교를 통칭하는 완벽한 교리이다.

2) 육자진언을 수행의 본존으로 삼다

진각종단을 세운 회당대종사의 가장 큰 고민은 부처님의 법을 어떻게 대중에게 '가장 쉽게 잘 이해할 수 있도록 전하는가?'였다. 회당대종사는 육자진언 '옴마니반메훔'을 근본으로 하고 다양한 시도를 하였다. 한 때 회당대종사는 여자 교도들은 육자진언을 외우고, 남자 교도에게는 아미타불 본심진언인 '단야타 옴 아리다리 사바하'를 외우게 한 일도 있었다. 진언수행을 떠나 '관세음보살'과 '나무아미타불'을 외우게 하기도 하였다. 이것은 어디까지나 남녀의 이원상보적인 입장에서 채택하였던 방편이었다. 결국 회당대종사는 법신 비로자나불을 교주로 하는 '진각밀교'의 교리체계를 세우고, 육자대명왕진언, 즉 본심진언 '옴마니반메훔'으로 수행의 방편을 통일하였다. 하지만 입과 생각으로 하나된 염송을 하는 동안, 저마다 자신의 손을 어디에 두어야 하는가 라는 문제가 등장하였다. 회당대종사는 스님들의 참선하는 모습인 법계정인의 모습으로 대중과 함께 정진하였다. 그러나 비로자나불을 교주로 세운 이후, 비로자나 부처님의 인계印契인 금강지권金剛智拳으로 통일을 하였다. 또한 양손으로 금강지권을 할 수가 없을 시에는 한 쪽 손만으로 할 수 있는 금강권金剛拳으로 정진하는 방편의 문을 열어놓았다.

한편 회당대종사는 진리의 부처님, 우주 부처님의 역할 분담으로서 금강계 만다라의 37칠존의 불보살을 심인당 중앙 해인海印에 문자로 모셨다. 진각종은 무상불이다. 이것은 부처님의 형상을 모시지 않았다는 것이지, 문자로 된 37분의 부처님은 엄연히 법당에 모셔져 있다. 이로써 교도들의 신심은 더욱 더 고조가 되었다. 그리고 항상 부처님의 가피 속에 자신의 삶을 주체적으로 드러내는 주인이 되고 있었다.

나아가 진각종은 금강지권을 하고 오불을 수행자의 몸에 포자布字하는 방편 또한 교리체계로 세웠다. 이는 우주의 비로자나불과 나의 비로자나불이 둘이 아닌 하나라는 것을 상징하는 의미였다. 이는 비로자나불, 아축불, 보생불, 아미타불, 불공성취불, 금강보살의 여섯 불보살을 나의 몸에 나누어 배열한 것이다. 결국 수행의 시작을 알리는 진각종단의 포자의식은 심인당의 37분의 불보살이 항상 나와 함께 한다는 의미이자 나의 생각과 말과 행동 등 일체의 생명력을 부처와 같이 드러내어 실천하겠다는 의미이다.

3) 경전을 중생의 품으로, 역경 불사

법난 이후 회당대종사는 자주적인 삶을 이끄는 실천불교로서의 가치를 대중과 함께 하고자 노력하고 고민하기 시작했다. 시대의 참된 불교를 대중과 함께 나누어 키우고자 노력하는 삶 속에서 크고 작은 오해도 있었기에 회당대종사의 고민은 보다 신중했다. 나아가 이는 서로 다른 시선으로 저마다의 견해를 담아야 하는 결집과도 같았다. 먼저 회당대종사는 진각종의 교리 체계를 제대로 세우기 위해서 경전을 본격적으로 연구하였다. 진기11년(1957) 8월 12일 밀각심인당에 주석하면서 한문에 능한 손대련(원정) 정사와 함께 부처님의 옛 가르침을 되돌아보며 다시금 실천적 가치로 세우는 구법의 길을 열었다.

경전의 번역은 우선 응화의 성전부터 시작되었다. 응화성전應化聖典이란 '응신應身과 화신化身의 설법'이란 뜻이다. 밀교가 법신불 즉 비로자나불의 근본 설법이라면, 비로자나부처님의 응신이자 화신인 석가모니부처님의 가르침을 담은 것이 바로 응화성전이다. 즉, 응신과 화신의 모습, 줄여 응화신應化身으로 오신 석가모니불의 설법을 말한다.

이어 회당대종사는 같은 해 9월 10일 대일경大日經 번역을 시작하였다. 그리고 번역한 경전을 출판하기 위하여 진기11년(1957) 10월 10일 '심인불교금강회'라는 이름으로 출판사를 등록하였다. 특히 9월 18일 시작한 보리심론은 일주일 만에 완역 하였다. 이어 9월 26일 심지관경 중 보은품 번역을 시작하였으며, 10월 5일 옥야경 번역 등 일상의 수행으로 드러낼 부처님의 가르침을 실천적 가치로 담고자 한글로 옮기기 시작한 것이다. 특히 참된 불교의 가르침과 그 실천은 가정으로부터 시작되는 것이라고 생각한 회당대종사는 사찰이 아닌 가정에서 지혜와 자비를 갖추고 이를 실천하는 신세대 여성의 참된 자리를 세우고자 옥야경 등을 연구하여 정리하였다.

경전을 번역하며 불교의 참된 가치를 실천으로 드러내고자 심혈을 기울인 회당대종사에게 '심인불교 금강회 해인행 출판사'등록은 남다른 의미가 있다. 회당대종사가 품은 역경의 당위성과 의지를 다음과 같이 해석해 볼 수 있을 것이다.

"부처님의 말씀을 담아 전하는 경전을 만들고 번역하는 불사는 불교의 역사에서 매우 큰 의미를 가지고 있습니다. 부처님이 돌아가신 후, 부처님의 말씀을 소리에서 글로 담았던 초기 경전의 결집은 지금의 불교를 세우고 전할 수 있었던 존재 이유와 같습니다. 이어 고려시대 초조 및 재조의 대장경은 외세의 침입을 부처님의 위력으로 극복하고자 했던 호국의 의미가 가득했습니다. 그리고 이제 자주적 실천으로 현대적 불교의 바른 길을 여는 우리의 한글경전 불사는 과거 양반의 전유물인 한문에서 벗어나 누구나 읽고 배워 느끼며 자신을 바로 살피는 평등과 자유의 선언입니다. 우리가 담는 한글경전의 문자는 이제 변화의 시작을 알리는 선언이자 누구나 읽고 생각하는 새로운 문명의 길을 열 것입니다."

회당대종사는 이를 위해 보다 일상적이며 쉽고 실천 가능한 경전의 번역과 그 출판에 더욱 정진하기 시작했다. 재가在家불교의 대표경전인 유마경도 번역하기 시작하였다.

나아가 회당대종사는 10월 11일 육자진언을 오불五佛, 오지五智 개념 속에 펼치고 다시 16금강보살에 배치하여 오금선五金線을 그려 수행의 자리를 개념적으로 완성하였다. 그리고 이를 자기 몸의 동서남북을 표시한 '자기관념도'로 정하여 밀각심인당에 먼저 부착하였다.

대종사의 한글경전 출판과 보급의 불사는 참으로 눈코 뜰 새 없이 진행되어 진기12년(1958)년 4월 19일 일단락을 지었다. 그동안 경전의 한글번역과 출판은 밀교의 역사와 교리를 중심으로 한 '총지법장'과 불교 일반적인 교리를 설법의 형식으로 모은 '응화성전'의 출판과 반포로 이어졌다. 경전을 연구하고 편찬하여 교화의 틀을 마련한 회당대종사의 역경은 진각종 초기 교학적 체계를 위한 불사로 대중에게 회향되었다.

그 후에도 보리심론, 현밀이교론, 다라니경, 보리심의 등 다양한 경전을 인쇄하고 누구나 보고 읽을 수 있도록 큰 글씨로 만들어 꽂이로 엮어 만들었다. 이른바 '꽃이경'이다. 회당대종사는 신교도와 법문을 공부하기 위해 일찍부터 '꽃이경'을 방편으로 삼아 활용하여 왔다.

회당대종사의 한글번역과 출판 보급의 불사는 어느 종단 보다 앞선 실천이었다. 단순히 의례와 기복 중심이었던 옛 불교에서 벗어나 현실을 깨쳐 누구나 바르고 참된 삶의 주인이 되어야 한다는 가르침은 실천을 더한 새불교운동이 되었다. 이는 가장 쉬운 불교를 가장 쉽게 가르쳐야겠다는 대종사의 염원이 고스란히 담긴 회당대종사의 위대한 업적인 동시에 한국 불교의 혁명적 신행이었다.

2. 대중사회에 동참하는 교단

1) 자선사부의 활약

법난의 경험 속에서 종단은 수행과 종행정의 기반을 곧고 바른 삶으로 이어나가고자 자비심 가득한 실천을 드러내었다. 그리고 그 흐름은 다시 한국불교의 새로운 바람이 되어 세인 속에 다가서고 있었다.

이를 이끈 회당대종사와 대중에게 신행의 마음자리를 더하고 굳게 할수록 세속의 고난과 역경은 더욱 크게 다가왔다. 이에 회당대종사는 새로이 종단과 대중의 부족함을 살폈다. 저마다 마음으로 다가서는 수행은 무르익어갔지만 나의 밖, 세상을 향한 실천은 드러나지 않았다. 이를 아쉬워한 회당대종사가 대중을 위해 새로이 함께 하며 품었을 뜻을 헤아려 볼 수 있다.

"수행의 도량이 커지고 저마다의 마음 또한 수행으로 커가고 있었지만 나의 밖이라는 경계를 넘지 못하는 현실이 아쉽습니다. 이제 곧고 바른 마음을 나누어 키우는 역량을 실천으로 드러내어야 합니다. 종단이 사회를 향해 실천종교로서의 역할을 펼쳐야 합니다. 먼저 교육을 나누어 자주적 실천의 삶을 이끌어야 합니다. 신행을 나누어 지난 습관에 젖은 구습舊習을 떨쳐야 합니다. 그리고 우리사회 속에, 저마다의 삶 속에 새로움을 채우는 인연불사를 이어야 합니다. 마음으로 다가가 몸으로 공감하는 실천의 시대를 열어야 합니다."

먼저 회당대종사가 종단이 설립할 때부터 가장 염두에 두었던 교육불사의 서원을 이렇게 풀어볼 수 있다.

'이 땅의 백성들이 깨치지 못하고 무지하여 지난 36년간 고통을 겪었다. 혼란을 거쳐 전쟁을 만나 우리 사회는 아직 안정이 되지 못하고 있으니 오직 나의 머릿속에는 배우는 것만이 이 땅의 백성들을 새로이 깨어나게 할 수 있다는 생각뿐이었다. 하지만 현실은 생각을 앞섰다. 교육불사를 실천으로 드러내어 배움으로 깨치는 종교의 자주적 역량을 키워야 한다. 그리고 현실을 이끄는 주인이 되어야 한다. 그 시작은 교육이다.'

회당대종사는 종단 초창기 건국고등공민학교를 설립하여 운영하다가 중단한 경험을 살려 새로운 구상을 하였다. 이를 위해 회당대종사는 종단의 내적 역량을 외적 역량으로 회향하고자 종단 내 조직을 개편하여야 했다. 회당대종사와 스승은 진기7년(1953) 9월 10일 인회印會에서 종단

내의 역할을 이부理部와 사부事部로 나누었다. 이부는 종단 내 종교적 가치인 이치의 역할을 통솔하여 수행문화를 이끌도록 하였으며, 사부는 종단 내외의 사업의 역할을 통솔하여 교육과 복지 등 신행의 사회화를 위한 활동을 하도록 하였다. 이는 상구보리의 이부와 하화중생의 사부를 통해 대승불교의 실천적 가치를 드높이는 계기를 마련한 것이었다.

특히 회당대종사는 사부를 달리 자선사부慈善事部라 명명하였다. 그리고 우선 심인중학교 설립 재원을 마련하기 위해 직포織布공장을 설립할 것을 결정하였다. 이는 제조업이라는 생산적 활동을 마련하여 올바른 직업을 제공하고 정업正業의 가치를 살렸다. 나아가 그 활동의 결과로 교육불사인 학교 설립을 서원하는 생활불교의 수행을 강조하였다. 이에 따라 회당대종사는 대중의 뜻을 따라 진기7년(1953) 12월 21일 서울에 자선사부를 설치하고 그 활동을 지원하기 위하여 자금 25만원을 재단에서 출연하였다. 또한 이부와 사부의 자금이 서로 유통이 될 수 있도록 관련 근거를 마련하였다. 이는 수행의 공덕을 우리사회의 어렵고 힘든 자리에 회향하는 대중의 활동이 되었으며 전국적으로 사회적 활동을 확장하는 수행의 실천이자 인연이 되었다.

진기8년(1954) 3월 15일 자선사부의 첫 사업이 시행되었다. 회당대종사는 대구시 비산동 심인당 앞 공지에 공장을 세우기로 결정하고 일체의 책임은 대종사의 친 동생인 손규복씨에게 맡기며 자선사부의 의미를 이처럼 심중에 구성하였을 것이다.

"이제 수행을 통해 키운 마음인 우리의 복전福田을 드러내어야 합니다. 마음을 살펴 따스한 말과 행동을 나누듯이 이 자리에 심은 복과 지혜를 이웃과 함께하는 복지福祉로 드러내어, 누구에게나 희망이 되는 일상의 도량이 되어야 합니다. 이를 위해 지금 우리가 시행하여야 할 첫 사업은 회향廻向의 뜻을 먼저 세우는 것입니다. 나와 우리는 그 다음이어야 합니다. 이웃과 사회를 향한 마음이 앞서야 합니다."

종단 최초의 수익사업이 어느 정도 성공을 거두어 한 때는 학교 교사들의 체불 임금을 지원하기도 했다. 그 후 자선사부에서는 삼정직조三淨織造공장, 삼정견직三淨絹織공장, 동광직조東光織造공장으로 명칭을 변경하며 보다 많은 이가 수행의 자세로 근로할 수 있는 환경을 조성하였다. 그리고 서울 동대문 시장에 직영 매장까지 설치하여 보다 효율적인 운영을 도모하기도 하였다. 그러나 닥쳐오는 불경기의 바람과 함께 복지福祉 수혜자의 의타적 심성이 커져가는 문제를 해결하여야 했다. 이에 회당대종사는 다시 시작하는 길이 보다 중요하다는 판단을 하고 진기13년(1959) 11월 공장과 서울 포목점의 문을 닫았다. 그리고 잠시나마 '정도正道캬라멜'이라는 제과점을 운영하였으나 동업자와 의견이 맞지 않아 그만두었다.

자선사부의 수익사업은 교육불사의 하나였던 학교설립 재원의 마련과 종단 운영에 도움이 되었다. 회당대종사는 스승들과 교도들의 복지를 위해 진기10년(1955) 6월 대구시 남산동 583번지 건물 2동을 매입하여 수행자를 위한 숙박소와 미장원, 종단의 홍보와 교화를 위한 신문사 지국 등으로 활용하였다. 회당대종사는 미장원 사업에 남다른 관심을 가지고 있었다. 미장원은 수익의 측면도 있었지만 여성불자를 위한 교육적인 측면이 컸다. 특히 여성의 머리를 가운데 가르마를 타서 머리가 양쪽으로 나누어지는 것은 어디까지나 분열의 의미를 드러내는 것이라 생각하여, 화합을 의미하는 현대식 파마머리를 강조하기도 하였다.

이어 자선사부에서는 종단의 출판사업, 인쇄사업, 공사부를 두어 종단의 건설 사업도 주도하여 심인당 건립에도 지대한 공헌을 하였다.

2) 인재양성의 서원 - 심인중·고등학교

교육사업은 회당대종사의 염원이었다. 이 땅의 모든 이가 글을 모르고 누군가의 말에 의존하는 의타적 삶에서 깨어나지 않으면 민족의 자주와 발전이 없다는 사실을 뼈저리게 알고 있는 회당대종사로서는 그 어떤 일보다 교육은 중요했다.

회당대종사는 진기7년(1953) 12월 21일, 새로운 건물을 지을 때까지 임시 교사校舍로 사용하고자 옛 경북여고 건물을 1백만 환을 들여 우선 매입하였다. 아직 학교가 정식인가가 나지 않아 '심인중학원'이라는 이름으로 우선 교육의 문을 열었다. 그리고 학교법인을 설립하고자 서원하였다.

그 결과 진기8년(1954) 1월 27일 문교부 장관으로부터 학교법인 승인이 있었다. 이에 회당대종사는 그해 4월 3일 청구대학교에 재직 중이던 강창호(운범 강복수 박사)씨를 교장으로 임용하였다. 이후 7월 31일 심인중학교 설립 인가 서류를 제출하여 진기9년(1955)년 4월 8일 문교부장관으로부터 12학급을 모집할 수 있는 학교설립인가가 있었다.

당시는 이영중 법난이 진행되고 있던 상황이었으나 회당대종사는 고난의 시간을 채우듯 청소년 교육을 통해 자주적 심성을 채워 이 땅의 인재를 키우고자 하는 곧은 뜻을 굽히지 않았다. 그 뜻은 대중에게도 전해져 심인중학교의 토대는 점차 그 윤곽을 드러내고 있었다.

어느덧 심인중학교의 첫 신입생이 교정을 찾았다. 비록 옛 건물을 교사로 사용하였지만 학생들의 힘찬 발걸음은 배움의 새 길을 열고 있었다. 이를 바라본 회당대종사가 당시의 심경을 전해들은 이들의 기억을 이와 같이 간추려볼 수 있다.

"첫 시작은 의욕만으로 채우는 것인가 봅니다. 학교는 옛 건물이었으나 사용에는 문제없었습니다. 무엇보다도 학생의 두 눈에는 배움이라는 설레임과 의욕이 가득했습니다. 이를 바라본 나의 두 눈에는 한 걸음 한 걸음 옮기는 학생을 모두 담아야 했습니다. 그리고 바르고 참된 민족의 심성과 함께 자주적 기상이 가득한 교육을 실현하여야 한다는 서원을 가슴 속에 새기고는 했습니다. 젊고 힘찬 학생들을 바라보는 일은 참으로 좋았습니다. 배우고 익히는 공간 속에 누구나 주인이 되는 공간을 대중과 함께 이루고자 한 우리의 자리가 바로 종단 교육 불사의 자리였습니다."

심인중학교의 첫 졸업식을 앞두고 교장 강창호씨는 청구대학교 전임강사로 자리를 옮겼다. 이에 대중은 교육행정의 빈 자리를 길게 두어서는 안 된다는 뜻을 전하며 9월 26일 심인중학교 교장 서리로 회당대종사를 추대하였으며 이는 종교적 심성이라는 종교적 가치와 중등 교육이라는 교육적 가치를 실현하는 종립학교의 길을 여는 것이었다.

진기10년(1956) 1월 26일, 회당대종사는 중학교에 이어 심인고등학교 설립인가 신청서를 문교부장관에게 제출할 것을 인회에서 결의하였다. 진기10년(1956) 2월 28일, 심인중학교 첫 졸업식의 자리에서 회당대종사는 교육 불사의 이러한 취지의 감회를 밝혔다.

"걱정이 앞섰지만 심인중학교와 심인고등학교의 새로운 교사 신축은 원만히 진행되어가고 있었습니다. 이미 부지를 확보해 놓은 상태에서 공사의 시작과 끝은 제가 직접 이끌었습니다. 그 진행에 부족함이 없는 원만한 불사라 여기고 7월 14일 전국 심인당에 심인중학교 교사 신축강도를 일제히 봉행하였습니다. 그해 여름 7월 27일에는 현재의 심인중·고의 자리인 대명동에 1만2천 평의 터를 마련하고 실무 공사의 책임은 오상영씨에게 의뢰하였습니다. 터를 마련하니 동참의 손길이 이어졌습니다. 교사를 이룰 벽돌 한 장, 모래 한 톨이 대중의 서원으로 모이는 불사와 같았습니다."

이어 회당대종사는 진기10년(1956) 8월 28일 공사 현장에서 심인중학교 신축기공식 강도불사를 공사관계자와 대구 및 지방의 스승 그리고 학생 및 교직원 및 시내 각 심인당 교도들이 동참한 가운데 성대히 봉행하였다.

대종사가 교육불사의 취지를 밝히는 심중의 뜻은 이러했으리라.

"일본의 침략으로 한반도가 타인의 지배를 받았다는 사실은 수치입니다. 그 부끄러움을 극복하는 일은 교육에서 시작하여야 합니다. 교육을 통해 세상의 문물을 바로 보고 참된 심성으로 자주적 삶의 길을 열어야 합니다. 나는 부족했지만 나의 아들은, 나의 딸은 자주적인 삶의 주인이 되어야 합니다. 그 길에는 배움이 있어야 합니다. 과거 양반 중심의 편향된 사회에서 벗어나 누구나 글을 읽고 배우며 옳고 그름을 비교하는 삶 속에서 세상의 진실에 다가서는 주인이 되어야 합니다. 이제 그 길의 큰 뜻을 담는 공간이 대중의 뜻으로 오늘 세워집니다. 교육불사의 인연이 오늘 자리에서 싹을 띄우는 것입니다."

한국전쟁 이후 민중의 삶은 척박했다. 어렵고 힘든 삶을 어제 보다 나은 내일을 생각하며 저마다 노력하고 있었다. 또한 전쟁의 폐허 속에서 공사 자재 또한 많이 부족했다. 하지만 대구 제2군 사령부에서 건설 자재를 지원받아 공사는 한층 더 수월하게 진행되었다. 지난 한국전쟁에서 군 당국이 남산당 희락심인당을 사용한 보답으로 군은 공사관련 자재를 지원하였다. 회당대종사의 서원과 함께 대중의 교육 불사 인연은 분별없는 동참의 공덕으로 커가고 있었다. 학교 관계자, 종무원, 그리고 현장의 인부들이 합심하여 정성을 더한 심인중학교는 차차 그 모습을 드러내었다. 진기11년(1957) 1월 28일 심인고등학교는 6학급으로 인가 신청하였으며 같은 해 3월 11일에 정식으로 설립인가를 받았다.

한국전쟁이라는 척박한 국토의 현실 속에서 시작한 종단의 교육불사는 대구의 심인중·고등학교, 서울의 진선여자중·고등학교, 경주의 위덕대학교의 설립으로 이어져 자주와 실천으로 저마다의 주인된 삶을 여는 고등교육 역할을 담당하였다. 아울러 회당대종사의 교육의지와 대중의 교육불사 열의는 전국에 곳곳에 유치원으로 이어져 어린이 참된 성품인 자성을 키우고 밝히는 어린이 교육불사로 자리 잡았다.

3) 자비심이 불심佛心이다 - 복지사업의 전개

미래를 향한 회당대종사의 생각은 새로운 시대를 이끌 교육 불사로 이어져 젊은 청년의 두 눈에 희망으로 드러나기 시작했다. 그리고 다시 세간을 살폈다. 회당대종사의 두 눈에 다시 사람이 보였다. 회당대종사가 마음에 지닌 양수원 설립의 까닭을 이렇게 엿볼 수 있다.

'사람은 나이가 들고 기운이 소진되면 누구에게 의지를 해야 한다. 과학이 발전하고 의학이 이를 따르면 세인 누구나 삶이 길어질 것이다. 장수의 시대가 열릴 것이다. 노쇠한 어른을 봉양하는 일이 점점 많아질 것이다. 풍랑의 역사와 고난의 삶을 이끌었던 어른들의 미래도 우리의 문제다. 이를 해결하는 길을 찾아야 한다.'

회당대종사는 세간의 삶에 지치고 노약한 이들을 위해 복지문화를 살폈다. 그리고 종단의 복지문화사업을 서원하고 종단이름으로 양로원을 세우고자 대중의 뜻을 모으기 시작했다. 진각종의 양로원 운영에 있어 대종사는 항상 외도법을 강조해왔다. 이는 언제 어디서나 주체적인 자립을 강조하는 방편법이다. 시집간 딸이 친정을 못 잊어 하고 부모가 아들보다 딸을 더 가까이 하는 것이 대표적인 외도의 법이다. 이것을 대종사는 다음과 같이 비유하고 있다.

"모심기를 할 때 모의 흙을 완전히 털어 옮겨 심어야만 잘사는 것처럼 딸을 출가 시킬 때도 가져가는 것이 없어야 시가에 전념하고 잘 살 수 있다."

_『실행론』 5-6-14-가

이처럼 회당대종사는 항상 대중을 향해 가만히 있어도 의뢰적인 마음이 생기니 이를 스스로 경계할 것을 강조하였다. 그리고 이 가르침은 진각종 복지사업의 한 방향이 되었다. 바로 누구나 자신의 삶을 자주적으로 이끌어야 한다는 가르침이다. 이는 몸과 마음이 노쇠하여도 수행의 마음으로 자신의 삶을 이끌어 가는 정진과 같았다. 이처럼 진각종이 지향하는 불교는 철저한 자력의 불교이다. 내 안의 부처 즉 자성의 부처를 찾아가는 불교이다. 이 자주적 정신을 이끌어 의타적인 습習을 경계하고 수행의 자주성을 세우는 공간으로 종단은 양수원을 세웠다. 그 운영에 있어 자비심 넘치는 공간을 만들고자 원오제 스승, 자비인 스승의 헌신적인 운영으로 세인의 이목을 집중하기도 하였다. 하지만 잠시 중단되었다가 다시 정비하고 설립하여 주체적인 자족과 자비가 깃든 복지공간을 이루었다.

대한불교진각종은 회당대종사의 복지구현의 시대적 방향을 담아 경북 청도에 수도원修道院을, 대구 기로원耆老院을 세우고 스승과 신교도들의 노후 복지와 수행정진의 뜻을 함께 나누었다.

진기10년(1956), 회당대종사는 물질문명이 급히 들어서고 삶이 나아지면 모두가 복과 지혜가 가득할 것이라 생각하지 않았다. 물질은 저마다의 인연에 따라 많고 적음으로 나누어지고 이는 불가피한 차이로 들어나기 시작한 것이다. 이에 종단의 후생厚生과 대사회적인 복지 역량을 갖추어야 한다고 생각했다. 회당대종사의 생각은 종단의 후생사업을 위한 종단의 획기적인 교법으로 드러났다. 바로 '제시함濟施函'이다. 특별한 희사고의 하나인 제시함을 전국의 심인당에 배치하였다. 이곳에 모인 희사금은 반드시 후생 복지사업에 써야 한다. 회당대종사는 제시함에 모인 희사를 제시금이라 부르고 이를 사용하는 법을 전하였다.

첫째, 제시는 국가적으로나 사회적으로나 큰 재난을 당하였을 때 그의 구제를 위하여 쓸 것,

둘째, 교도 가정의 길흉사에 상부상조 하기 위하여 쓸 것.

셋째, 사회적으로 소외된 행려병자, 무의탁자, 가난한 자를 위하여 쓸 것.

넷째, 교내외의 각종 위로 축하 찬조 등의 목적으로 쓸 것.

다섯째, 스승들의 길흉사 및 자녀들의 장학비, 기타 생활비 보조로 쓸 것.

이처럼 회당대종사는 제시함의 의미와 그 용도를 명확히 하였다. 이 자체가 바로 복지사업인 것이다.

회당대종사는 제시함을 통해 종단의 복지와 후생을 위한 사회적 역량을 키우고자 하였다. 하지만 제시함은 종단이라는 한계를 가지고 있었다. 보다 근본적인 해결의 대안이 필요했다. 이에 회당대종사는 민주주의 시대, 국가를 위해 국민이 해야 할 기본적 의무를 살폈다. 국민의 의무인 세금을 쉽고 충실히 납부하는 방안을 심중에 품고 있었다.

'국민은 국가에 세금을 내어야 했다. 하지만 어렵고 힘든 삶 속에서 세금을 내기란 누구에게나 쉽지 않은 일이었다. 이를 자주적으로 극복하는 방안을 찾아야 했다. 미리 조금씩 모아 지출하는 경제적 계획을 세워야 했다.'

이를 위해 장세함을 각 가정에 두어 국가를 위한 의무에 충실한 삶을 수행의 문화로 승화시키고자 했다. 장세함이란 글자 그대로 '세금을 저장하는 함'이라는 뜻이다. 세금은 결국 국가가 국민들을 위해서 좋은 일에 사용되는 것이다. 넓은 의미에서 국가에서 펼치는 복지사업의 마중물인 것이다. 대부분의 사람들은 세금을 내기 싫어한다. 하지만 회당대종사는 이를 경계하고 이와 같이 꾸짖었다.

'세금을 자율적으로 올바로 내어야 한다.'

장세함에 대한 회당대종사의 취지는 남달랐다. 먼저 장세함을 통해 누구나 세금을 자율적으로 내게 되면 그 실천자는 국가의 강요에 의해서 내는 것이 아니고 '내가 세금을 내는 주체'가 된다. 이는 수행자의 주체적인 삶을 키우는 방편이었다. 나아가 이는 진각종의 자력불교를 실천하는 가르침이 되어 '누구나 우리가 주체가 되어 살아야지 끌려가면서 살아서는 안 된다'는 법이 되었다.

또한 회당종조님은 국가를 위해 국민이 해야 할 일을 강조하듯 자신의 경험을 측근에게 말하였다. 회당대종사가 측근에 전한 말씀은 이처럼 이해되고 있다.

> "어느 해, 아무리 기다려도 세금 고지서가 나오지 않았습니다. 아침저녁으로 우편함을 살폈으나 고지서는 없었지요. 결국 기다리다 못해 관공서에 찾아갔습니다. '세금이 아직 안 나왔는데 어떻게 하면 되느냐' 고 물으니 관공서 직원이 어리둥절한 표정을 지었습니다. 교도여러분, 세금을 제대로 내는 것은 내가 잘 살고 있다는 법계의 증명과도 같습니다. 이것은 먼저 국가를 위하고 나를 위하는 길이 됩니다."

4) 사회와 나누는 법의 향기

전쟁의 참화 속에서도 진각종의 수행은 활짝 핀 꽃과 같이 진한 법의 향기를 나누었다. 그리고 법난의 인고忍苦속에서 대중은 진실한 수행의 자리를 지켜 가난과 병과 불화不和의 고통을 참된 심성으로 깨치기에 이르렀다. 점차 실천종교로서의 위상을 갖추게 되었다. 이는 신행의 새로운 방향을 세우는 기반이 되었으며 종단은 대 사회적 위상에 따르는 책임과 역할을 고민하기 시작했다.

종단의 고민은 이웃 종단을 도와 불교의 참된 가치를 구현하고자 하는 마중물과 같이 새로운 인연을 열었다. 먼저 그 손길은 우리 문화를 살리고 그 전통을 잇는 일에서 시작되었다. 진기8년(1954)년 12월 14일 해인사 수리의 비용으로 10만환을 희사한 것이다. 이어 지역의 크고 작은 고통과 고난의 자리에 힘을 더하고자 심인당 단위의 지원이 이어졌다. 먼저 부산에서 일어난 대화재의 고난을 덜고자 전국의 심인당에서 의연금을 모아 전달하였다. 또 진기10년 3월 동부지구에 눈이 많이 와서 설화의연금을 각 심인당으로부터 모아 전했다. 나아가 진기9년(1954)년 7월 8일에는 대구매일신문을 도와주기 위하여 증자에 의한 주식 4만환을 납부하였다. 회당대종사와 대중은 이때 매입한 주식을 훗날 경북대학에 무상으로 기탁하였다.

한편 나라를 위하는 불자의 마음을 담고 호국의 가치를 실천으로 드러내고자 보다 적극적인 사회 운동에 동참하였다. 특히 회당대종사는 진기9년 12월 26일 인회에서 우리 진각종의 교도는 부모의 은혜와 국가의 은혜를 세우는 불교의 원리에 입각하여 정부를 지지 협조할 것을 교시로서 결정하였다. 그 결정으로 진기10년(1956) 11월 13일, 대구 역전 광장에서 개최된 이북동포의거촉진국민대회에 심인중학교 학생과 남녀 교도 4백여 명이 동참하였다. 이날 종단은 자주적 불교의 위상을 밝힌 심인불교의 이름으로 이승만 대통령에게 보내는 서한을 채택하였으며 대회용 짚차 1대와 마이크 1대를 지원하였다.

나아가 회당대종사는 진기11년(1957) 3월 16일, 일본 기시 수상의 발언으로 촉발된 외교문제의 심각성을 알리고 자주적 위상을 키우기 위해 다시 대중과 함께 실천적 참여의 뜻을 밝혔다. 그리고 경북애국단체연합회 주최로 대구역 광장에서 열린 재일교포 북한 강제 송환 반대 국민궐기 대회에 스승과 교도 3백여 명이 참가하였다. 이날 종단은 유엔총회의장에게 보내는 서한을 손대련 정사가 낭독하게 하였다. 나아가 진기13년(1959) 2월 20일에는 서울 심인당 교도 대중이 재일교포 북한 강제 송환 반대 국민궐기대회에 참가하였으며, 23일 제2차, 24일에는 대구에서 한 번 더 열린 국민궐기대회에 대구의 교도들이 참가하였다.

또한 회당대종사는 진기13년(1959) 4월 23일, 티베트 의거를 지원하는 궐기대회를 서울운동장에서 개최하였다. 이날 종단은 결의문 채택과 함께 유엔사무총장, 미국 아이젠하워대통령, 달라이라마, 자유중국의 장개석 총통에게 보내는 서한을 발표하고, 인권의 자주적 역량을 평등의 이름으로 전하기 위해 대중의 시위행진에 교도들과 함께 하였다. 이어 4월 29일 대구역 광장에서 개최된 같은 대회에서는 심인중고 학생과 교도들이 참가하여 시가행진을 하였다.

특히 청년 시기에 일본의 잔혹한 침략과 인권 침해의 현장을 목격했던 회당대종사는 진기13년(1959) 7월 9일, 대구역 광장에서 석산섬유와 연합하여 재일교포 추방 반대 궐기대회에 동참하고 대중과 함께 진각종단의 이름으로 시가행진을 하였다. 이어 7월 30일 제2차 재일교포 북송 반대 궐기대회와 12월 3일 시위에도 참가하였다.

이처럼 회당대종사는 종단과 함께 대 사회 복지사업뿐만 아니라 국가적 행사에도 적극적으로 참가하여 대중의 자주성을 실천으로 함양하고 이를 나라의 초석을 다지는 진호국가불사의 수행으로 이끌었다.

3. 옛날에는 의발이요 이제는 심인법이라

1) 위대한 준비, 열반

창교 이래 오직 앞만 보고 달려온 17년의 세월이 흘렀다. 어느덧 회당대종사의 세속 나이도 62세에 이르렀다. 한 평생, 오직 자주적 불교의 실천과 그 수행에 의지하던 회당대종사에게 세속의 인연을 정리할 시간이 다가오고 있었다.

먼저 회당대종사는 자신의 법체法體를 살폈다. 서남법西南法을 몸소 실천하기 위하여 남쪽으로 향하고 있는 남산동 심인당(희락심인당)에서 서쪽에 위치한 침산동심인당(불승심인당)으로 법체를 옮기었다. 회당대종사가 몸소 실천하고자 한 서남법은 자신이 체득한 역易의 원리로서 심인당 건축에서 적용시켜야 되는 진각종의 독특한 법이다.

진기17년(1963) 5월 20일, 대종사는 자신의 병을 다스리기 위하여 약을 끊고 49일 정진에 들어갔다. 그 와중에서도 심인당 건립불사는 계속되어 성서심인당(최정심인당)이 신축되었다. 6월 17일부터 7주간의 정진서원을 세웠던 회당대종사는 5주째 드는 날, 저녁 공식 불사 집전 중에 갑자기 쓰러졌다. 평소 회당대종사는 어떤 위급한 일이 있더라도 약을 반입하지 말라는 당부를 해 놓은 터이다. 다급한 가족들은 의사를 불러 응급조치를 하고 개인병원에 입원을 시켜 수술을 기다리고 있었다. 그러나 당시는 워낙 열악한 환경이라 마취의사를 구하지 못하여 부득이 경북대학교 부속병원에 입원했다. 이튿날 오전 9시부터 수술을 시작하여 10시 반 경에 끝이 났다. 육신이 회복 불능의 상태가 되어서 더 이상 손을 쓰지 못하고 그냥 봉합하여야 했다.

정신을 차린 회당대종사는 그 자리에서 마음속으로 제자들을 심하게 나무랐다.

'내가 당체법문의 위대함을 그렇게 일렀건만, 아직 현실에는 밝고 진리에는 어둡구나. 조금이라도 내가 더 자상하게 그 법을 가르쳤더라면 비록 정진 중 혼미에 빠졌더라도 병원으로 옮기는 우愚를 범하지는 않았을 것을….'

정작 회당대종사 자신은 자신의 뜻을 세워 세간의 집착을 버렸으나 대중은 이를 버리지 못하고 애착만을 키웠음을 뉘우쳐 참회하였다. 회당대종사의 회한은 말할 수가 없었다.

'고통은 더 심해졌다. 몸을 위해 욕심을 더하면 고통이 되었다. 이제 놓아야 한다는 생각이 더해지니 음식 조차 섭취할 수가 없다.'

7월 8일, 위 속에 있는 장애를 제거하는 수술을 다시 하였다. 8월 24일 퇴원하니 정진은 계속되었다. 대구시내 스승들이 문병을 오고 전국의 스승과 교도가 계속 문병을 와서 함께 정진하였다.

2) 여여如如한 계승, 법을 부촉하다

세속의 인연이 다하고 있다는 것을 깨달은 회당대종사는 진기17년(1963) 10월 5일 최후의 정진에 들었다. 생의 마지막 자주적 수행을 결심하고 스스로 자신의 자리를 마련하는 길에 들어갔다. 일체의 약과 주사를 끊고 1

주일 정진을 정하였다. 그리고 정진에 앞서 법法을 부촉咐囑하는 제1차 유교遺敎를 대중에게 전하였다.

참석자는 선교 손대련(원정), 배신(원정각), 박운이(홍원), 선태식(각해), 박갑은(보인정), 손제석(서주) 등 6명이 지켜보는 가운데서 다음과 같이 교시를 하였다.

1. 원정은 우선 부법付法의 제도로 하고 상황을 보아 선거제로 하라.
2. 종교재단과 교육재단을 분리하라.
3. 출가법을 조속히 세우라.
4. 종단의 본부는 서울 동북부 적당한 교외에 선택하여 건설하라.
5. 교육재단의 주소는 대구로 하라.
6. 스승은 약을 먹는 스승과 약을 안 먹는 스승으로 하라.
7. 교명은 대한불교진각종으로 하라.
8. 앞으로의 심인당의 건설은 반드시 서남법을 준수하라.
9. 장의는 3일장으로 하고 화장하여 유골은 갈아서 낙동강에 수장하고, 적당한 장소에 비석을 세우라.
10. 상복은 아직 우리 교의 복제가 확정되지 않았으니 유교복제로 하라.

회당대종사는 이 같은 교시를 내리고, 7일간의 최후 정진을 마쳤다. 그리고 10월 11일 제2차 법을 부촉하였다. 이 자리는 선교 손대련, 스승 배점시, 스승 윤극수, 스승 배신이 함께 했으며 다음과 같이 교시하였다.

1. 출가법은 본인의 부모 혹은 자녀 가족 친척의 서약을 받고, 허물의

참회와 악벽惡僻의 개과改過에 대한 서약을 받은 다음 출가를 시켜야 한다.

2. 출가인의 의제衣制는 황색으로 하고 고깔은 백색으로 하라.
3. 출가인은 우선 법을 지키고, 심인당을 지키고, 사무처리 기타에 그치고, 교화는 근기를 보아서 수 년후에 점차적으로 담당케 할 것이요, 교화활동의 주동은 재가인이 하게 한라.
4. 명정名旌과 비석에는 '대한불교진각종 개조 회당대종사지구之柩' 또는 '지비之碑'라고 하라.

회당대종사는 종단의 출가법에 대한 명확한 지침을 내리며 자신의 명정과 비석에 대해서도 보다 자상하게 말하였다.

제3차의 마지막 부법附法은 열반하기 하루 전 날인 진기17년(1963) 10월 15일 내려졌다. 이 자리 또한 선교 손대련을 위시하여 스승으로는 김철, 윤극수, 김경순, 배점시, 교도 강추당, 자제 손제석, 동생 손규복, 딸 손숙희가 함께 지켰다. 이미 기력이 쇠진하여 회당대종사의 친필 유교로 전하여 졌다.

"옛날에는 의발이요 이제는 심인법心印法. 스승이 되어서 양운 무 약불藥不 서남西南"

회당대종사는 열반을 앞두고 세 차례에 걸쳐서 종단의 운영방향, 출가 그리고 장례식의 방법까지 정확하게 일러주었다. 회당대종사는 세속에서 제자들에게 가르쳐 줄 수 있는 것은 다 가르쳐주고 이제 법계로 돌아갈 준비에 들어갔다.

3) 천지개벽 하면 나는 간다

대중과 함께 불사를 보던 대종사가 쓰러졌을 때, 소식을 들은 스승과 교도들의 문병이 이어졌다.

"회당님, 언제 가시렵니까?"

"천지개벽하면 나는 간다."

누군가의 걱정 어린 안부에 회당대종사는 단출한 답을 숨으로 내쉬었다. 그 대답이 무슨 뜻인지 아무도 알아듣지 못하였다. 그저 대중들은 '지금 여름이니까 녹색의 들판이 황금빛으로 물 들릴 가을에 가시려고 하는구나' 정도로 생각하였다.

가을이 되자 대통령 선거운동이 본격적으로 진행되었다. 회당대종사는 나라의 앞날을 걱정하는 뜻을 비치기도 했다.

"젊은 저 친구가 대통령이 되어야 해, 저 친구가 되어야 우리나라가 반드시 살아난다."

이어 진기17년(1963) 10월 대통령선거에서 젊은 그 후보가 대통령이 되는 것을 확인한 회당대종사는 쇠약한 자신을 뒤로 하고 나라의 미래를 걱정하였다.

"이제 우리나라도 살게 되었다."

이는 회당대종사의 숨소리와 함께 나지막이 드러난 호국의 마지막 서원이었다.

그 이튿날인 진기17년(1963) 10월 16일 오전 10시 10분, 무수한 제자와 교도 그리고 권속들이 지켜보는 가운데 세속의 인연을 다 거두고 진각성존 회당대종사는 열반에 드셨다. 세수 62세, 진각종문을 연 지 17년 만이었다.

4) 장엄한 추모의 행렬

진각종의 종조, 진각성존 회당대종사의 열반은 스승과 신도들에게 청천벽력이었다. 사바에 좀 더 마물러 중생들을 더 제도해주기를 바랐던 대중들은 마치 태양을 잃은 듯 했다. 그러나 언제까지 슬픔에 잠겨 있을 수가 없었다. 슬픔에 젖어 의타적 자세에 머무르는 것 또한 회당대종사의 뜻이 아닐 것이라는 대중의 의견이 일어났다. 대중은 차분히 장례준비에 들어갔다.

먼저 인회印會에서 장례의식에 대한 방향을 의결하여 장의위원회가 구성되었다. 위원장 손대련, 부위원장 박을수, 구봉희, 위원에 김경순, 김희봉, 선태식, 김훈, 양수득, 강복수, 강진택, 신흥복 등이 주축이 되어 장례를 진행하였다.

진기17년(1963) 10월 17일 오전 9시, 강도불사로부터 시작되어 입관절차를 마치고 법체는 여법히 옮겨지고 간소한 빈소가 마련되었다. 전국의 진언행자들이 몰려 들였다. 슬픔은 울음과 염송의 메아리가 되었으며 이는 저마다의 가슴에 채워졌다. 그리고 그 가슴은 다시금 현실을 있는 그대로 담아야 했다.

10월 18일 오전 10시, 종립 심인중고등학교 운동장에서 고결식이 봉행되었다. 타종파의 대표단, 내빈, 스승과 교도, 종립학교 학생, 일반대중들까지 수천의 대중이 모여 대종사의 빈자리를 채웠다.

사회자의 개식으로 시작된 고결식은 장의위원장 손대련 선교와 상주 손제석 각자의 훈향정공에 이어 1분간 대비로자나불전에 호념護念을 하고 사회자의 선독先讀으로 열반해인을 낭독했다. 그리고 법계에 오불을 봉청하였다. 상주가 잔을 올리고 고사가 이어졌다. 고사는 김경순 스승, 조사는 스승대표로 손대련 선교, 교도 대표로 강복수 교수가 하였다.

이어 내빈 및 대표 참석자들이 훈향 참배하였다. 다음 회당대종사가 손수 가사를 쓴 '극락은 우리 고향'이라는 조가弔歌를 봉정하였다.

고결식을 마친 후 스승 네 명이 대형 영정을 들고 선두로 나서서 다비장인 대명동 화장장으로 이동하였다. 그 행렬은 참으로 장엄하였다. 연도에 사람들이 모두 나와서 지켜보았다.

다비장에 도착한 후 다시 강도불사를 올린 후 육자진언의 염송소리가 우레와 같이 울려퍼지는 가운데 대종사의 법체를 모신 관에 불이 들어갔다. 그리고 대중의 우렁찬 소리가 천지를 울렸다.

"스승님, 불 들어갑니다. 어서 나오세요."

회당대종사의 진실한 가르침으로 글을 깨치고, 세상의 인연을 자주적으로 살피었던 선각자의 뜻을 좇아 수행했던 사부대중의 두 눈이 붉어지기 시작했다. 나아가 육신을 벗어 여여한 세상의 주인이 되고 진각의 가르침을 나누어 진정 법체로서 다시 드러나기를 서원하는 대중의 소리는 다시 하나되었다.

"스승님, 불 들어갑니다. 어서 나오세요."

다비장의 붉은 불꽃은 이내 잔잔한 모습으로 남았다. 마지막 남은 세속의 인연을 정리하듯 붉은 불씨의 잔잔함은 대중의 두 볼을 비추어 상기된 아쉬움을 달래고 있었다. 다시 긴 시간을 더했다. 오색의 영롱한 사리가 무수히 나왔다. 수습된 사리를 유리함에 담고 나머지 유골은 완전히 갈아 용기에 담았다. 참배를 마친 후 진언행자들은 화원 유원지 낙동강 변에 도착하였다.

장례위원장, 상주, 유가족, 친척, 스승은 두 척의 배에 나누어 타고 교도들은 강변에 정렬하여 수장 강도식을 진언소리로 채우고 있었다. 오불 귀명의 소리는 강변을 진동하고, 유가족의 애통 가운데 유골은 흰 쌀밥에 주물러 낙동강 중류에 수장하였다.

회당대종사의 법체法體가 법계法界로 돌아가는 순간 함께 한 대중의 두 눈 가득히 여여함이 드러나고 있었다.

1902년 울릉도에서 탄생하여 이 땅을 위하여 오신 회당대종사는 마지막 남은 육신의 흔적마저도 무변법계로 들어가서 수중의 중생을 위해 산화되었다.

5) 열반 이후

진각성존 회당대종사의 열반은 대한불교진각종의 새로운 시작이었다. 장례를 마친 후 사리와 존영은 다시 침산심인당으로 임시 봉안되었다. 유가족과 스승 전원이 참석하여 봉안강도를 엄숙히 올렸다.

당일 오후 8시 금강회 임시총회를 개최하여 손대련 선교가 원정(총인)에 당선되었으며, 금강회 회장, 대한불교진각종보살회 유지재단 이사장, 학교법인의 이사장도 겸하게 되었다. 이로써 회당대종사의 뜻을 이어 자주적 실천불교의 가치를 담아 수행으로 진각종을 이끌어가게 되었다.

진기17년(1967) 10월 21일 오전 9시 41분, 진각성존 회당대종사의 사리와 존영은 서울행 특급열차 재건호로 옮겨져 서울의 밀각심인당으로 이안移安하였다. 이날부터 전국 심인당은 일제히 진각성존 회당대종사의 구경 성불을 위하여 49일 정진불사를 시작하였다.

그리고 그 해 12월 24일 재단법인 대한불교진각종 보살회 유지재단 정관 개정의 건이 당국으로부터 인가되었다.

12월 26일, 27일 양일간 대구 남산동 심인당에서 강공회를 개최하여 미흡한 교리를 보완하고, 각 심인당의 명칭을 역리와 수리에 의하여 개칭하기로 하였으며 교의 명칭을 대한불교진각종으로 확정하였다. 나아가 도량 입구를 심인당으로 전부 개정하였다.

이로서 대한불교진각종이 이 땅에 참회의 불교, 깨달음의 불교, 진각의 불교가 완전히 뿌리내리는 새로운 전기를 마련하였다. 스승은 진각법계로 돌아가도 가르침은 만고의 중생을 깨우치는 벽력같은 법문이 될 것이다.

제2장

회당의 사상

새 시대는 새로운 불교 - 회당사상의 체계와 특성

회당 손규상 대종사(悔堂 孫珪祥 大宗師, 1902~1963, 이하 회당대종사라 칭함)는 근현대 한국 불교계에서 새불교운동을 일으킨 인물 중의 한 분이다. 회당대종사는 새불교운동의 터전으로서 진각종眞覺宗이라는 불교종단을 세우고, 불교정신을 중심으로 사회정화운동을 일으켰다. 회당대종사가 일으킨 새불교운동은 독특한 성격을 가지고 있는데, 그것을 진각밀교운동이라 부른다. 회당대종사의 진각밀교는 밀교정신을 날줄로 하고 그의 자증교설을 씨줄로 하여 짜여져 있다. 회당대종사의 자증교설은 그가 불법을 체험하고 재해석한 내용이 중심이 되어 있다. 회당대종사가 불법을 체험하고 재해석하는 데는 그의 정신적 성향이 크게 작용하였을 것이다. 또한 그가 불법을 체험하고 재해석하는 과정에서 그의 정신적 성향이 구체적인 사상체계로 내면화되어 갔다고 볼 수 있다. 회당대종사의 진각밀교는 전통적인 밀교정신과 그의 이러한 정신 활동이 빚어 낸 새로운 불교 양식이면서 실천 방안이다. 그 때문에 진각밀교는 전래의 불교의 형태, 특히 외형적 양식에서는 신선한 충격을 줄만큼 혁신적 모습을 가지고 있다.

따라서 진각종은 진각밀교라는 정체성을 가지고서, 현재 활발한 교화활동을 펴면서 한국 불교계, 나아가 한국 사회에 큰 영향을 미치고 있다. 또한 진각종의 이러한 교화활동은 궁극적으로 역사상 새로운 모습의 불교운동으로 전개되어 갈 것이다.

이러한 점에서, 진각밀교를 성립시킨 회당대종사의 정신적 성향과 사상 체계를 살펴보는 것은 매우 의미 있는 일일 것이다. 그것은 우선 진각밀교 성립의 당위성을 이해하고, 나아가 진각종의 교학 체계와 정체성을 확립하여 가는 작업이 되기 때문이다. 그 뿐만 아니라, 진각밀교의 성립과정을 통하여 불교 발전의 새로운 방향을 탐색할 수 있을 것이다.

I. 회당사상의 형성과정

1. 회당대종사의 정신적 탐색과정

회당사상의 배경에는 그의 삶에서 경험한 정신적 탐색 과정이 자리하고 있다. 회당대종사의 생애는 삶의 내용을 감안하여 보면 크게 세 시기로 구분할 수 있다. 그 시기의 분수령이 36세(1937)에 불법을 만난 일과 46세(1947)에 종단을 창종한 일이 된다. 한국사에 있어서 개항(1876) 이후 경술국치(1910)까지의 신사조新思潮의 수용 시기와 경술국치 이후 3.1만세 운동이 일어나기 전까지의 무단통치기(1910-1918)에 대종사는 유년기(1902-1908)와 수학修學의 시기(1908-1918)를 보낸다. 그리고 3.1만세 운동 이후 일본의 문화정책기(1919-1936)에 대구와 일본의 유학(1922~23)의 경험을 가지고, 사회생활을 하면서 청장년의 초기(1923-1936)를 보낸다. 이 기간이 회당대종사 생애의 제 1기로서 정신적 탐색을 왕성하게 경험하였다. 그리고 회당대종사가 36세(1937)에 불법을 만나서 46세(1947)에 깨달음을 성취하고 '참회원'을 설립하기 직전까지, 즉 일본의 노골적인 민족 말살정책 시기(1937-1945)에 불법의 수행이라는 정신적 활동을 중심으로 사회활동을 하였다. 이때가 그의 생애의 제 2기로서 정신적 탐색 과정이 새로운 전환을 이룬 시기이다. 그리고 8·15 해방(1945)에서 5·16군사혁명(1963)까지, 즉 우리나라가 민주주의 성장을 위한 진통시기에 회당대종사는 진각종을 창교(1947)하고 교화활동에 정진하다가 열반에 들게 된다(1963). 이 기간이 그가 정신적 기조를 바탕으로 사상적인 체계를 형성하고 실천한 시기로서, 그의 생애의 제 3기에 해당한다.

이렇게 보면, 회당대종사의 생애는 한국 근현대사의 맥락과 일치시켜서 생각하여 볼 수 있다. 따라서 회당대종사의 사상은 그의 생애과정에서 그를 둘러싸고 일어난 국내외의 사회적 사상적 요인과 밀접한 관계를 가질 것이다. 여기서는 그가 생애의 제 1기에서 경험한 정신적 탐색 과정을 좀 더 자세히 알아보기로 한다.

1) 유교경전과 본말정신

회당대종사는 유교적 가풍의 평범한 가정에서 탄생하였다. 특이할 점이 있다면 한의술에 조예를 가진 가문이라는 점이다. 그 때문에 회당대종사는 어릴 때부터 유교경전과 한의에 관한 문헌을 접할 기회를 가지게 되었다. 그러나 회당대종사가 7세에 이웃 서당에서 한문을 익혀서, 10세 때에 미완의 시구詩句를 지었다는 사실을 제외하고, 유교경서와 한의서에 대하여 구체적으로 공부한 사실과 내용은 거의 알려져 있지 않다. 그가 보통학교를 졸업하고 『방약합편方藥合編』 등 한의에 관한 기본적인 책을 읽었다는 사실을 미루어 보아서, 개인적으로 지속적인 관심을 가지고 공부한 것으로 짐작된다. 회당대종사는 후에 포항에서 호를 춘농春儂이라 짓고 자신이 경영하는 사업을 춘농상회라 하였다. 그는 춘농상회를 경영하면서 사랑방을 마련하고 지우들과 경학經學에 대하여 논의하는 것을 즐겨하고, 자신이 화제和劑를 지어 첩약을 조제하는 것을 좋아하였다고 한다. 이처럼 그는 유교경서와 한의서에 대하여 지속적으로 관심을 가지고 있었다. 따라서 이즈음에 그는 유교적 성향의 정신을 강하게 가지기 시작하였을 것이다. 회당대종사의 유교적 성향의 정신은 후일 그의 언설에서 쉽게 확인할 수 있다.

그 중에서 회당대종사는 유교의 본말정신에 크게 관심을 가진 것으로 보여 진다. 그는 가족이나 친지들에게 유교 경서인 『대학大學』「경문經文」 첫 장의 내용에 대하여 자주 이야기 하였다. 『대학』「경문」 첫 장은 소위 대학의 삼대강령三大綱領(明明德·新民·止於至善)과 팔조목八條目(平天下·治國·齊家·修身·正心·誠意·致知·格物)을 중심으로, 그 실천에 대한 본말 선후의 이치를 밝히고 있다. 그 구체적인 방법으로 『대학』은 사물에는 본말이 있고, 일에는 처음과 끝이 있으므로, 그 선후를 아는 것이 실천 도道에 가까이 가는 것이라고 하고 있다. 이 문장에 대하여 주자朱子는 삼강령 중에서 '명덕明德'이 본本, '신민新民'은 말末, '지어지선止於至善'을 아는 것은 시始, 그것을 온전히 실천하는 것은 종終으로 보고, 본本과 시始는 먼저 해야 할 것이고 말末과 종終은 뒤에 해야 할 것이라 말하고 있다. 나아가 『대학』은 팔조목에 대해서도 '평천하平天下'를 이루기 위해서는 '격물格物'에서 각 조목條目이 본(선)과 말(후)의 차례로 실천되어야 하는 것으로 말하고 있다. 그 때문에 本을 세우지 않으면 말末이 온전히 될 수가 없는 것이다. 그래서 주자는 『대학』「전문傳文」 4장의 송사訟事의 해결을 해설하면서 본말선후의 이치를 강조하고 있다. 따라서 대학이 유가儒家의 본경전本經典인 사서四書 가운데 가장 근본적인 것이고, 사서의 체계는 『대학』을 바탕으로 하여 완성된 것으로 볼 때, 회당대종사는 유교의 경서를 배우면서 이 경전을 읽었을 것이다. 그리고 회당대종사는 「경문」의 삼강령, 팔조목의 본말의 이치에 큰 관심을 가지게 되었을 것이다.

2) 신사조와 혁신정신

회당대종사는 생득적으로 부지런하고 미지에 대한 호기심과 그것을 충족하려는 심성이 강하였다. 이러한 그의 성품이 배움에 대한 의욕을 일으키고, 그것을 실현하려는 끝임 없는 노력을 하게 하였다. 그리하여 회당대종사가 단신으로 대구, 일본 등으로 배움의 길을 나서게 되었다. 회당대종사는 일차적으로 보통학교에서 당시의 신사조의 경향에 의한 서구의 사상과 과학기술에 대하여 구체적으로 인식하기 시작하였을 것이다. 그리고 계성학교에 입학하면서 기독교 정신에 대한 관심, 나아가 국내외의 정세에 더욱 깊은 인식을 하게 되었을 것이다. 학교가 휴업 상태에 들어가는 상황은 청년 회당에게 많은 생각을 하게 만들었음에 틀림없다. 일본의 침략과 식민지, 그리고 이를 둘러싸고 있는 국제 정세에 둔감할 수 없었을 것이다. 특히 서구의 과학기술, 민주주의라는 제도, 나아가 세기적 변화의 물결을 실감하였을 것이다. 이러한 환경은 그로 하여금 일본으로 가지 않을 수 없게 만들었다. 그렇지 않다면 아무런 준비와 대책도 없이 이국으로 갈 수 없기 때문이다. 대지진이라는 예기치 않은 상황에 의하여 결국 자신의 목적은 달성하지 못하였지만, 일본에서의 경험은 그에게 크게 남았을 것이다.

이러한 일련의 상황 속에서 회당대종사의 생득적인 호기심은 혁신적 성향으로 더욱 강하게 자리 잡게 되었을 것이다. 그리고 그의 근면 성실한 의욕은 실천정신의 동력원으로 작용하여, 그의 생애를 끊임없는 혁신적 실천 생활로써 채워 가게 하였다.

회당대종사는 일본에서 귀국하여 변화를 추구하려는 실험적 생활을 지속하였다. 잠시 면사무소 근무를 하지만, 즉시 옥천동에서 항구가 있는 도동으로 이사를 하였다(1926). 그것은 상업을 하려는 의도에서였다. 학용품 가게에서 시작한 상업은 여러 가지로 종류로 진전하여 불과 3~4년 사이에 울릉도 뿐만 아니라, 포항까지 알려진 사업가로 등장하였다. 그 과정에서 부친의 열반(1928.3.25)을 맞는다. 이즈음에 회당대종사는 또 하나의 변화를 추구한다. 포항으로 이주하는 것이다. 포항 이주에 대하여는 그 당시 포항의 거상으로 알려진 김두하 형제의 권유가 크게 작용한 것으로 알려져 있지만, 실은 회당 자신의 내면적 변화가 결정적인 계기가 되었을 것이다. 회당대종사는 포항으로 이주하여(1930.9) 상업 활동을 의욕적으로 전개하였다. 이 때 회당대종사는 포목상과 식료품(과자점 등)을 중심으로 다 방면의 사업을 펼쳐서 큰 재산을 모았다. 그 당시 우리나라의 공산액工産額의 비중이 식료품과 방직이 주도한 것을 감안하면 그의 사업적 능력을 헤아릴 수 있다. 한편 회당대종사는 사업에 의욕적인 활동을 보이면서도 무엇인가 새로운 변화를 떨치지 못하였다. 큰 재력가로 알려지는 와중에서 회당대종사는 가정의 계속되는 액난으로 마음을 추스리고 있었다. 그 중에서 정신적 의지처였던 조부가 열반하였다(1937.9.24). 조부의 열반은 결국 회당대종사의 생애를 바꾸는 동기가 되었다. 조부의 49제 회향불사에 모친의 권유로 동참하고, 회당대종사는 새로운 정신적 세계, 즉 불법의 세계를 만난 것이다. 불법의 만남은 즉시 회당대종사의 생활을 크게 변화시키는 계기가 된 것이다. 불법의 만남이 회당대종사가 그 동안 추구하여 오던 정신세계가 정착할 수 있는 터전을 제공한 것이다.

Ⅱ. 불법의 인연과 회당대종사의 정신세계

1. 구법활동과 시대상황

회당대종사가 불법을 수용하는 모습은 숙연이라 할 만큼 극적이었다. 회당대종사의 생애는 분명히 그의 강한 의욕과 의지력, 그리고 실천적인 성격을 보여주고 있다. 그 때문에 회당대종사는 자신이 추구하려는 생각을 분명히 가지고, 그것을 실현하려는 강한 의지력, 즉 고집을 가지고 있었다. 그런데 하룻밤 동안 불법에 대한 토론으로 36년간의 생활과 생각을 바꾸게 된 것이다. 이것은 회당대종사가 그 동안 추구하여 오던 세계를 발견한 것이고, 결국 불법과 숙연에 의한 것이라고 설명할 수밖에 없다. 회당대종사는 불법을 만나면서 즉시, 그 이튿날부터 구법의 실천을 시작한다. 즉 1년 불공을 시작한 것이다. 회당대종사의 실천정신을 여기서 또한 엿볼 수 있다. 회당대종사의 求法實踐은 크게 두 가지로 이루어진다. 첫째는 求法巡禮이고, 둘째는 佛事活動이다. 회당대종사는 사업에 관하여는 경영 방침만 관계하고, 운영은 거의 돌보지 않았다. 구법수행에 시간을 보냈다. 그 중에서 명찰과 스님들을 찾아서 불법을 토론하였다. 그리고 불서를 읽고 사색하였다. 회당대종사는 또한 경전을 반포하고 불상을 건립하는 등의 불사도 적극적으로 하였다. 그는 자신이 반포한 경전들을 수지 독송할 것을 권유하였다. 그 중에서도 회당대종사는 『고왕관음경高王觀音經』에 특별히 관심을 가진 것으로 알려져 있다. 회당대종사는 이 경을 가족 친지들에게 수지 독송할 것을 권유하였다. 회당대종사의 구법실천은 약 10여년 지속한다.

회당대종사가 구법실천의 정진에 몰두한 1936년에서 1945년까지 약 10여년 사이의 불교계의 일반 상황은 불교계 자주력 회복과 개혁을 위한 진통을 겪고 있었다. 그 중에서도 총본산 건설운동의 추진으로 조계종이 성립되는 시기였다. 불교계의 총본산 건립은 제도적으로는 일본이 사찰령(1911.6.3)을 제정하고 불교계를 31본산제本山制로써 관리하던 것을 통일된 교단으로 관리하려는 운동이었다. 그러나 내면적으로는 일방적으로 사찰을 관리하는 일본의 사찰정책에서 벗어나서, 31본산으로 분열된 한국불계를 통일하여 자주적인 불교발전을 이루려는 의지가 들어 있었다. 총본산 건립운동은 1920년대부터 신진소장 승려들이 31본산제의 폐단을 주장하면서 시작하였다. 총본산 건립운동은 1935년부터 본격적으로 시작되어 1941년 太古寺를 세워서 총본산으로 하고 종명을 朝鮮佛敎曹溪宗으로 하면서 일단락이 되었다. 그리고 해방을 맞아서 종명은 한국불교조계종韓國佛敎曹溪宗으로 재정비하게 된다. 그러나 총본산 건립운동은 조계종 성립으로 불교계의 분립화를 일정 부분 극복하는 성과는 있었나, 일제의 사찰정책과 심전개발운동心田開發運動을 비롯한 식민지 운용책의 구도하에 진행되어 불가피하게 일제의 영향을 완전 배제할 수 없었다. 불교계의 통일운동은 일본의 사찰정책을 비롯한 식민지 정책에 대항하고, 국내적으로는 심각한 불교내외의 현상에 대한 위기의식을 해결하려는 것이었다. 1930년 전후의 불교계의 위기의 원인을, 내적으로는 파쟁독派爭毒·주지독住持毒·대처독帶妻毒, 외적으로는 경제난經濟亂·사상난思想亂·법령난法令亂 등으로 지적하고 있다. 이러한 지적은 그 자체의 정확한 진단의 유무를 떠나서 당시 불교계의 절박한 상황을 엿볼 수 있다. 불교계의 절박한 상황은 기득적인 상황에 안주하려는 세력과 이를 개혁하려는 세력이 갈등 대립하는 양상을 가져 왔다. 그리고 문제의식을 가진 소수의 승려들은 끊임없이 직간접적으로 불교개혁의 목소리를 높였다. 불교의 포교는 실제 이들에 의해서 주도되었다. 따라서 불교계의 총본산 건립 운동은 조선불교조계종을 성립시켰으나, 일본의 식민지 정책과 기득권층 승려들의 문제의식 결여로 완전한 자주불교를 이루는 데는 불교계 내에서 한계를 가지고 있었다.

회당대종사가 구법실천의 과정에서 불교계의 상황에 대하여 어느 정도 인식하고 있었는지 구체적인 자료는 없다. 그러나 사찰의 순례와 승려들을 만나면서 대체적인 상황 인식은 하였을 것이다. 그 중에서도 불교계가 자력적인 발전을 해야 하고, 그것을 위해 불교계의 개혁이 필요하다는 사실은 느끼고 있었을 것이다. 그 증거는 회당대종사가 후에 교화를 하면서 이 두 가지 일을 중심에 두었기 때문이다. 회당대종사는 구법실천의 초기에는 구법순례와 불사활동에 전념한 것으로 보인다. 그러나 후반에 들면서 사회적인 현상에 관심을 가지기 시작하였다. 회당대종사는 40년대에 들어서 생식을 시작하였다. 그는 생식의 이유를 두 가지로 삼았다. 첫째는 수행의 방법이고, 또 하나는 당시 쌀이 귀한 것이다. 회당대종사는 이 때 수행의 방법으로 금연禁煙 금주禁酒 등 일상생활의 절제를 하고 있었다. 생식의 시작은 이러한 일련의 수행과 관계가 있었다. 여기에 회당대종사는 쌀이 귀한 시대적 고통을 함께 하려는 실천행으로써 생식을 시작한 것이다. 일본은 1918년 소위 일본의 쌀 부족 파동 이후 꾸준히 조선에 산미증식産米增殖 정책을 추진하여 왔다. 그리고 1940년대는 조선증미계획 등을 수립하여 쌀의 일본 수출을 더욱 강화하였다. 그 때문에 한국 내에는 쌀이 무척 귀하였다. 이 때 회당대종사는 생식을 수행의 한 방편으로 실천하면서 고향인 계전에 땅을 구입하고 농사를 지어서 생산된 쌀을 비밀리에 이웃에게 나누어 주었다. 그래서 심각한 식량난을 겪는 사회적 고통에 동참하려 한 것이다.

이와 더불어 회당대종사는 이즈음에 광산업鑛山業과 대마업大麻業에 관심을 가진다. 광산업은 일본이 중점을 두었던 공업정책의 하나였다. 만주사변(1931), 중일전쟁(1937), 미일전쟁(1941)을 거치면서 광업을 군비증강의 정책으로 삼고, 광공업의 비약적인 진흥을 내세웠다. 처음에는 금을 중심으로 하던 것을 미일전쟁이 벌어지면서 금으로부터 철, 석탄, 중석 등으로 옮겨졌다. 대마업도 당시에는 매우 중요한 사업이었다. 따라서 대마업은 김두하씨의 요청에 의해서 그의 자금으로 시작하였다. 회당대종사가 이러한 사업에 관심을 가진 것은 민족자본의 문제에 있었다. 일본은 한국의 산업을 독점하는 정책을 폈다. 그 때문에 한국인에 의한 산업 활동은 극 소수였다. 특히 광업은 더 심하여 90%이상이 일본인의 자본이었다. 이러한 상황을 인식한 회당대종사는 광업 등 산업에 눈을 돌린 것이다. 즉 한국인에 의한 산업을 증대시켜야 한다는 생각을 한 것이다. 그러나 당시의 주위 여건과 돌발적인 상황에 의하여 이들의 사업에는 성공을 하지 못하였지만, 당시 현실에 대한 회당대종사의 인식을 충분히 읽을 수 있다.

이러한 과정 속에서 회당대종사는 사회적 문제 해결에 대한 관심을 더욱 크게 가지고, 사회참여를 생각하였다. 그리고 그 사회적 실천 방법의 하나로 나라를 통치하는 정치문화를 생각한 것이다. 회당대종사가 이러한 생각을 가지게 된 것은 앞에서 언급한 『대학』의 '치국평천하'에 대한 관심과 관계가 있을 것이다. 그 때문에 그는 해방이 되자 즉시 '도덕정치'라는 정법정치正法政治를 표방하고 정치계의 상황을 탐색하였다. 해방정국의 정치상황은 미소양국이 남북에 진주하여 군정을 실시하고, 남한에는 민주·공산주의를 표방하는 50여개의 정당들이 난립하여 정치적 혼란이 극심하였다. 또한 정치적 무질서 뿐만 아니라, 일본에 의존하고 있던 경제 상태는 더욱 혼란하였다. 따라서 회당대종사는 강대국의 패권주의적 세계전략과 외세를 민족분단과 집권목적으로 연계시키려는 현실정치의 냉혹성 아래서 창백한 지식인들의 민족적 이상은 박해와 탄압과 좌절을 겪고 있는 현실을 목격하게 되었다. 정치적 사회 참여의 길을 세 달 만에 접은 회당대종사는 또 하나의 위기를 맞게 된다. 그것은 득병이었다. 득병의 현실적 원인은 생식에서 화식 전환과 당시 만연한 전염병인 이질을 들 수 있지만, 그 이 면에는 불법수행佛法修行이라는 숙연宿緣으로 회귀하는 인연계기가 있었다고 볼 수 있다. 회당대종사의 득병은 마지막 구법대정진의 직접적인 계기가 되었고, 그로 인해서 회당대종사는 사회참여의 길을 중생교화로 대전환하게 되었다.

2. 회말취본의 현실인식

불법을 만나서부터 대정진을 할 때까지의 회당대종사의 활동을 크게 세 가지로 나누어 볼 수 있다. 첫째는 구법실천이고, 둘째는 사회참여의 실천이고, 셋째는 구법대정진이다. 그러나 이들 활동의 바탕에는 불교정신이 공통으로 깔려 있었다. 회당대종사는 하룻밤 죽림사의 주지와 불법을 토론하고 인생의 행로를 바꾸었다. 회당과 불법 토론을 하였던 주지의 신원에 대해서는 알 길이 없다. 그 때의 환경을 고려하여 상식적으로 생각하여 보면, 평범한 승려였다고 볼 수 있다. 그렇다면 불법의 토론 중에서 무엇이 회당대종사의 마음을 크게 움직였을까. 그것은 지금까지 회당대종사의 마음속에 자리 잡고 있던 관심사와 밀접한 관련이 있는 것이었을 것이다. 회당대종사는 유교경전의 본말의 정신과 서구 신사조의 혁신 정신에 상당한 관심을 가졌다. 이렇게 볼 때 회당대종사는 토론 중에서 이 두 가지 정신을 아우를 수 있는 무엇인가를 찾았을 것이다.

회당대종사는 깨달음을 얻어서 교화를 시작하면서 '마음(고치는) 공부'를 중심 수행으로 삼았다. 그리고 '심인心印'을 모든 교설의 중심에 두었다. '마음공부'와 '심인'에 대한 회당대종사의 사고는 불법을 만나면서 시작되었다고 볼 수 있을 것이다. 이렇게 볼 때, 회당대종사의 마음을 크게 움직인 불법의 정신은 불성사상이었을 것이다. 회당대종사는 불성사상 속에서 본말의 정신과 혁신정신을 함께 아우르고 승화시킬 수 있는 길을 찾은 것이다. 회당대종사는 불성은 모든 중생에게 내재하여 있는 하나의 보편적 원리며, 그 때문에 중생은 주체적 능력인 불성의 소유자로서 스스로 부처로 변신할 수 있다고 이해한 것이다. 회당대종사는 '불성과 중생' 사이에서 본말의 정신을, '중생과 부처'사이에서 혁신의 정신을 발견한 것이다. 다시 말해, 회당대종사는 불성사상을 만나면서 자신의 정신세계를 뚜렷하게 확립하여 가게 된다.

회당대종사의 본말정신은 그의 회말이취본會末而就本의 말씀에 함축되어 있다. 회말취본會末就本은 '지말의 활동을 통하여 근본을 실현 한다'는 뜻으로 풀이 되나, 그 함축하고 있는 의미를 세 가지로 정리하여 볼 수 있을 것이다.

첫째는 본말선후本末先後의 의미를 가진다. 근본적인 것은 먼저 세우고 지말적인 것은 뒤에 따른다는 이치를 말한다. 이것은 회당대종사가 유교경전에서 수용한 의미이다. 회당대종사는 교화 중에서 이러한 의미의 본말에 대한 교설을 가장 많이 한 것으로 볼 수 있다. 그 대표적인 교설이 '불법은 체요 세간법은 그림자가 되나니, 체가 곧으면 그림자도 곧고 체가 굽으면 그림자도 굽는 것이다(『실행론』 5-3-6)'라는 말씀이다. 회당대종사는 세간 생활에 관하여 본체와 그림자에 비견하는 교설을 즐겨하였다. 여기서 체體란 근본根本이고, 그림자는 지말枝末이기 때문에, 근본인 체를 바로 잡아야 지말인 그림자도 바르게 된다는 의미의 말씀이다. 그런데 근본인 체는 잘 인식하지 못하는 부분이고, 지말인 그림자는 쉽게 인식할 수 있는 부분이기 때문에, 중생들은 지말인 그림자에 집착하여 생활을 하고 있다는 것이다. 그 때문에 실천의 강목의 하나인 생활취사도 선후본말를 기준하고 있다.

둘째는 밀교의 즉사(속)이진卽事(俗)而眞의 교설의 의미를 가진다. 즉사이진의 일차적 의미는 '현상적 사실은 진(리)실을 품고 있다'는 것이다. 즉 현상적 사실을 통하여서 진리를 실현할 수 있다는 의미가 들어 있다. 이것을 달리 섭말귀본攝末歸本이라하기도 한다. 회당대종사는 이러한 의미의 본말의 정신을 실천적 입장에서 당체법當體法이라는 언어로써 정리하고 있다. 그런데 회당대종사의 당체법은 당체설법當體說法과 당체법문當體法門의 이중구조二重構造를 가지고 있다. 당체법의 이중구조 중에서 당체설법이 여기에 해당한다. 당체설법은 '당체(현상)'는 그대로 '(법신불)설법이다'는 의미를 가지기 때문이다. 그러나 즉사이진이 다분히 원리적인 교설이라면, 당체설법은 실천을 관련한 말씀이다. 현상적인 사실 속에 진리가 활동하고 있다면, 일상생활 중에서 현상적인 당면의 상황을 통하여 자기 수련의 길을 발견할 수 있을 것이다. 따라서 당면한 경험에서 생활의 원리와 방향을 얻을 수 있는 것이다.

회말취본의 세 번째 의미는 본과 말을 보편과 특수의 관계로 보는 것이다. 그리고 회말취본의 이러한 의미는 앞의 두 가지 의미를 종합지향하는 것이 된다. 보편은 하나[一]의 원리이고, 특수는 보편의 다양한 전개

양상[多]이다. 즉 보편은 평등성이고 특수는 차별상인 것이다. 보편적인 근본 원리는 다양한 현상 속에 내재하여 있고, 특수한 지말은 보편적 원리의 구체적 활동상이다. 따라서 보편적 근본 원리는 특수한 지말이 없이는 나타날 수 없고, 특수한 지말 현상은 보편적 근본 원리가 없이는 존재할 수 없다. 마치 만유인력이 없이는 사과가 떨어진다는 현상이 있을 수 없고, 사과라는 개별적 존재가 없이 만유인력이 따로 있을 수 없는 것과 같다. 그러므로 근본을 바르게 하지 않고 지말을 바르게 할 수 없다. 이러한 면에서는 근본을 우선 세우고, 지말을 후에 따르게 해야 한다. 한편 근본 원리를 바르게 실현하는 길은 지말적인 사실을 통하지 않고는 있을 수 없다. 즉 지말적인 존재들을 통하여 근본적인 원리를 바르게 알 게 되고 실현할 수 있는 것이다. 따라서 근본과 지말은 보편과 특수의 관계이면서 이이불이二而不二의 관계에 있는 것이다. 그러므로 회당대종사의 이러한 본말 정신을 회말취본의 본말정신이라 일컬어 볼 수 있을 것이다.

따라서 회당대종사의 본말의 정신적 성향은 불법을 통해서 회말취본적인 정신으로 심화하여 간 것이다. 회당대종사의 회말취본의 본말 교설은 궁극적으로 만다라적 세계와 맥을 같이 한다. 이것은 곧 회말취본의 정신은 다름 아닌 상의상관의 연기의 세계, 더 구체적으로 통일과 전개의 만다라의 세계와 관련을 가진다는 의미이다. 그러나 회말취본은 결국 그러한 세계를 실현하기 위한 실천적 방향에 중심이 있다. 즉 회당대종사는 회말취본의 가르침을 관념적 이론으로 설한 것이 아니라, 일상생활 중에서 실천을 전제로 강조한 것이다.

3. 이원원리의 실행정신

회당대종사는 중생이 불성을 가지고 있고 부처가 될 수 있다는 가르침을 매우 신선한 충격으로 받아들였다. 중생이 부처가 된다는 사실은 그 이상 있을 수 없는 변화라고 보았기 때문이다. 중생이 성불할 수 있다는 교설은 회당대종사가 신사조의 변화 물결 속에서 마음속에 싹을 키워왔던 혁신적 생각을 크게 고무시켰다. 회당대종사의 마음속에는 밝고 긍정적인 마음이 솟아올랐다. 중생이 성불할 수 있다면, 그와 같은 혁신의 원리는 어디에도 적용할 수 있다고 생각하였다. 그러므로 현실적인 부정적인 어두운 일들은 중생이 성불할 수 있듯이 혁신할 수 있다는 신념을 가진 것이다. 회당대종사는 불성사상에 입각한 성불이라는 혁신적 정신 속에서 실천의 당위성을 찾고, 실천적 의지를 강하게 가지게 된다. 그 때문에 회당대종사는 자신의 구법실천뿐 아니라, 불사활동에도 전력을 다하였다.

회당대종사의 혁신적 정신은 그의 본말정신과 밀접한 관계를 가진다. 혁신적 실천은 회말취본의 정신을 구체적으로 실현하는 정신이기 때문이다. 혁신적 실천이란 혁신하는 일을 실천한다는 의미를 담고 있다. 혁신을 실행에 옮겨 가는 것이다. 이 때 혁신의 대상은 그것이 관념이든 현실이든 구체적인 현상이어야 한다. 잘못된 관념적 사고나 부정적인 현실적 현상을 혁신하는 활동을 실질적으로 실천에 옮겨 가는 것이다. 후일 이러한 실천을 그는 '실행'이라 하고, 이것에 해당하는 그의 교설을 '실행론'이라 부르고 있다. 따라서 회말취본이 '지말의 활동을 통하여 근본을 실현 한다'는 의미를 가지므로, 실천적인 입장에서의 중심은 회말에 있다. 즉 '회말하는 것'이 혁신적 실천의 대상이 되고, '취본하는 것'은 실천의 당위성과 지향점을 정하여 준다. 혁신적 실천은 회말취본의 정신에 필연적으로 따르는 실천정신이라 할 수 있다.

회당대종사의 입장에서 보면, '회말하는 활동'을 바람직하게 하는 것이 '취본의 이상'을 실현하는 것이 된다. 또한 '회말하는 활동'은 '취본의 이상'을 지향하는 것이어야 된다. 그리고 회말취본에서 근본은 하나의 평등한 보편성이고, 지말은 다양한 차별적 특수상이다. 즉 지말의 다양한 특수상을 통하여 하나의 평등한 보편성이 실현된다. 여기서 회당대종사는 지말의 다양한 차별적 특수상, 즉 경험적 현상세계의 양상과 속성을 이원원리二元原理라 표현하고 있다. 즉 회당대종사의 '이원'은 현상 세계의 차별적 다양성을 상징하는 술어로서, 일반적으로 사용하는 본체론적인 의미의 '이원론'은 아니다. 즉 그는 다원多元의 상대성相對性을 '이원'이라 부르고 있다. 다시 말해 그는 공성空性을 실상實相으로 하고 있는 연기적緣起的 세계의 다양한 현상이 가지고 있는 양상과 속성을 이원원리로서 인식한 것이다. 그 때문에 그는 이원원리를 중생의 실생활에서 활용되어야 하는 실천원리로서 강조하고 있다. 회당대종사는 중생들이 이원원리에 따라서 생활하도록 하려한 것이다. 그런 의미에서 회당대종사는 이원원리의 교설을 통해서 현상 세계의 다양한 양상이 '이원원리로써 활동하고 있다'는 당위성을 주장하려는 것이 아니라, '이원원리로써 생활해야 한다'는 필연성을 강조하고 있다.

회당대종사는 이원원리를 세 가지 단계의 중층적 실천원리로서 설하고 있다.

그 첫 번째가 이원상대원리이다. 이것은 그대로 상의상대相依相待의 연기적 원리를 일컫는다. 현상세계는 다양한 차별상을 보이고 있다. 어느 하나도 독존적獨存的 획일적劃一的인 것은 있을 수 없다. 그런데 그러한 생각을 가지거나 그러한 것을 구하거나, 또한 그렇게 살면 문제를 가져 올 수밖에 없다. 회당대종사는 이러한 입장에서 상대를 세워야 한다고 권유하고 있다. 여기서 상대는 획일성이 아니라, 다양성을 일컫는다. 또한 상대는 단지 수적數的인 것이 아니라, 기능(작용)도 포함된다. 개인이든 가정이든 국가이든, 그리고 그것이 관념이든 생활이든 어느 하나에 집착하여 획일화 되면, 일원이 되어 발전이 없을 뿐만 아니라, 쇠락하게 된다. 흑백논리도 여기에 포함된다.

둘째는 이원전문원리二元專門原理이다. 연기적 현상은 반드시 특수한 가치(기능)을 가지는 것을 말한다. 상대적인 것은 어느 하나도 독단적獨斷的 독선적獨善的일 수 가 없기 때문이다. 독단적 독선적인 것은 상대적인 것이 아니라, 획일적인 것이 되고 만다. 나아가 이원전문은 상호 평등한 관계를 가지며, 종속적인 관계가 아니다. 평등한 관계가 아니라, 종속적 관계(작용)을 가지면 그것은 일원이 되어 버린다. 따라서 회당대종사는 이원전문을 '이원자주二元自主'라고 일컫고, '일원통솔一元統率'의 대칭어로 사용하고 있다. 무엇이든지 하나에 통솔되는 것은 획일적인 것이 되고, 상대적인 것이 되지 않는다. 상대로서 존립할 고유의 작용(가치), 자주(중심)가 없기 때문이다. 회당대종사는 상대적으로 다양한 기능적 전개와 조화를 '분화와 협동'이라 말하고 있다. 따라서 개인이든 조직이든 그 고유의 기능(전문성)을 발휘하는 것이 상호 평등한 관계가 되고, 전체적으로 조화로운 발전을 이룰 수가 있다.

셋째는 이원상보원리二元相補原理를 들 수 있다. 보편성을 바탕으로 하는 상대적 특수상(전문성)은 상호보완적 관계를 가진다. 이것을 회당대종사는 '상호 반영 상호 영향'이라 말하고 있다. 또한 상보의 원리는 더욱 더 상승相乘의 효과를 가져 온다. 그래서 회당대종사는 '이원이라 최고발전'이라 역설하고 있다. 또한 회당대종사의 상보 원리는 기능적 보완도 포함한다. 무엇이든 지나친 것을 막기보다 모자라는 부분을 채워 크게 발전시켜 가야 한다는 것이다. 따라서 회당대종사의 상보의 원리는 긍정적 정신, 그리고 조화와 공존을 지향하는 정신을 가지고 있다. 이렇게 볼 때, 회당대종사의 이원원리의 궁극적 지향점은 일여一如의 세계를 실현하는 것이다. 회당대종사는 이것을 '구경의 불이문不二門'이라 부르고 있다. 우리가 사는 세계는 다양한 현상이 조화를 이루면서 활동하는 하나의 세계라는 사실을 자각하고 생활하게 하는 원리라는 것이다. 그러므로 회당대종사가 지향하고 있는 혁신적인 실천정신을 이원원리의 실행정신이라 불러보는 것이다.

따라서 회당대종사의 혁신적인 정신적 성향은 불법을 통하여 이원원리라는 구체적인 실천정신으로 형성된 것이다. 회당대종사는 이원원리의 실행으로 그대로 개인, 사회, 국가가 혁신적 창조적으로 조화와 발전을 이룰 수 있다고 생각하였다. 그러므로 회당대종사의 이원원리의 실행정신 속에는 모든 것을 긍정적으로 수용하는 정신이 들어 있고, 회당대종사는 이것을 더 나아가 종교적 신행법의 하나로서 당체법문이라 일컬어서 강조하고 있다.

Ⅲ. 회당사상의 체계

1. 회당사상의 구현

1) 회당대종사의 현실관

본말의 도리와 혁신적 실천에 깊은 관심을 보이던 회당대종사의 정신적 성향은 불법의 '일체중생一切衆生 실유불성悉有佛性'의 교설을 수용하면서 뚜렷한 정신세계로 자리 잡게 된다. 그것을 회당대종사의 언어에 비추어서 회말취본의 본말정신과 이원원리의 실행정신으로 정리할 수 있다. 회당대종사의 사고와 생활의 저변에는 그의 이러한 정신이 항상 놓여 있었다고 볼 수 있다. 그 때문에 회당대종사가 세상을 바라보는 관점은 이러한 정신의 영향을 받을 수밖에 없었다.

회당대종사가 대정진을 통하여 큰 깨달음을 얻어서, 처음 교화를 시작할 즈음은 한국현대사의 격변기였다. 일제 36년의 질곡에서 해방, 그러나 정치적 혼란과 분단, 취약한 경제적 생산기반, 전 국민의 궁핍화 등에 의하여 발발한 6·25 한국전쟁 등 매우 힘들고 어두운 시대였다. 회당대종사는 당시의 현실인식을 물심양면의 고난과 사상적 물질적 혼란에 의하여 난치병이 만연한 시대라고 진단하고 있다. 그리고 이러한 난치병은 각성종교覺性宗敎의 부재에서 연유한다고 보고 있다. 회당대종사는 결국 각성종교를 통하여 현실적 문제를 해결할 수 있다고 생각한 것이다. 이러한 의미에서 회당대종사의 현실고 진단은 병病·빈貧·쟁諍으로 요약할 수 있다. 회당대종사의 삼고관三苦觀은 개인적인 입장을 넘어서 사회적 차원까지 포함하는 현실관이라 할 수 있다. 개인뿐만 아니라 사회가 당면한 모든 문제도 결국은 삼고의 영역 속에 수렴되기 때문이다. 사회적 병리 현상, 절대·상대적 빈곤감, 사회적 반목과 갈등 등, 삼고는 사회적 모든 문제의 바탕에 놓여 있다. 그러나 회당대종사는 삼고를 절대적인 문제가 아니라, 상대적인 문제로 보고 있다. 삼고는 각성종교를 통하여 해탈되는 현실고로 보았기 때문이다. 회당대종사가 일컫는 각성종교는 자성불自性佛을 밝히는 것을 말한다. 회당대종사는 자성불이 어두우면 삼고가 일어나고, 자성불이 밝게 되면 삼고를 해탈할 수 있다고 본 것이다.

따라서 회당대종사의 현실인식은 현실진단과 현실수용의 이중二重 성격을 가진다. 그의 현실진단은 삼고이고, 현실수용은 삼고를 해탈의 계기로 삼는 것이다. 이것은 삼고의 현실과 그 원인은 철저히 자각하지만, 삼고 등에 의해서 일어나는 부정적인 상황을 자기 발전의 긍정적인 계기로써 수용하는 것을 말한다. 그 때문에 그는 어떠한 현실적 상황이든 부정적으로 비판하고 비난하는 것을 엄격히 경계하였다. 부정적으로 보이는 현실적 상황 속에 오히려 창조적 발전의 요인이 잠재하여 있기 때문이다. 이것은 곧 회당대종사의 현실인식은 현실진단으로서 삼고관과 더불어 현실수용으로서 현실 긍정관에 놓여 있음을 보여주고 있다.

회당대종사의 이러한 현실관은 신앙적인 면에서 참회와 당체법의 교설로 전개하게 된다. 회당대종사의 참회는 '자기반성, 자기비판'으로 정리된다. 이것은 곧 철저한 현실진단을 일컫는다. 그리고 당체법은 '당면한 사실은 그대로 법문'이라는 교설이다. 이것은 곧 철저한 현실긍정을 기본으로 한다. 그의 '마장법문'의 교설(『실행론』 4-5-3)은 이 사실을 여실히 보여주고 있다. 여기서 '마장'은 현실 상황을 가리키고, '법문'은 현실수용의 측면을 말한다. 현실고現實苦라는 사실이 '마장'이냐, '법문'이냐의 접점에는 인간 지혜의 유무가 자리하고 있는 것이다. 이렇게 볼 때, 회당대종사는 자성불, 즉 인간 본성을 자각하여 밝히면, 현실은 그대로 밝은 세계라는 신념을 굳게 가지고 있었다. 즉 회당대종사의 현실 인식에는 그의 본말과 실행정신이 짙게 깔려 있음을 볼 수 있다. 회당대종사는 이처럼 철저한 현실긍정의 정신을 가지고, 그 당시 병病·빈貧·쟁諍의 질곡에서 고뇌하는 현실 사회, 즉 정치·경제·교육·문화 그리고 중생 개인의 생활에 이르기 까지 암울한 현실 사회를 해탈시키는 희망의 메시지와 방안을 베푼 것이다.

2) 회당대종사의 불교관

회당대종사가 불법을 만나면서 가장 관심을 가진 것은 불성에 관한 교설이었다. 불성의 교설은 그의 정신세계를 크게 전환시켰다. 불법을 공부하면서 자리 잡은 회당대종사의 정신세계는 그의 생애를 바꾸었다. 그 첫 걸음이 농림촌의 대정진이다. 회당대종사는 정치라는 사회 활동을 통하여 불법을 구현하려는 생각을 접을 즈음, 지병이라는 인연계기를 만나서 생사의 기로에 서게 되었다. 회당대종사는 생사의 기로에서 치병의 최후 수단으로 농림촌을 찾게 되었다. 회당대종사의 농림촌 방문은 결국 그가 깨달음에 이르게 하는 대정진의 계기를 만들었다. 회당대종사는 농림촌에서 49일의 예비정진과 100일의 대정진으로 치병은 물론 큰 깨달음을 성취하였다. 회당대종사는 육자진언의 염송에 의하여 100일 정진을 마침내 깨달음을 얻고, 얼마간의 깨달음의 내용을 사유한 후 교화에 나선다.

회당대종사는 46세(1947)년 교화에 나서면서 교화의 장소를 '참회원'이라 부르고 있다. 그리고 '마음공부'라는 아주 소박한 수행을 내세웠다.

'참회원'과 '마음공부'는 회당대종사가 대정진을 통하여 성취한 불교에 대한 생각을 상징적으로 보여준다. 회당대종사는 자신이 10여 년간 공부를 하면서 경험한 거대한 전통적인 불교의 모습 속에서 '참회'와 '마음공부'라는 언어로써 자신의 생각을 상징적으로 추출하였다. 그리고 '육자진언의 염송'으로 '참회'와 '마음공부'를 수행의 중심으로 하면서, 신앙의 형태, 즉 의례 의식도 기존의 형식을 거의 따르지 않았다. 이러한 회당대종사의 교화 형태는 '마음공부'를 불법의 중심으로 생각하고 있음을 일러주고 있다. 그리고 회당대종사가 교당을 '참회원'이라고 하여, '마음공부'는 '참회'와 더불어 실천되어야 한다고 생각하였다. 이것은 결국 불법이 현실 속에서 실천되어야 한다는 회당대종사의 사고를 반영하고 있다. 따라서 회당대종사의 불교관은 우선 심법이 중심을 이루고, 나아가 현실성을 실천의 기조로 한다고 볼 수 있다.

회당대종사는 불법의 중심에 심법이 있음을 굳게 믿고 있다. 그는 종교의 중심에는 자율이 있어야 한다고 생각하였다. 따라서 회당대종사는 불교도 자율적 사고를 기르는 정신이 있다는 사실을,

> 불교는 구경에 자성이 청정하여 일체 사리事理에 자심自心이 통달하게 되니, 이것이 곧 자주력이 되는 것이다.
>
> _『진각교전』, p.9

라고 말한다. 그러므로 불법의 공부는 개인이나 사회가 자주발전하게 하는데 있는 것이다. 회당대종사는 이에 대하여,

> 불교는 개성의 확립과 가정 내지는 국가를 자주 발전하게 함으로써 그

> 사람의 불교, 그 가정의 불교, 그 나라의 불교가 되는 것이다.
>
> _『진각교전』 p.9

라고 하여 불법은 깨닫는 그 사람, 그 가정, 그 나라 등의 불교가 된다고 생각하였다. 회당대종사의 이러한 언표 속에는 불법이 자주적으로 자기 발전하는 것을 기본으로 한다면, 그러한 자주발전은 일상생활 속에서 '자기반성, 자기비판'의 참회와 더불어 이루어져야 한다는 의미가 들어 있다. 회당대종사는 불법이 현실을 떠나서는 존재 의미가 있을 수 없다고 생각하고 있었다. 그 때문에 그는

> 불교는 교리자체가 자기반성과 자기비판으로 참회와 실천이 주목적이기 때문에, 항상 자기 마음을 사악취선으로 수련하여 가며,… 그 나라가 잘 되게 하는 것이 교리이기 때문에, 불설도 항상 현실에 입각한 이상을 말씀한 것이며 세간을 토대로 출세간법을 설하여 인간 사회에 도덕적 생활을 고조한 것이다.
>
> _『진각교전』 p.8

라는 뜻을 이야기 하고 있다. 그는 불법이 단순히 현실적이라고 보는데 그친 것이 아니라, 불법은 현실 그 자체에 살아 있다고 생각하였다. 즉 현실을 떠나서 불법이 따로 존재한다고 생각하지 않았다.

> 밀密은 색色을 이理로하여 일체세간 현상대로 불佛의 법法과 일치一致하게 체득함이 교리이니, 체험이 곧 법문이요 사실이 곧 경전이라.
>
> _『실행론』 2-9-1

라는 말로써 그의 뜻을 잘 나타내고 있다. 여기서 밀密은 밀교密教, 색色은 색상色相 현실現實을 가리킨다. 그러므로 그는 현실 속에 숨 쉬고 있는 불법의 이치는 현실 생활 그 자체에서 깨달아 가야 한다고 말하고 있다.

> 법신불法身佛의 체상용體相用은 육대사만삼밀六大四曼三密로서 모든 사실 설법이요 활동하는 경전이라. 생멸 없는 그 진리는 인과로써 나타나니 사지사력四智四力 활동으로 생활 중에 覺할지라.
>
> _『실행론』 3-1-1

여기서 회당대종사의 '생활중각生活中覺'의 교설은 불법은 생활 속에서 구현되어야 한다는 그의 강한 신념을 일러주고 있다. 그리고 생활 중에서 깨닫는 길은 사지四智를 밝히는 것이다. 따라서 그는 말한다.

> 문자의 경은 성인이 실천한 자취요. 참 경은 우주 자연 인생 생활 속에 있나니, 오직 실천 증득으로 읽어 갈지니라.
>
> _『실행론』 2-9-3

회당대종사가 말하는 '성인이 실천한 자취'란 성인이 색상 현실을 통하여 진리를 깨닫고 체험한 것을 언어로써 표현하여 놓은 것이라는 뜻을 함축하고 있다. 그렇기 때문에 단순히 경전의 의미를 이해하는 것은 남의 발자취를 따라 가는 것이 되어, 자주적 자기발전은 이룰 수가 없게 되는 것이다. 그렇다고 회당대종사가 경전의 중요성을 인정하지 않는 것은 아니다. 오히려 생활 중에서 경전의 의미를 체험할 때, 진정으로 경전의 내용을 신뢰하고 생활의 법도로서 굳게 믿고 따를 수 있다고 생각한 것이다. 그래서 불법의 수행에는 현실진단의 참회가 따라야 한다는 것이다. 그리고 경전이 설하는 내용을 하나라도 구체적으로 실천하는 것이 중요한 것이다. 경전이 설하는 내용을 하나라도 진실로 체험할 때, 불법의 본의를 깨닫고 생활화할 수 있게 되는 것이다. 이러한 의미에서 회당대종사는

> 하나를 깨쳐서 아는 것은 태양과 같이 밝아서 무한하고, 낱낱이 배워서 아는 것은 박학博學이라도 유한하다.
>
> _『실행론』 2-4-1

라고 역설한 것이다. 광활한 경전의 내용을 하나하나를 배우는 것은 지식이 되어서 한계가 있지만, 경전 의미를 하나라도 체험적으로 깨달으면 불법의 진의를 체험할 수 있다는 것이다. 회당대종사는 경전의 의미를 생활 중에서 체험하는 길은 사지四智를 밝히는 것이라고 하였다. 따라서 회당대종사는 '마음공부'를 불법 공부의 중심으로 삼은 것이다. '마음공부,' 즉 심법을 밝히면 경전의 의미를 체험적으로 증득할 수 있게 되는 것이다. 그러므로 회당대종사는 불교의 교리가 방대하지만, 그 어느 방편을 택하더라도 심법의 공부를 중심으로 불법의 진의를 체득할 수 있고, 생활 중에 실현할 수 있다고 생각한 것이다. 회당대종사의 의식 속에는 불법은 심법을 깨달아서 현상적인 문제에 대한 철저한 진단을 하고, 그 생활 속에서 실행되어야 하는 것으로 인식되어 있었다.

3) 회당대종사의 자주적 민족정신과 역사관

대종사의 생애에서 민족은 피할 수 없는 화두였다. 1945년 해방 때 그의 나이는 44세였다. 청·장년기 시절의 대부분을 일제의 강점기에서 보낸 그의 마음 속에는 항상 민족의 운명을 숙고할 수밖에 없는 처지였다. 일제 강점이 끝나갈 무렵 뜻있는 분들과 교류를 넓히면서 민족의 현실을 타개하고자 사회 개혁에 대해 심사숙고 하였다. 그 결과로 우리 민족이 외세의 침입에서 벗어나지 못한 것은 자주적인 민족정신의 결여에서 비롯되었음을 깊이 인식하고 사회의 기본적 흐름을 자주성에 두고자 하는 역사적 혁신의식을 지니게 되었다. 이 점에 대해 그의 「불교는 우리의 풍토성과 혈지성에 맞는 것」이라는 논설을 중심으로 살펴보고자 한다.

그의 정신은 민족이 차지하는 비중이 절대적임을 보여주고 있다. 그리고 우리 민족이 세계사에서 종속적 입장이 아닌 자주적인 입장에 설 때 비로소 존재가치를 지닐 수 있음을 간파하고 있었던 것이다.

> 자주국가를 확립하는 데는 먼저 국민의 자주성이 필요하며, 그 자주성을 함양하는 데는 과학보다도 정신적인 영역에서 자력교와 타력교를 잘 분별 선택하는 것이 중요합니다. 자력교를 신앙함으로써 일상생활에 자주성를 길러내는 밑받침이 되어야 하는 것이니…자주는 누구나 다 좋아하면서 그 일으키는 방법을 아는 분은 극소수이기 때문에 특히 이점을 강조하는 바입니다.

여기서 회당대종사가 바라 본 불교관의 일부가 반영된다. 즉, 불교는 스스로의 노력을 강조하는 자력종교로서, 이는 자주국가 확립에 필요한 자주성을 함양하는 데 절대적인 중요성을 가지고 있음을 강조하고 있다.

한 나라의 자주성은 바로 국민성에 있으며, 우리의 국민성에 대한 평가를 중도성으로 표현하고 있다.

> 우리나라는 일면이 대륙, 삼면은 바다인 반도로 되어 있는 나라이므로 지령地靈과 인걸人傑은 불가분의 관계에서 국민 대다수가 대륙성도 아니요 해양성도 아닌고로, 남의 나라를 침략하고 예속시키기 위하여 먼저 싸움을 일으킨 일은 유사 이래로 거의 없다고 할 수 있습니다. 그러나 잃은 나라를 찾고 나눠진 나라를 통합하고 단일 민족성 그대로 지켜나가는 데는 세계적으로 강한 것을 볼 수 있습니다.

그가 평가하고 있는 중도성이란 앞에서 언급한 것처럼 대륙에 인접해 있으면서 대륙적 성향도 아니고 바다에 접해 있으면서도 해양성을 띠지 못하고, 두 가지 성질에서 국론이 쉽게 분열되어 한 편에 예속되기도 하고 양편으로 분열되는 등 단점만을 지닌다고 판단하고 있다. 이 단점을 극복하는 길이 바로 자주력을 향상하는 길이고 자주력을 회복하는 첩경으로 정신적 역할이 중요하다고 역설하였다. 그런 정신적 영역 가운데 자력적 의식이 강한 종교를 선택하는 일이 무엇보다 중요하며, 그런 종교가 불교라고 확신하고 불교를 선택한 것이다.

회당대종사가 불교사상을 자주성 확립에 인용하면서 제일 먼저 거론한 특징으로 불교가 삼국시대 이래 우리 국민의 정신세계는 물론 정치적 통일까지 이룩한 점을 상기하고 있다. 그것은 불교가 인도에서 중국, 중국에서 한국으로 전래되었지만 예속된 사상으로 잔존한 것이 아니라 그 지역의 독특한 여건과 융합하여 우리의 풍토風土와 혈지血智에 맞게 고유한 문화를 형성시켜 왔음을 주목하고 있다.

회당대종사가 지적하는 풍토성風土性은 위에 언급한 자연환경의 조건인 지정학적 중도성 외에도 역사적 입장에서 고찰하고 있다.

> 풍토성에는 불교가 가장 적합하므로, 석가모니불이 탄생하기 1800여 년 전 가섭불 시대에 이미 국조 단군님께서는 불교이념인 홍익인간의 뜻을 넓게 펴시고 불교정신을 심어서 몸소 행하시고 배달민족의 자손만대에 영원히 전하시어 그 호를 단군이라 하신 것은 분명히 불교를 상징하신 것입니다.

이와 같이 풍토성이란 민족적 성격을 상징하는 말로도 사용하고 있음을 알 수 있다. 단군 이래 우리 민족이 불교와 밀접한 관계를 가지고 있음을 지적하고 아울러 해양성도 아니고 대륙성도 아닌 중도성을 가진 우리 민족에게 있어 불교에 대한 신앙만이 그 단점을 극복하는 유일한 길임을 역설하고 있다.

'혈지성血智性'에 관해서는 같은 논설에서 다음과 같이 설명하고 있다.

> 이러한 풍토성을 가진 우리나라에서 고구려, 신라, 고려를 통하여 우리의 선조께서 불교를 믿으시고 불교로써 나라를 일으킨 정신과 피가 우리에게까지 줄기차게 흘러 내려온 것입니다. 이러한 혈지성을 가진 우리 국민으로서는 성조 단군님의 조국이념肇國理念(나라를 세운 근본이념)을 받들어 자주독립을 완수하려면 먼저 불교정신이 확립되어야만

할 것을 확신하는 바입니다.

여기서 혈지성이란 말은 대종사가 사용한 독특한 용어표현이다. 일반적으로 피를 나눈 민족의 운명공동체로서 성격을 나타내지만, 여기서는 지혜 지智의 의미에서 보듯 자연적인 민족공동체가 아니라 지혜와 지식으로 형성된 의지적인 면을 함께 갖는다는 의미를 포함한다. 이는 민족이 지니는 자연적인 면과 노력 등의 여하에서 보이는 의지적인 면을 모두 아우르는 말로 해석된다.

사실 불교가 우리나라에 들어오기 전에 존재했던 여러 가지 자연신 숭배의 종교관은 불교에 수용되어 다양한 신앙형태로 변화됨을 우리 역사에서 고증할 수 있다. 대표적으로 환인과 천제, 인간 수명과 화복을 주재한다는 북극 및 칠성 신앙 그리고 용왕신이나 산신 조왕신앙으로 정착되어졌음이 그 예라 할 수 있다. 이러한 신앙적 변화는 상위의 문화가 하위의 문화를 침탈하여 강압적으로 정복하고 예속화시킨 경우와는 본질적으로 다르다고 할 수 있다. 왜냐하면 그것은 불교가 지닌 보응성報應性과 위대한 교화력과 감화력에 의한 귀결로 나타난 결과이기 때문이다.

또한 이러한 사상만이 아니라 불교가 이 땅에 전래되어 민중들에게 전해준 자기반성과 비판은 참회와 실천을 이끌어 개성의 확립과 국가의 발전을 이루어 왔음으로 우리가 자주독립을 완수하려면 어떠한 종교보다 불교정신이 확립되어야 한다는 것을 밝히고 있다. 그리고 불교의 수행적 여건을 거론하면서 불교는 구경에 자성이 청정하게 되므로 일체의 사리事理에 통달하게 됨으로써 자주력을 지닐 수 있다고 역설한다.

이와 같이 대종사가 불교로써 민족적 정신을 이어가고 싶은 내면에는 불교 속에 내재된 자주정신을 높이 평가하고 있기 때문이다. 이 자주

정신이야말로 대종사의 역사의식의 핵심이다. 그러나 기존의 불교를 막연하게 수용하는 자세에 대해서는 반대하였다. 그것은 새로운 시대에 대한 변화를 분명하게 인식하고 있었기 때문에 불교도 시대에 맞는 불교로서 그 가치가 변화해야 함을 주장한 것이다. 따라서 당시 불교에 대한 오해를 불식시켜 자력교로서 불교에 대한 바른 이해를 갖도록 노력한 것이다. 곧 불교에 대한 바른 이해를 통한 민족의 자주성 회복이 자주국가 확립의 기초가 된다는 뜨거운 불교 사랑과 조국 사랑을 보여주고 있다.

4) 회당대종사의 종파관

1947년 회당대종사는 농림촌에서 육자진언 정진 후 대각을 성취하고 교화를 위해 '참회원'을 열어 도량의 기치를 세웠다. 이후 참회원을 '심인당'으로 개명하고 교단의 조직을 체계화하자 교세는 날로 발전했다.

이외에도 그는 교단명을 '심인불교 건국참회원'(1951), '대한심인불교 진각종보살회'(1953.8), '대한불교진각종보살회'(1953.12), '대한비밀불교 진각종보살회'(1958), '다라니불교금강회'(1959), '대한비밀불교 진각종'(1962), '대한불교 진각종'(1963)으로 바꾸어 왔다.

이상의 종명에서 회당대종사가 표방하고자 하는 종파개념이 가장 잘 드러나 있는 것은 '대한불교진각종보살회'이다. 이것은 회당대종사사상에 있어 종파개념의 완성이며, 그의 생애에서 가장 힘 기울였던 것으로 현대불교의 미래지향적인 종파의 모습을 보여주는 단면이다. 이와 같이 그는 미래 불교의 모습을 종파의 모습과 관련지어 표방하고자 했다.

1954년 5월 21일 이승만에 의한 정화유시가 발표되면서 비구대처간의 갈등이 표면화되기 시작했다. 또한 전란 후 불교도들 사이에는 자각적 소리도 높아갔다. 급격한 사회구조의 변화로 인해 나타난 다양한 계층과 사회구조가 형성되어 불교교단도 사회적 변화에 따라 그 기능과 역할을 다양화해야 할 시기였다.

이때 회당대종사는 교화를 시작하였고 교단의 명칭을 참회원에서 심인불교, 나아가 진각종으로 변경하면서 종단의 성립근거와 정체성을 명확히 하여 기성종단과의 차별성을 두려고 노력하였다. 이에 대한 실천적 일환으로 그가 이미 발표한 글인 「심인불교를 세우는 뜻」을 수정해 「대한불교진각종보살회를 세우는 뜻」이라는 제목으로 자신의 종파관의 대의를 표방한다. 이 글에 나타나는 명칭인 '대한불교진각종보살회'는 4가지의 의미를 담고 있는데 분석하면 '대한불교', '진각', '종', '보살회'가 그것이다. 이 4가지 점에 초점을 맞추어 그가 추구했던 미래 불교에 관해 알아보기로 한다.

첫째, '대한불교'는 '대한심인불교'에서 대한불교로 변경한 것인데 그 이유는 「헌법서문」을 통해 다음과 같이 밝히고 있다.

> 우리 보살회의 명칭에 관하여 대한심인불교진각종보살회라 칭함은 심인을 독특하게 드러내는 적선適宜한 방편이 되어도 대한 불교 모든 종파간의 융화를 도모하고 명칭으로부터 오는 종파아宗派我를 떠나서 종파성宗派性을 나타내기 위하여 대한불교진각종보살회라고 개칭함이 타당함을….
>
> _『대한불교진각종보살회 헌법』 서문 중에서

이 내용으로 보면 대한심인불교는 종파아宗派我가 되고 대한불교는 종파성宗派性이라는 의미로 해석될 여지가 있다. 그러나 심인을 삭제한 것은 심인의 의미가 잘못된 것이 아님을 분명히 하고 있다. 오히려 더욱 넓은 의미로서의 일반적 용어의 사용을 위해 바꾼 것으로 볼 수 있다. 일반적 용어란 1941년부터 조계종이 '조선불교조계종'이란 종명을 사용하다 1945년 대한민국 정부수립과 더불어 종단 명칭을 '대한불교조계종'으로 개칭하여 사용하고 있었기 때문에 자연스럽게 전통을 수용한 것이 아닌가 생각된다.

전통의 수용이란 점에 있어서는 「불교는 우리의 풍토성과 혈지성에 맞는 것」이란 논설문에 나타난다. 앞에서도 언급하였듯이 불교는 그 지역을 위하고 또한 그 지역의 모든 국민을 진정 행복하게 하는 종교이며, 단군 이래 우리 민족이 불교와 밀접한 관계를 가지고 있음을 강조하고 있다. 또한 우리 국토는 해양성도 아니고 대륙성도 아닌 중도성을 가진 우리 민족에게 자력교인 불교의 신앙이 유일한 민족문제의 해결책임을 제시한다.

둘째, '진각'은 심인이 완전히 밝혀진 경지를 진각이라 할 수 있다. 이것을 인격적 개념으로 진각님이라 이름하고, 진각님의 보편적 인격의 개념을 법계진각님이라 한다. 따라서 진각의 세계는 인간이 체득한 이상적 경지를 표방하고 있는 것이다.

다시 말하면 진각이라는 것은 불교에서 말하는 깨달음을 지칭하는 것이고, 진각님은 부처님, 법계진각님은 비로자나불을 바꾸어 일컫는 용어이다. 이와 같은 새로운 용어를 만든 이유는 회당대종사뿐만 아니라 용성선사의 경우에서도 나타난다. 용성 또한 깨달음을 대각, 불교를 대각교, 부처님을 대각님 등으로 부르고 있다. 용성은 그 이유를 그의 「중앙행정에 대한 희망」이란 글에서 아래와 같이 강한 어투로 밝히고 있다.

조선민족의 머리 속에는 구습이 틀어 박혀 있어 뿌리 뽑기 어려운 형편이다. 우리들이 저들에게 의뢰하지 아니하고 당당하고 위엄 있는 태도로 계율을 지키고 도를 행하면 몇 년 안되어 신선한 종교가 진흥될 것이며 의복도 똑같은 색으로 개량하고 대장경에 있는 고유한 명사를 위하여 오늘날 사용되는 명사와 바꾸어 쓰면 오늘날 민중의 머리 속에 뿌리박혀 있는 악습관을 없앨 수 있는 것이니….

_ 백용성, 「중앙행정에 대한 희망」, 『불교』 93호 중에서

이와 같이 용성은 당시 소극적이고 의존적인 시대의 불교를 현대에 맞게 변화시켜 민중들이 생각하는 부정적인 불교의 이미지를 과감히 개혁하여 불교 본연의 독자성을 부각시키기 위한 방편적 노력이었음을 알 수 있게 한다. 따라서 회당대종사 또한 불교의 고유명사를 새롭게 바꾸는 일이 무엇보다 중요한 것으로 판단했음을 알 수 있다.

회당대종사는 당시 불교계의 무기력한 상황을 다음과 같이 지적하고 있다.

불교가 이조 오백년 동안 통솔적統率的인 일원주의一元主義 유교정치의 통치하에서 산간벽지로 유폐되고 특히 선조 이후로는 승과도 폐지되고 압박이 심하여서 남아 있던 선교양종도 점점 쇠하였음으로 대중이 문자를 알지 못하는 어두운 사회에서 법을 전할 수 있는 불공방편佛供方便만이 주로 남아 있었던 것이다.

_ 『悔堂論說集』, p.17

여기서 회당대종사는 당시 불교계는 부처님의 근본정신을 알지 못

하고 욕심에 치우쳐 자신의 복만 비는 불공만이 불교인 줄 알고 있는 기형화된 불교라고 비판했다. 그리고 현실을 타개하기 위해서는 변화의 중요성을 강조한다. 불상만이 부처인 줄 알고 사찰만이 불교인 줄 알던 과거의 불교인식을 고쳐서 우주에 충만하여 없는 곳이 없는 법신부처님이 계신 것을 가르치고 부처님의 진리를 강조하여 생활에 활용해야 한다고 하면서 용성이 그랬듯이 회당대종사 또한 당시의 구습을 탈피하여 새로운 불교로의 모습을 갖추기 위해 진각이라는 새로운 용어를 선택한 것으로 보인다.

셋째, '종宗'의 사용이다. 이 부분은 '진각종'으로 한 개념으로 볼 수도 있으나 여기서는 구분하기로 한다. 왜냐하면 종파에 대한 개념으로의 종은 1953년 이전부터 사용해 왔으나 1954년에 와서는 진정한 종파로서의 교리체계를 완비해 가는 모습을 보이고 있다.

회당대종사는 종지를 논하기 이전에 왜 종파가 나누어져야 한다고 생각했을까? 「현대불교는 재가출가로 분화해야 한다」라는 논설문에서 그의 말을 빌리면 다음과 같다.

> 불교의 교리는 원래 심원광대하여 한 문門으로 다 나타낼 수 없고 한 방편으로 다 교화할 수 없는 것이다.
>
> _『悔堂論說集』 p.67

여기서 회당대종사는 불교의 본질은 하나지만 교화의 방법론적 차원에서는 무량방편의 시설이 필요하다는 입장을 견지하고 있음을 볼 수 있다. 비슷한 주장을 「무슨 이유로 종파가 나누어지는가」라는 논설문에서는 시대적 병의 치유로 설명하고 있다.

과거 도덕적 단순한 시대 사람은 정신에 사상병이 적었으므로 옛날과 같은 진각님의 종합적 일원一元의 방편으로 고쳤지만, 현대 물질이 복잡한 시대 사람은 정신에 사상병이 크고 많아 진각님의 이원·다원 종파의 많은 방편문을 필요로 한다.

_『悔堂論說集』 p.36

여기서는 종교란 반드시 그 시대 그 사회와 공존해야 하며 사회적 필요성에 의해 종교도 변해야[발달] 한다는 종교의 사회성에 입각해 여러 방편문의 필요성을 강조하고 있다. 그리고 나누어 질 경우 어떤 모습으로 나타나야 하는 지에 대해서는 매우 파격적이다.

한 종교 내에서 여러 부문을 여는 것은 어두운 시대의 통솔적인 부문이며, 일원주의적인 부문이며, 봉건적인 소법小法이며, 소발달이다. 한 종교에서 체용과 방편이 달라서 이교異教와 같이 분교 되는 것은 문명시대 자주적인 종파이며, 이원주의적인 종파이며, 평등적인 대발달이다.

_『悔堂論說集』 p.19-20

여기서 종파가 나누어질 경우에는 별로 차이가 나지 않는 단순한 분화가 아니라 이교異教처럼 분화하는 것이 자주며, 평등이며 대발달이라고 주장한다. 이교처럼 분화해야 한다는 주장은 다른 곳에서도 찾을 수 있다.

현대는 과학이나 정치나 종교나 일체 사회조직까지지도 다 분과分科로 발전해 가는데 유독 우리나라 불교만이 종파로 분립되지 않을 수 있겠는가. 이것은 오늘날의 대세인 것이다. 또한 분립하는데도 부분적으로 나누어지는 것은 작은 범위로 발전하는 것이요, 이교異教와 같이 나누어지는 것은 세계적인 대범위로 발전하는 증거로 볼 수 있다.

'이교처럼 나누어 진다'라는 주장은 매우 독특한 것으로 이것은 두 가지의 의미를 내포한다고 볼 수 있다. 하나는 사상적 의미고 다른 하나는 현실적 의미이다. 사상적 의미는 '종파아宗派我와 종파성宗派性'이라는 말로 대변되며, 현실적 의미는 '보살회菩薩會'와 '무등상불無等像佛' 신앙을 나타낸다.

대종사는 기본적으로 불교가 발전하기 위해서는 종파가 많이 나누어져야 된다고 보고 있다. 그러나 그 종파는 분명한 특수성을 가지고 있어야 한다는 것이다. 그래서 분명한 자기주장, 즉 종파성을 가지고 종파가 나누어지는 것은 '종파의 분화'이며, 뚜렷한 자기 성격을 가지지 않고 인위적인, 즉 종파아적인 입장에서 종파가 나누어지는 것을 '종파의 분열'이라 하고 있다. 불교가 많은 종파로 분화되면 종파 간에 상호 영향을 받아서 대발달하고, 불교가 여러 종파로 분열이 되면 종파 간 상호 반목과 대립으로 정체할 수밖에 없다는 것이다. 따라서 대종사는 자기 정체성을 분명히 가진, 즉 종파성이 분명한 종파를 창종하고자 하였던 것이다.

따라서 회당대종사는 종파의 분화와 협동을 통한 종파성은 중시하되 상호 배타적인 종파아는 배격한다는 입장을 견지하고 있는 것을 볼 수 있다.

그리고 이교 같이 분화한다는 현실적인 의미인 보살회는 진각종이 전통적 출가 종단을 말하는 것이 아니라 재속在俗의 불교종단을 표방하고 있다는 점이다. 이교처럼 보이기 위해서는 본존本尊도 다를 수 있음을 시사한다.

> 종교가 서로 다르게 본존을 세우는 것은 한 집안에 자기 조상을 모시는 것과 같으며, 한 교에서 나누어진 종파라 하여도 역시 서로 다른 본존을 세우고 있다.
>
> _『悔堂論說集』 p.27

이 다른 본존에 관한 구체적 언급으로 비로자나부처님을 내세운다.

> 비로자나부처님은 시방삼세 하나이라, 온 우주에 충만하여 없는 곳이 없으므로 가까이 곧 내마음에 있는 것을 먼저 알라.
>
> _『실행론』 2-1-1-가

이로써 회당대종사의 진각종은 무등상불 신앙의 근거를 밀교의 비로자나부처님으로 확정하고 있음을 알 수 있다.

넷째, '보살회'이다. 위에서도 보살회에 관해 간략한 언급을 했지만 이에 대한 좀 더 구체적 내용을 확인한다. 중국에서 종파가 발생한 이후부터 일반적인 종단명은 '○○宗'으로 끝나는 것이 보통인데 회당대종사는 종 뒤에 특별히 보살회라는 말을 추가해 사용하고 있다. 이 보살회는 진각종 교단의 구체적 성격을 규정하고 있는 용어라 생각된다.

회당대종사는 여기서 보살을 어떤 의미로 사용했을까? 보살의 일차적 개념은 bodhisattva로서 '각유정覺有情'즉 '깨달음을 구하는 존재'에서 시작하여 '깨달음의 완성을 위하여 노력하는 사람', '부처가 되기 위해 보리심을 일으켜서 수행하는 구도자', '부처의 지혜를 얻기 위해 수행하는 사람'등의 개념으로 사용되었다. 여기에 이타적 의의를 포함시켜 '위로는 깨달음을 구하고 아래로는 중생을 교화하는 사람'으로 그 의미가 다양해졌다.

이와 같이 보살의 개념 속에는 재가와 출가의 의미는 전혀 들어 있지 않음을 알 수 있다. 즉 보살은 출가하지 않아도 가능한 것으로 여겼던 것이다. 초기 경전에서 부처님의 가르침은 결코 출가와 재가를 구분하지 않는 경우가 많은 곳에서 나타나고, 재가자뿐만 아니라 칠중七衆 모두가 해탈을 얻을 수 있고 그리고 해탈에는 차이가 없음을 설하고 있다. 불도를 이루겠다고 발심한 자는 출가 재가에 관계없이 보살이 될 수 있으며 보살은 출가와 재가의 문제가 아니라는 것을 의미한다.

회당대종사 역시도 이와 같은 보살정신 즉, 출가와 재가가 아니라 깨달음을 구하고, 해탈을 구하고, 열반을 구하고자 하는 자를 보살이라고 생각했던 것이다. 이것을 구체적으로 다음과 같이 표현하고 있다.

> 석존께서 사부四部 제자를 설치하심은 전문적인 분야에서 각자 종지와 의무를 실행케하여 생사, 열반 전체를 크게 발전시키기 위함이요, 결코 계급을 위해서 세운 것이 아님을 불교인은 누구나 다 알고 있는 사실일 것이다. 그러므로 출가 재가가 각자의 종지를 세우고 사명을 완수하는 데는 절대 평등한 제자 자격과 권선방편善權方便이 각각 부여해 있기 때문에 어느 하나는 높고 하나는 낮은 것이 아닐 것이다. 그러나 계승하여 가는 일원시대에서 보면 비구승은 높고 청신사는 무능하게 보았던 것이요, 불교가 능히 교화할 수 있는 이원시대에서 보면 비구승보다 교화스승이 활동하는 것을 대승적으로 보게 될 것이다.
>
> _『悔堂論說集』 p.50~51

이와 같이 출가와 재가는 우열이나 상하의 문제가 아니라 교화를 위한 기능적 측면임을 강조하고 있으며, 재가와 출가의 이원이 잘 발달하는 것이 대승의 정신이라고 생각했던 것이다. 그리고 이원을 통한 기능적 교화의 구체적인 모습을 「현대 불교는 재가 출가로 분화해야 한다」라는 글에서 다음과 같이 설명하고 있다.

> 사부대중에는 비구·비구니는 종손宗孫과 같고 우바새·우바이는 지손支孫과 같다. 종손이 그 조상의 유업을 받아서 이어 가는 것과 같이 출가 비구는 주로 삼보를 계승하여 가는 법을 가진다면 지손은 자손사업을 영위함과 같이 재가 보살승은 주로 중생을 교화하는 권위방편을 세움과 같다.
>
> _『悔堂論說集』 p.68

또한 같은 글에서,

> 우리 지도자가 먼저 불교의 이치를 알고 실천하여 출가인이 재가법을 본래 법이 아니라고 비방하지 말 것이며 또는 재가인이 출가법을 시대에 배치된다고 비방하지 말 것이다. 출가와 재가는 불이문不二門인 고로 출가하여 평일에 법복을 입고 청정한 종파는 반드시 스님이라 하고, 재가하여 평일에 평상복을 입고 교화하는 종파는 반드시 도사導師라 하여 서로 존경하는 풍속을 만들어 일체 중생으로 하여금 길상과 복업에 습관되어 행하도록 무량한 복문을 우리가 실천하여 무언중에 크게 열고 화도하여야 할 것이다.
>
> _『悔堂論說集』 p.71~72

위의 두 인용문에서 회당대종사는 이원의 입장에서 출가자는 종손으로 삼보계승의 중요성을 강조한 반면, 재가자는 지손으로 비유하면서 중생화도를 위한 권위방편을 세우는 것으로 출가와 재가의 기능을 불이적으로 이해하여 서로를 비방하지 말고 승가의 본래 정신처럼 서로 화합하며 존경해야 함을 강조한다. 그리고 이 이문二門 궁극적으로 미래 불교의 청사진으로 더욱 크게 열어야 한다고 강조하고 있다.

회당대종사가 창종한 교단의 종명인 '대한불교진각종보살회'을 통해 한국불교가 나아가야 할 길을 살펴보았는데 그렇다면 그가 이러한 종명을 만든 사상적 근거는 어디에서 왔을까? 여기에 대한 회당사상의 요체는 한 마디로 '이원'이 아닐까 생각한다.

회당대종사의 종파관의 핵심은 그의 이원철학二元哲學에 입각한 이원 종파관이라고 볼 수 있다. 이원을 고찰하기 이전 그는 유교를 예로 들어 일원주의와 일원시대를 비판하고 있다.

> 우리들이 잘 알고 있는 가까운 유교의 성쇠를 보더라도, 통솔적인 일원주의를 세우면서 왕성할 때는 부문으로 나누었으며, 공자를 숭상하던 향교는 일군一郡에 일교一校를 두었다. 동시에 공자의 덕업과 언행을 가르쳐서 실행하고 교민화속敎民化俗하는 서당은 방방곡곡에 있었다. 그러나 유교가 쇠퇴한 오늘날에는 공자를 숭상하던 향교만 남아 있을 뿐이다.
>
> _『悔堂論說集』, p.19

이와 같이 과거의 일원주의는 오늘날 현실과 맞지 않아 모두 몰락했음을 전하고, 불교계의 상황에 관해서도 다음과 같이 평가한다.

시대는 벌써 일원에서 이원으로 전환하였는데 조선조 오백년 동안에 일원주의화한 우리 대한 불교는 아직도 출가·재가가 이원·다원으로 분화 발전하지 못하여 병들고 있는 것이라고 생각한다.

_『悔堂論說集』 p.47

이는 현대사회의 모든 분야와 일체조직이 다 분과 전문으로 발전하고 있는데 불교는 아직 구시대에서 깨어나지 못하고 있음을 안타깝게 생각하고 있음을 볼 수 있다. 그리고 오늘날 불교에서 이원 종파가 필요함을 과거와 현대를 비교하여 다음과 같이 설명한다.

진각님 또한 과거 도덕적 단순한 시대 사람은 정신에 사상병이 적었으므로 옛날과 같은 진각님의 종합적 일원의 방편으로 고쳤지만, 현대 물질이 복잡한 시대 사람은 정신에 사상병이 크고 많아 진각님의 이원·다원 종파의 많은 방편문을 필요로 한다.

_『悔堂論說集』 p.36

여기서 그는 일원은 과거 상황에서는 필요했던 것이지만 현재에는 맞지 않는 방편으로 간주하고 방편적 이원 종문宗門의 필요성을 의사에 비유해 설명하고 있다.

단순한 시대에는 병도 단순했기 때문에 과거 동양의원들은 통솔적 일원으로 만병을 치료하여 능히 세상을 구제하여 왔으나 복잡하게 된 금일에는 편작 같은 명의가 재생한다고 해도 고치지 못할 병이 많을 것이다. 그러나 오늘날 서양의술은 분과적 전문기술을 양성해 전문적으로 치료하므로 현대의 복잡한 병도 고칠 수 있게 되었다.

_『悔堂論說集』 p.35

이와 같이 이원 전문적 의사만이 현대의 다양한 병에 대처 할 수 있는 것처럼 각 종파도 전문성이 필요함을 주장한다. 그리고 이원전문은 종속적 관계의 일원이 아니라 상호평등의 차원에서 다양성의 가치를 서로 인정한다는 뜻이다. 종파의 형태로는 앞에서도 언급한 이교처럼 보일 정도로 서로 달라야 한다는 것이다.

봉건일원 시대에 불교가 발전되어 가는 종파조직형태와, 민주 이원시대에 불교가 발전되어 가는 종파조직형태와, 입헌제왕국에 불교가 발전되어 가는 종파조직형태와, 대통령 중심제 국가에서 불교가 발전되어 가는 종파조직형태와, 내각책임제 국가에 불교가 발전되어가는 종파조직형태가 각각 다른 것을 알고 포교해야 할 것이다.

_『悔堂論說集』 p.69

부언하자면 사회의 구조에 따라 각각의 포교를 담당하기 위한 종파형태가 달라야 한다는 주장이다.

그리고 오늘날과 같은 민주 이원시대에는 비구와 우바새가 각각 종지를 따로 세우고 종파가 나누어져 발전하는 것이 최고이며 평등사회를 이루는 원동력이 된다고 피력한다. 나아가 팔만사천 근기를 다 제도하자면 팔만사천 방편문을 열 필요성이 있다고 주장한다.

이와 같은 입장에서 회당대종사가 생각한 종파는 이원 종파라 할 수 있을 것이다. 그리고 그것의 구체적 모습은 출가와 재가로 나누고 이를 설명하기 위해 종손과 지손을 이야기 한다.

출가불교는 하나의 온 법계를 다 바르게 하려는 것이므로 모르는 가운데 교화하는 것으로 생각한 반면, 재가불교는 하나하나 바르게 해서 이 세상을 바르게 하는 것이니 국가 사회에 적응한 각 종파가 일어나서 하나하나 가리켜서 교화시켜야 하기 때문은 많은 다원의 문이 필요하다고 역설한다. 즉 출가는 종손으로서 계승되 내려가야 하는 일문一門이지만 재가는 지손으로 팔만사천문으로 발전이 필요하다는 뜻이 된다.

다시 말하면 출가 종단은 불교의 종손으로 불법승 삼보 가운데 하나인 승보가 되어 만고에 변함없이 불조의 전통을 이어가는 책임자가 되는 것이다. 불보와 법보가 다 이 승보로 이어간다. 따라서 출가 종단은 변하지 않는 계승을 의미한다. 이에 반해 재가 종단은 시대에 따라 진리에 맞게 혁신하여 교화하는 이원의 계속적 분화가 필요하며 이것을 발달로 이해한다. 그 예로 서양종교의 천주교와 기독교, 장로교, 감리교, 성결교 등의 다종파로 전문적 분화 발전하여 세계적인 선교를 하고 있는 것을 예로 들고 있다.

이와 같이 회당대종사는 출가와 재가의 종파가 자유롭게 분화된다면 자유 팔만사천 이원 종파가 서로 반영하고 침투되어 팔만사천 종지가 무언중에 모든 종파를 다 바르게 하고 궁극적으로 법계유정과 유형, 무형의 삼천대천세계가 다 바르게 되어 지역적으로 한 나라의 불교가 아니라 세계적으로 선교하는 불교가 되며 삼천대천세계가 이 가운데 다 정화되어 구경의 불이문이 실현될 것이라고 믿고 실천했던 것이다.

그러나 회당대종사의 종파관은 여기서 끝나지 않는다. 불교 내에서 출가와 재가가 이원 발전할 수 있는 것처럼, 세계적 종교자유의 원칙하에 전문적 종지를 발달시키면 동서양의 종교도 동등한 독립적 발전이 가능하다고 생각하였다. 나아가 정치와 종교까지도 각각의 전문성에 맞게 분화와 협동을 통해 이원 발전시킬 수 있다고 역설했다.

따라서 그의 이원 종파관이 추구한 세계는 '동서양의 종교가 서로 반영되어 자유세계가 이루어지는 법'이며 그 현실적 모습은 '평등문화, 평화세계, 자유국가, 자주국민, 민주주의'가 이루어지는 세계를 실현하고자 한 실천철학이다.

이러한 회당대종사의 교단인 진각종은 불교의 불이적 원융사상을 근간으로 이원 종파관을 실현하는 교단으로 한국 종교계에 새로운 미래 발전의 이정표를 제시하고 있다. 또한 현대와 미래사회의 종교 다원주의적 사회에서 종파와 종교 간에 나타날 수 있는 문제 해결의 나침반적 역할을 할 수 있을 뿐만 아니라 불교 내의 종파를 초월하여 세계의 모든 종교와 사상까지도 포용할 수 있는 종교의 분화와 협동을 주창하여 인류의 행복과 세계평화를 이룩하고자 하였다고 볼 수 있다.

2. 회당사상의 사상적, 실천적 적용

1) 참회·심인·진각사상

회당대종사의 정신세계는 회말취본의 본말정신과 이원원리의 실행정신이 바탕을 이루고 있다. 그리고 회당대종사는 대정진을 계기로 하여 이러한 정신을 구체적인 실천사상으로 체계화하여 갔다. 회당대종사가 불법을 통하여 형성한 보편적이고 내면적인 의식체계가 대정진과 교화과정을 겪으면서 구체적인 실천체계로 나타나게 된 것이다. 사상은 정신이라는 의식 성향이 구체적인 실천체계로 정립된 것을 말한다. 회당대종사의 사상은 그의 교화 과정을 거치면서 구체적으로 체계화되면서, 그의 교설을 통하여 표현되었을 것이다. 회당대종사가 설한 교설을 살펴보면 그 중심을 이루는 몇 가지 내용을 찾아낼 수 있다. 그것은 곧 회당대종사가 교화를 전개하면서 베풀어간 참회·심인·진각이라는 개념에 담겨있다. 참회·심인·진각을 통하여 회당대종사가 자신이 머금고 있는 생각을 중층적으로 나타내고 있다. 따라서 회당대종사의 모든 교설은 참회·심인·진각을 중심으로 체계화되어 있다고 볼 수 있다.

회당대종사는 교화를 시작하면서 교(당)명敎(堂)名을 '참회원'이라 하였다. 그 뿐만 아니라, 참회원의 수행의 형식도 전통적인 불교의 형식을 거의 따르지 않았다. 이것은 회당대종사가 불법을 수행한 과정과 당시의 불교의 상황을 고려할 때, 상상을 뛰어 넘은 파격적인 것이었다. 이것이 곧 회당대종사의 생각을 단적으로 보여준다고 볼 수 있다. 왜 회당대종사는 자신이 경험하고, 나아가 일반화되어 있는 당시의 관행으로 보아서 생각할 수 없는 방법으로 교화를 시작한 것일까? 또한 회당대종사의 이러한 발상은 어디에서 나왔을까? 그리고 회당대종사의 이러한 교화가 크게 호응을 받은 이유는 무엇일까? 이러한 물음에 해답은 결국 회당대종사가 세운 '참회원'의 설립 배경과 의도에서 찾을 수밖에 없다. 회당대종사가 교화를 시작할 즈음은 사회가 몹시 혼란을 겪고, 사람들이 심한 고통과 고뇌를 느끼고 있을 때이다. 이러한 사회상을 바로 잡기 위하여 회당대종사는 교화를 시작하였다. 회당대종사는 교화의 내용과 방법에 있어서 특정한 종교나 종파를 생각하기보다, 어떠한 것이 당시의 사회에 가장 적절한 것인가를 염두에 두었다고 볼 수 있다. 그리고 그 내용과 방법은 자신이 경험한 것 중에서 찾는 것이 가장 쉬운 길이였을 것이다. 이렇게 생각하면, 회당대종사의 '참회원'은 회당대종사가 대정진을 하면서 수행한 형태가 중심이 되고, 그 위에 그가 생각하고 있던 점들을 추가하였을 것이다.

회당대종사는 관세음 명호 염송을 중심으로 49일 가행정진加行精進(예비정진)을 한 후, 육자진언을 중심으로 100일의 정행정진正行精進(대정진)을 하였다. 회당대종사는 대정진 동안 육자진언의 염송과 참회를 주요 내용으로 하였다고 알려져 있다. 또한 회당대종사는 육자진언의 염송과 참회는 그대로 '마음공부'라고 생각하였을 것이다. 따라서 회당대종사는 교화를 시작하면서 자신의 경험, 즉 육자진언의 염송과 참회를 통하여 '마음공부'를 하고, 신병의 치유와 깨달음을 성취한 사실을 자연스럽게 생각하였을 것이다. 회당대종사는 당면한 당시의 사회상을 바로 잡는 가장 우선적인 일은 참회를 통한 마음공부라고 판단하였다. 여기서 참회는 병病·빈貧·쟁諍의 삼고三苦를 비롯한 현실고를 일으키는 원인에 대한 자각을 의미한다. 그리고 회당대종사는 그 자각 대상으로서 개인적으로는 인간이 공통적으로 가지기 쉬운 네 가지 자기 집착, 즉 사상四相을 강조하고, 사회적으로는 인습적 관념과 생활양식, 그리고 현실의 타성적 습성을 주로 거론하였다. 일상생활 속에서 사상四相에 물들어 있는 '마음의 전환'에 의하여 인습적이고 타성적인 생활상이 바르게 되고, 결국병病·빈貧·쟁諍의 현실고도 해결할 수 있다는 것이다. 이렇게 볼 때, 참회는 당면한 현실 문제를 해결하는데 중심을 두고 있다. 따라서 회당대종사는 참회원 시기에는 현상의 부정적인 문제를 개혁하려는 의지를 가지고 있었다. 그래서 회당대종사는 당면한 현실 문제의 해결을 위하여 일차적으로 '참회'를 내세우고, 모두가 참회할 수 있는 '참회운동'에 초점을 맞추었다. 회당대종사는 철저한 자기 참회로써 복잡하게 비뚤어진 심성을 정화할 것을 강조한 것이다.

회당대종사는 그 후 '심인불교건국참회원心印佛敎建國懺悔園'이라는 공식 명칭을 사용하고 있다. 이것은 회당대종사가 교화의 이념을 전환한다는 것을 의미한다. 회당대종사가 설하는 참회는 이중 구조를 가지고 있었다. 당면한 현실의 부정적인 문제를 해결하는데 초점을 두고 있는 '참회'는 소극적인 참회이다. 이 경우에는 '마음공부'를 마음의 부정적인 면을 정화하는 '마음 닦는, 마음 고치는'공부에 중심이 실려 있다. 그러나 참회에 의하여 현실고가 해탈된다면 그 연유는 무엇인가. 나아가 참회에 의하여 얻어지는 경지는 무엇인가. 회당대종사는 구체적인 잘못의 뉘우침이라는 소극적인 의미의 참회도 결국은 내면적인 마음공부에 의해서 완성된다고 생각하고 있었다. 그래서 참회에 의해서 밝혀지는 마음의 경지를 '심인心印'이라는 개념으로 수렴하였다. 즉 참회의 적극적인 의미는 인간 심성의 본성, 즉 심인으로 돌아가는 것이다. 이것을 회당대종사는 '심인 밝히는 공부'라고 불렀다. 이렇게 해서 회당대종사는 마음공부를 '심인(밝히는) 공부'라 하고, 참회의 방향을 '심인공부'로 심화시켰다. 따라서 회당대종사의 참회는 현상적인 면에서는 부정적인 문제를 인식하여(깨달아서) 그것을 고치는 것이지만, 그것은 곧 본성, 즉 심인으로 돌아가서 참회의 요인을 근본적으로 없애는 것에서 완성된다는 '근원적인 참회'라고 할 수 있다.

회당대종사는 교화의 이념을 참회에서 심인으로 심화시키면서, 교명을 심인불교라 하였다. 심인불교가 펴는 교화내용을 심인진리心印眞理, 그리고 수행을 심인공부心印工夫라 정리하였다. 그리하여 그는 심인을 교화의 중심 개념으로 정립하였다. 회당대종사는 본래면목本來面目이라는 전래의 심인의 의미를 수용하면서, 그 위에 새로이 진언을 일컫는 의미로서 사용하였다. 진언은 심인을 상징한 구체적인 양식樣式이다. 따라서 심인은 상징 내용으로서의 심인과 상징 양식으로서의 진언의 의미를 동시에 가지는 것이다. 그래서 육자진언을 육자심인이라 일컫기도 하는 것이다. 이것은 상징되는 것과 상징하는 것을 동일시하는 상징의 성격 때문이다. 이에 대한 회당대종사의말씀을 들어 보면,

> 다라니를 내 마음에 새겨 있는 불심인은 능히 선을 나게 하고 능히 악을 막는도다…. 심인은 곧 다라니를 내 마음에 새겨 있는 불심인인 삼매왕을 가리켜서 말함이요, 삼밀로써 내 마음에 항상 (심)인을 새겨 가져 실상 같이 자심 알아 내 잘못을 깨달아서 지심으로 참화하고 실천함이 정도니라.
>
> _『실행론』 3-2-1

라고 하고 있다. 이 말씀은 많은 함축적 의미를 담고 있다. 그 중에서 심인이 다라니(진언)와 밀접한 관계가 있음을 보여주고 있다. 그리고 심인과 다라니의 관계를 상징내용과 상징양식으로 보는 것은 어렵지 않을 것이다. 이미 '심인'이라는 언어 자체에 그것을 암시하고 있다. 심인이 진언의 의미를 가지기 때문에, 심인은 종교 이상으로서 진각(법신불)과 이상 실현의 양식으로서의 육자진언의 상징내용이 되는 것이다. 그 때문에 회당대종사가 후일 심인을 교학체계의 중핵개념으로 삼게 되는 것이다. 그리고 회당대종사는 심인을 지비용智悲勇이 조화를 이루고 있는 마음으로 보았다. 즉 심인은 지혜와 자비와 용맹(지비의 실천)이 완전히 갖추어진 마음이고, 그러한 마음이 완전히 들어난 경지를 진각이라 하였다. 이것을 인격적 개념으로 보아서 '진각님'이라 부른다. 그러므로 심인을 밝혀서 진각의 경지

를 실현하는 수행이 심인공부가 되는 것이다. 심인공부는 심인의 상징인 육자진언(옴마니반메훔)을 염송하는 '육자관六字觀'이 기본이다. 육자관은 육자진언의 念誦과 觀想이 중심이 되어 있는 관법이다. 따라서 회당대종사가 전개한 참회·심인·진각의 중층적 실천 과정은 다음과 같이 나타낼 수 있다.

회당대종사는 심인을 교화의 중심 개념으로 하여서 교화를 하면서, 진기 7(1953)년 교명을 대한불교진각종보살회大韓佛敎眞覺宗菩薩會로 변경한다. 이렇게 해서 회당대종사는 다시 '진각'을 교화의 전면에 내세웠다. 그것은 심인을 밝힘으로써 성취되는 수행의 이상을 분명하게 하기 위한 것이다. 회당대종사는 심인불교의 종교이상을 '진각'으로 확립한 것이다. 회당대종사가 쓰는 '진각'은 몇 가지 의미를 가지고 있다. 첫째 진각에서 '眞'의 의미가 '진여 법성'일 경우, 진각은 '본각'의 의미가 짙고, '법성이 각성되어 있는 상태,' 즉 법신의 경지 그 자체를 의미한다. 둘째 진각에서 '眞'의 의미가 '본성(심인, 진실)'일 경우, 진각은 '본성(진실)의 깨달음,' 즉 화신으로서의 성불의 경지를 의미한다. 셋째 진각에서의 '眞'의 의미가 형용사 '진실한'의 의미일 경우, 진각은 '참다운 깨달음,' 즉 깨달음의 상태를 의미한다.

회당대종사는 심인心印을 보편적인 면[全]과 개체적인 면[分]의 입장에서 보고 있다. 즉 심인이 개체적인 입장 일 경우는 '심인의 깨침'을 '진각님'으로 인격화하고, 보편적인 입장일 경우는 '심인의 깨침'을 인격화하여 '법계진각님'이라 부른다. 이것을 다시 '자성법신(진각님)'과 '법계법신(법계진각님)'이라 하고 있다. 그러나 진각님(자성법신)과 법계진각님(법계법신)은 특수와 보편의 관계에 있기 때문에 다르지 않다.

이상에서 살펴본 것 같이, 회당대종사는 심인을 수행의 대상으로 하고, 참회를 수행의 시작으로 하고, 진각을 수행의 이상理想으로 하는, 참회·심인·진각을 중층적 교화 개념으로 전개하였다. 회당대종사는 이처럼 참회·심인·진각을 중심으로 교화이념을 전개하면서 두 가지의 작업을 하게 된다. 하나는 전래의 불교에 대한 진각종의 정체성을 확립하는 일이고, 둘째는 참회·심인·진각을 중심으로 하는 자신의 교화활동에 대한 보편성을 찾는 일이였다. 우선 회당대종사는 진각종이 전래의 불교와 다른 점을 이렇게 설명하고 있다. 회당대종사는 전래의 불교는 '불법승佛法僧 삼보사불三寶事佛'을 주로 하고, 진각종은 '법보화法報化 삼신이불三身理佛'을 주로 한다고 규정하였다. 즉 불법승 삼보를 섬기는 것이 기존의 불교 신행의 특징이라면, 법보화 삼신을 깨닫는 것이 진각종의 특징이라는 뜻이다. 이것은 그가 전래적인 불교를 '도상숭불睹像崇佛(등상을 보고 부처님을 숭상하는 것)'의 신행 형태인데 비해서, 진각종을 '(심인)진리각오眞理覺悟(심인진리를 깨닫는 것)'의 신행 형태라고 한데서 명확하여 진다. 즉 신행상에서 삼보를 현상적인 면에서 숭상하고 의뢰하는 입장이 강한 것이 전래불교의 신행 특징이고, 진각종은 삼보를 이법적인 면, 즉 법보화 삼신의 이법적인 면에서 깨달아 가는 입장을 강조하는 것이 특징이라는 의미다. 그래서 회당대종사는 전통적인 불교를 종종 '삼보불교'라고 하고 진각종을 '진리불교[法佛敎]'라고 약칭하였다. 회당대종사는 '삼보불교'는 유상有相[等像]을 기본으로 하여, 계율지봉戒律持奉하고 내세극락의 숭불기복적인 의식의례에 의하여 의뢰적인 신행의 경향이 짙고, '진리불교'는 무상無相[無等像]을 세워서, 육행을 실천하고 현세정화의 인과내증적인 실천 생활에 의하여 자주적인 신행을 중심으로 삼는다고 하였다. 그렇다고 해서 대종사는 기본적으로 전래불교와 진각종의 가치적 차이를 나누려 하는 것이 아니고, 신행 기능적인 면에서 어떠한 경향의 차별이 있는가를 말하려 한 것이다. 그 때문에 과거 단순한 사회에서는 전래적인 형태의 신행만으로도 모든 중생을 교화할 수 있었으나, 현대 복잡한 사회에서는 다양한 방편의 신행 양식이 이원적으로 이루어져야 불교가 대발달할 수 있다고 한 것이다.

따라서 회당대종사는 불교의 신행에서 나타날 수 있는 신앙형태를 이렇게 나누고, 진각종은 전래 불교의 상대원리로서, 법보화 삼신이불을 주로 하여 진리각법眞理覺法을 중요하게 여기는 신행형태로서 창종한 종단임을 밝히고 있다.

2) 진각밀교의 성립

그리고 회당대종사는 참회·심인·진각의 교화체계를 세우면서 이들의 보편화 작업을 시작하였다. 그는 그 즈음 불교에 관한 많은 문헌들은 접하면서, 그 중에서 특히 밀교의 문헌 속에서 자신의 생각과 매우 밀접한 내용들을 만나게 된다. 그들을 수용하여 자신의 생각에 대한 보편성을 제공하려는 생각을 하였다. 우선 그가 교화의 중심 개념으로 삼고 있는 심인에 밀교의 보리심 교설을 수용하였다. (법계)진각님을 밀교의 교주教主인 (대)비로자나불로 바꾸고, 오불五佛·오지五智의 교설을 수용하였다. 그리고 만다라 교설을 비롯한 수행법을 수용하였다. 그러나 회당대종사는 뜻하지 않은 문제점을 맞았다. 만다라를 비롯한 밀교의 다양한 상징 양식, 그리고 삼밀관을 중심으로 조직된 복잡하고 다양한 수행법과 의례의식 등은 회당대종사가 전개한 심인불교, 즉 진각종의 본의를 벗어나서 수용할 수 없는 것을 인식한 것이다. 여기서 회당대종사는 선택과 집중이라는 입장을 취하게 된다. 이렇게 하여 회당대종사는 자연히 밀교의 정신을 수용하되 신앙 양식은 선별적으로 수용하였다. 밀교의 비로자나불의 교설을 중심으로 창안된 만다라 정신, 그리고 전신적全身的 수행을 기도하는 삼밀관행의 형식 등이 회당대종사가 수용한 주요 내용이었다. 육자진언과 금강지권인을 요소로 하는 육자관은 이렇게 해서 정립된다. 이렇게 하여 회당대종사는 자신의 교화 과정에 정립한 종교적 사색을 종합하여 정리하기 시작하였다. 그 첫째로 회당대종사는

> 비로자나부처님은 시방삼세 하나이라 온 우주에 충만하여 없는 곳이 없으므로 가까이 곧 내 마음에 있는 것을 먼저 알라.
>
> _『실행론』 2-1-1

라고 말하였다. 비로자나불의 보편성普遍性과 내재성內在性을 밝히고, 모든 교의의 주체자[教主]로 삼는다는 의미다. 이렇게 되면, 우리의 수행은 내 마음에 내재하여 있는 비로자나불, 즉 심인을 자각하고 밝히는 작업이 될 것이다. 그것은 곧 심인의 상징 양식인 육자진언을 염송하여, 그 속에 상징되어 있는 심인의 경지를 추체험하는 것이 될 것이다. 따라서 무등상불無等像佛의 신행을 기조로 하는 입장에서 육자진언은 심인을 상징한 양식으로서 신행의 직접적 대상인 본존이 되는 것이다.

그런데 즉사이진卽事而眞의 밀교 정신에서 자신의 본말정신의 보편성을 찾은 회당대종사는 불법의 수행은 그대로 생활현장에서 실현되어야 한다고 생각하였다. 그 때문에 수행의 증과는 현실에 나타나야 한다는 신념을 가지고 있었다. 그는 곧 밀교의 즉신성불설卽身成佛說을 받아들이고, 즉신성불의 사회화를 현세정화現世淨化라고 하였다. 따라서 회당대종사는 개개인이 즉신성불을 통하여 사회가 현세정화를 이루어 가는 것이 진각의 실현이라고 본 것이다. 따라서 회당대종사는 참회·심인·진각을 중심

축으로 하고, 이들의 보편성으로서 밀교의 정신과 수행법을 수용하여 시대에 맞는 현실적인 교화방편을 베풀면서 교화의 길을 걸어간 것이다.

이러한 과정을 거치면서 회당대종사는 자신이 일으킨 불교를 법불교法佛教라 일컬었다. 심인불교(심인을 중심으로 하는)에서 법불교(법신불을 중심으로 하는)로 옮겨간 것이다. 즉 심인불교는 보편적인 면에서 법신불(진각님)의 진리를 깨닫는 불교이기 때문이다. 따라서 회당대종사의 법불교는 전래의 불교(밀교)와 많은 점에서 특징을 가지게 된다. 우선 무상無相[無等像]을 기본으로 한다. 심인(진리)의 깨달음이 신행의 본원이다. 그리고 육자진언의 염송이 신행 활동의 중심이고, 극히 간편한 신행 의례를 행한다. 그리고 신행 생활을 위한 장소가 특별히 문제되지 않는다. 이러한 교리상의 특수성은 앞에서 밝힌 것과 같은 제도와 양식상의 특성, 즉 교화의 승직자가 전래적인 출가 형식에 따르지 않고, 교화의 장소(사원)와 법당내부의 양식이 전래의 것과 다르며, 그리고 교단을 재단법인화하여 체계적으로 관리하는 것 등을 들 수 있다. 따라서 회당대종사가 펴는 밀교는 전래의 밀교에 대한 발전지향적인 모습이라는 입장에서 진각밀교眞覺密教라고 일컫는 것이다.

3) 진각교전 편찬

진각종이 여러 지역에 심인당을 세우고 점차 신도들이 증가하면서 종단 조직의 체계화를 위한 필요성을 인식하기 시작하였다. 먼저 종단의 바른 방향과 뜻을 담은 종지를 세워야 했다. 나아가 신도 교육의 필요성과 그 방안들이 요구되었으며 종교단체에 맞는 의식도 점차 정립할 필요가 있었다.

이러한 생각이 모여 교전의 편찬 작업이 시작되었다. 1957년 12월 '법만다라와 예참문'을 시작으로 진행된 대한불교진각종의 교전 편찬 불사는 이후 '총지법장', '대한비밀불교진각종지', '법불교', '응화방편문', '법불교문', 그리고 '진각교전'등 다양한 명칭의 교전으로 발간되었다. 물론 교전속에는 모두 회당대종사 대종사의 가르침이 담겨져 있고, 현재 종단 불사 때마다 활용되고 있다.

진각종의 역사를 정리한 『교사』를 보면 진기 11년(1957) 12월 27일 '법만다라와 예참문'이 발간된 것으로 기록하고 있다. 발간 주체는 심인불교금강회해인행이며, 내용은 초기 진각종의 참회정신을 반영하듯 예참문과 참회문을 중심으로 편집된 교전이었다.

'법만다라와 예참문'은 신행을 돕는 책자 형식으로 발간된 형태여서 완성된 교전이라고 평가하기는 미흡하다. 그렇지만 자기관음 관념도와 우리 밀교의 참회문 등 밀교종지를 지향한 모습을 담고 있어 초기 교단의 의식을 보여준다는 점에서 중요하다. 현재 자기관음 관념도는 육자관념도라 칭하고 있다.

이런 과정을 거쳐 본격적인 교전으로 발간된 것은 진기12년(1958) 6월 총지법장摠持法藏이다. 회당대종사 대종사는 자신이 증득한 밀교의 교의를 펴기 위하여 총지법장을 편찬하였다.

여기서 총지는 한 글자 안에 헤아릴 수 없이 많은 가르침을 담고 있고, 한 가지 법 안에 모든 법의 가치와 성품이 담겨져 있으며, 한 소리 가운데 헤아릴 수 없이 많은 공덕을 담고 있다는 뜻으로 총지법장은 한 가지 뜻에 일체 뜻이 담겨져 있음을 의미한다.

나아가 총지법장은 과거, 현재, 그리고 미래의 모든 부처님이 스스로 깨달은 진리이자 신비하고 오묘한 가르침을 보살을 위하여 열어 보이신開示 것으로 모든 악을 여위고 법신·반야·해탈 등을 바로 알도록 하였다.

회당대종사는 먼저 이런 교의를 통해 현재 한국불교의 어려운 현실을 극복하려는 의지를 담았다. 한국불교의 역사를 살펴보면 여러 종파 가운데 신라와 고려의 밀교가 능히 국난을 소멸한 것처럼 회당대종사는 현대의 국난國難 역시 밀교에 의해 소멸될 수 있다고 생각하였다. 왜냐하면 고금과 인심에 따라서 그 연기와 방편은 다를지언정, 변함이 없는 본래의 참된 성품法性은 다르지 않으므로 재난이 소멸되고 해탈되는 것은 그 서원에 따라 국가나 가정이나 개인이나 모두 같기 때문이었다.

이런 목적에서 편찬된 총지법장은 밀교의 경經과 율律 가운데 진각종에서 필요한 것을 전부 혹은 일부를 발췌하고 국역하여 신행의 보조 역할을 하도록 하였다. 또한 발췌 선택한 밀교의 경, 율에 나오는 한문 원문은 필요한 것만 우선 먼저 게재하기로 하고 필요하지 않은 것은 시일과 인쇄관계 때문에 생략하였다.

그리고 당시 대중이 한문에 대한 이해가 낮은 까닭에 총지법장의 편찬과 번역원칙을 따로 정하였다. 먼저 이 책은 대중을 상대로 하는 까닭에 되도록 우리말로 번역하도록 노력하였다. 그러나 고유명사 또는 범어 및 불교 용어 등은 번역하지 않고 그대로 두었다. 왜냐하면 무리하게 한글로 번역하여 오히려 불교의 심오한 진리를 표현하는데 지장을 줄 수 있기 때문이었다. 그래서 무리한 번역보다는 필요한 경우 한문을 곁에 달았다. 이는 한문에 능숙한 이가 저마다의 근기에 맞춰 다가서게 하는 목적이었다. 반면 어려운 술어에는 주석을 붙여서 모르는 이의 편의를 도모하려는 목적을 더하였다. 그리고 무상無相, 무상無上, 무상無常 등과 같이 같은 음이지만 뜻이 다른 단어의 경우에도 별도로 한문을 달아 그 혼란을 피하였다.

총지법장을 편찬하면서 내용을 이해하는데 도움을 주는 주석은 모두 취합하여 마지막에 이를 게재하려고 하였다. 이는 용어사전을 대신할 계획이었다. 그러나 필요할 때마다 일일이 책 끝에 가서 찾는 것이 불편하므로 각 해당 문장이 있는 아래에 게재하여 편리성을 더하였다. 또한 주석註釋은 되도록이면 간결하게 썼다. 이는 불교를 모르는 사람들에게 부족한 감이 있을지 모르지만 문장의 뜻을 파악하는데 여러 해석이 나오는 것을 막을 수 있었다.

총지법장은 회당대종사가 자신이 증득한 밀교의 교의敎義를 펴기 위해 편찬된 것이자 발간 목적에서 밝혔듯이 교전 가운데 제1집의 성격을 띠고 있다. 수록된 내용을 살펴보면 제1장 법만다라와 예참, 제2장 무외삼장 선요, 제3장 다라니 본심진언 제4장 수오계팔계문, 제5장 보리심의, 제6장 유자총지 교문, 제7장 밀교와 현교, 그리고 제8장 불법과 외도법을 담고 있다.

이후 발간된 교전들은 처음 발간된 교전을 보완하는 성격이 강했다. 종단은 진기 12년(1958) 총지법장 간행 이후에도 여러 차례 교전을 간행하였다.

먼저 진기 12년 11월 '대한비밀불교진각종지'가 발간되었다. 진각종의 교의와 수행실천의 요목을 담고 있지만 그 형식이 팜플렛이어서 내용이 소략하다. 그렇지만 밀교의 기본 교리를 담고 있다는 점에서 그 의의가 크다.

그 후 진각교전은 진기 14년(1960) 5월에 법불교와 응화방편문이, 진기 20년(1966) 9월에 법불교문이, 그리고 진기 28년(1974) 9월 진각교전이 각각 발견되었다.

이 가운데 진기 14년(1960)년 5월에 발간된 '법불교'는 제1장 다라니편, 제2장 교리편, 그리고 제3장 실행편으로 구성되어 있다. 일부 총지법장에 담겨있는 내용도 있지만 대부분 새로운 내용으로 구성되었다는 특징과 함께 '법불교'에는 회당대종사의 논설문인 '불교는 우리 풍토성과 혈지성에 맞는 것'이라는 불교의 공간적 특성과 '말법시대 불교는 다라니로써 흥왕함'이라는 불교의 시대적 특성이 실리기 시작하였다.

같은 해 5월 1958년 발간된 응화성전 내용 가운데 신행에 도움이 되는 내용을 요약하여 '응화방편문'으로 발간되었다. 진기 20년(1966) 9월 발간된 법불교문은 법불교와 응화방편문을 합친 것이다. 이 교전은 두 교전의 내용을 대부분 수록하는 한편 총지법장의 내용을 일부 수록하였다. 그리고 새롭게 추가된 것은 제6장 보리심론과 제7장 마하반야바라밀다심경이다. 두 내용은 법불교문에서 처음 보이고 있다.

진각교전의 교리적 체계를 세운 회당대종사는 신교도 교육을 위한 성전을 계획하였다. 이것은 앞서 발간한 진각교전이 밀교교리를 바탕으로 종지宗志를 세우는 일이었다면, 응화성전은 현교의 경과 율에서 중요한 대목을 뽑아 불교의 참된 뜻을 따르는 수행 생활이 실제 생활로 이어지도록 실천적 가치를 더한 것이다. 그렇게 된다면 밀교와 현교 두 가지 수행 방안을 모두 세울 수 있다고 여겼다.

그런 까닭에 응화성전은 부파불교와 대승불교의 경율 가운데 중요한 부분을 발췌하였고, 가감이 없이 불교의 중요한 흐름을 쉽게 접할 수 있도록 하였다. 이러한 책의 구성은 읽는 독자가 신뢰하고 경청할 수 있도록 하기 방안이었다. 그리고 당시 대중들이 한문에 대한 이해가 낮음을 감안하여 되도록 우리말로 번역하도록 노력하였다. 그런 노력을 기우린 결과 진기 12년(1958) 6월 15일 응화성전이 간행되었다. 이것은 불교 개설서인 동시에 불교 사상을 전하는 성전이었다.

처음 발간된 응화성전의 내용은 제1편 교법敎法, 제2편 수도修道, 그리고 제3편 세도世道로 구성되었다. 특히 응화성전은 가정과 사회 속에서 대중의 실생활에 지침이 되도록 편찬되었기 때문에 세도가 강조되었다. 세도 편은 사회생활에 있어 부처님의 말씀을 수행과 실천의 방향으로 세우는 것이자 우리가 이상으로 생각하고 건설하고자 하는 불국토를 현세에서 이룩할 수 있다는 신념에서 편찬한 것이다. 그런 까닭에 자기, 타인, 사회에 대한 덕의德義 삼장으로 나누었다.

자기에 대한 덕의 가운데 계진, 신언, 염결, 분재 등은 대타적對他的 의의가 있으나 자기의 덕의에 중점을 두기 위하여 이것을 대자적對自的인 것으로 하였다.

그리고 왕자, 국민을 사회에 대한 덕의로 한 것은 한 사람과 다수와의 관계인 까닭이며, 축생 또한 여기에 포함한 것은 불교적 사회관이 인류로부터 금수禽獸, 초목草木에까지 미친다는 것을 나타낸다.

세도 편에서는 경전에서 쓰였던 왕, 신하, 왕정왕법, 왕록, 충성, 충절, 재신, 보상, 노비 등 과거의 경전 용어를 그대로 실었다. 이들 용어는 삼세에 걸쳐 변하지 않는 것이며, 윤리 원칙도 고금이 다름없는 까닭에 비록 물질 시대라 할지라도 전후는 다를지언정 체體를 없애고 용用만 내세우는 법은 없기 때문이었다. 따라서 생生이 없으면 성成도 없는 것이며, 옛 것[古]을 더하여 새로움[新]을 알게 되는 것이므로 본래 그대로 모아 집록輯錄하였다. 나아가 회당대종사는 불교의 근본정신을 발전시켜 현대 민주 사회의 제도와 그 흐름에 조화하고 윤리와 도덕에 널리 적용할 수 있도록 현대적인 해석이 이루어지기 원하였다.

이런 세도의 밑받침이 되는 것은 수도修道이다. 그리고 수도는 교법을 기초로 하기 때문에 이것을 가장 앞에 두어 세계관과 인생관이 구비될 수 있도록 하였다.

그러나 그런 목적에도 불구하고 응화성전 제1집은 완전하게 편찬되지 못했다. 전체 목차는 정해졌으나 그 내용은 부분별로 발췌하여 발간하였다. 응화성전이 한 번에 완성되지 못하고 나누어 편찬[分輯]된 것은 불교의 광범위한 경, 율, 론 가운데 일부 중요한 내용을 검출하여 정독하여 판별判別한 다음, 책의 목차와 같이 다기多技, 다종多種한 곳에 삽입하는 일은 용이한 일이 아니었기 때문이다. 또한 일 자체가 굉장히 어렵고 편집과 인쇄에 예상외로 많은 시간이 필요하였다. 하지만 일반 신교도들은 성전이 나오기를 학수고대하므로 그런 기대에 부응하기 위하여 먼저 전체가 아닌 부분만 완성된 제1집으로 인쇄하게 된 것이다.

그 가운데 세도편의 완성도가 높은 것은 응화성전의 발간 취지를 반영한 결과이다. 응화성전은 신교도의 사회적 실생활에 지침이 되도록 편찬된 것이다. 그렇기 때문에 시간과 편집 과정의 어려움 속에서도 사회생활에 필요한 내용을 담고 있는 세도 편을 좀 더 수록한 것이다.

응화성전 제2집은 진기 38년(1984)에 발간되었다. 이는 진기 12년(1958) 제1집의 부족함을 대종사의 유지遺旨와 많은 불자들의 뜻을 받들어 다시 발간한 것이다. 이때 발간된 응화성전은 진기 12년(1958)에 발간된 내용과 크게 다르지 않았다. 이 성전은 먼저 교법敎法, 수도修道, 그리고 세도世道 3편으로 나누고, 다시 각 편에 많은 장章과 절節 그리고 항項으로 나누었다. 이는 사회적 실행에 지침이 되도록 하는데 중점을 두어 세도를 강조한 점도 제1집과 동일하였다.

그리고 각 내용을 구성하는 경전을 선택할 때에는 다음과 같은 기준을 갖고 선정하였다. 먼저 교법에 관한 것을 선택할 때 부파불교와 대승불교의 경전 자료가 너무 풍부하여 모두 선택할 수 없었다. 또한 모든 내용을 수록하는 일은 처음 불교를 배우는 사람들에게 번잡함을 줄 수 있어 기초가 되는 일반적인 것을 먼저 수록하였다.

수도에 관한 것은 교법과 세도의 중간에서 서로 연결하는 역할에 중점을 두었다. 수도가 없으면 교법도 의의가 없어져 불법佛法과 세간世間의 상호교섭이 불가능하기 때문이었다.

세도는 부처님의 말씀을 따라 사회생활을 하는 일상의 실천이자 지침이다. 이 세도 편의 구성은 불교가 지향하는 불국토, 부처님의 세계를 현세에서 이룩하려는 신념으로 편찬되었다. 그런 목적을 갖고 있었기 때문에 사람으로서 마땅히 지켜야 할 도덕적 의무인 덕의德義와 타인에 대한 덕의, 그리고 사회에 대한 덕의로 구성하였다.

특히 사회에 대한 덕의에서 민주사회에 쓰지 않는 용어들을 그대로 쓴 것은 한 사람과 다수와의 관계가 지금도 존속하였기 때문이며, 경전에 쓰였던 용어는 삼세에 두루 변하지 않고 윤리적인 내용 역시 과거와 현재가 다르지 않기 때문이었다. 예전 것을 알아야 새로운 것을 알게 되는 까닭에 경전이 전하는 본래 그대로 수록하였다. 그렇지만 시대적 흐름에 따라 생각하는 가치는 다르기 때문에 근본정신을 발전시켜 현대 민주사회 제도와 그 흐름 속에 조화되고 윤리와 도덕에 널리 적용할 수 있도록 현대적 해석을 당부하였다.

응화성전 제2집은 한글로 발간되었다. 제1집은 한글과 한문을 함께 표기하여 일부 한문에 취미를 가진 분을 위해 그 의미를 더하였다. 그러나 제2집을 발간하면서 한문을 생략하고 오로지 한글 번역문만 실었다. 응화성전을 한글로 간행한 것은 출가 승려가 아닌 재가 신교도, 특히 부녀자가 중심인 대중들에게 진리를 알리기 위하여 한문경전을 한글로 번역한 것이다. 회당대종사는 한글경전을 통해 문맹文盲을 깨고 불교의 진리를 대중에게 알리어 누구나 일상의 실천으로 진실한 대중 불교를 이룰 수 있다고 생각한 것이다.

회당대종사는 한글 경전의 편찬만이 아니라 일상의 교화에서 한글 경전을 통한 교화에도 관심이 많았다. 회당대종사는 교도들을 교화할 때 불상이나 탱화보다는 일반 대중들이 쉽게 불법을 익힐 수 있도록 한글로 된 경판을 사용하였다. 이는 지금까지 불교의 경전들이 한문으로 된 까닭에 일반인들이 익히기 어렵고 그 결과, 단순히 복을 구하는祈福 불교로 치우친 신앙경향에서 벗어날 수 없었던 모순을 척결하고자 한 개혁적 의도였다. 그리고 한글 경전을 이해함으로써 극락왕생만이 전부인 신앙관에서 중생의 마음에 있는 심인心印을 찾아 시방삼세에 존재하는 법신 부처님의 중생제도를 이해시키고자 했다. 그것이 불교의 생활화, 대중화의 방편이다.

이와 같은 한글 경전의 활용에는 회당대종사가 평생 가지고 있던 민족적 정서가 함유되어 있음 또한 지나칠 수 없다. 그것은 일제 강점기에 말과 글을 빼앗겼던 민중에게 우리글을 습득시키기 위한 방편이었으며, 당시 우리 사회에 높은 비율이었던 문맹을 퇴치하고자 했던 의도였다. 나아가 자주적 삶의 도량을 건설하는 이런 일련의 활동들은 당국에 의해 한글을 장려하는 종단으로 인식되기도 하였다.

제2집을 편찬하면서 중요한 단어만큼은 한문 표기를 병행하여 이해를 도왔다. 원래 불교의 용어는 총지摠持이며 오묘한 뜻을 지니고 있다. 또한 표의表意문자가 아닌 표음表音문자인 우리말로 총지의 참 뜻을 표현할 수 없는 용어는 본래 그대로 쓰고 곁에 한자를 부기하였다. 한문으로 표기할 수밖에 없었던 또 다른 이유는 용어 가운데 동일한 소리에 그 뜻이

다른 것이 많아 한문을 곁에 붙이지 않으면 그 뜻을 이해하기 곤란한 경우가 많기 때문이다. 그리고 인명, 지명 기타 고유명사 혹은 범어의 한역된 것 등은 우리글만으로 표시하기 어렵기 때문에 도움이 되도록 한자를 붙였다.

응화성전에서 인용한 경經과 율律은 모두 200종이다. 그 가운데 이런 경율이 모두 677회 활용되었고, 중복된 것을 합치면 모두 819회이다. 먼저 이를 내용적으로 살펴보면 부파불교의 경전과 대승경전 모두를 골고루 포함하고 있다. 이것은 응화성전을 편찬하면서 불교에서 발생한 교리적 흐름을 이해시키려는 생각이 반영된 것이다.

다음 인용 경전의 횟수를 분석해보면 1회 인용된 것은 75개(37.5%)이며, 2회 인용은 37개(18.5%)이며, 그리고 3회 인용된 경전은 19개(9.5%)이다. 모두 65.5%에 해당된다. 이것은 되도록 많은 경전을 인용하여 그 참뜻을 신교도에게 바르게 전해주려 했던 의도가 담겨져 있다.

가장 많이 인용된 경전은 화엄경으로 60화엄경이 14회, 40화엄경 31회 인용되어 모두 45회 인용되었다. 두 번째는 대반열반경으로 37회 인용되었다. 그리고 세 번째는 증일아함경으로 35회 인용되었다. 그밖에 10회 이상 인용된 경전을 보면 대승경전과 부파불교의 경전이 적절하게 배분된 사실을 알 수 있다.

율장의 인용 역시 인도에서 찬술된 율장과 더불어 중국에서 찬술된 범망경을 포함함으로써 인도불교와 중국불교를 아우르는 실천체계를 담고자 했음을 엿볼 수 있다.

진각종 교전으로 마지막에 발간된 것은 '진각교전'이다. 진기 28년(1974) 9월 10일 법불교문과 회당대종사 대종사의 말씀을 종합하여 단일 교전으로 편찬한 진각교전은 지금까지 발간된 교전에 없었던 참회문, 오대서원, 그리고 육자관념도 등이 수록되었다. 이런 내용의 보완은 교전의 체계가 보다 치밀해졌다는 것을 의미한다.

진각교전 내용 가운데 가장 큰 변화는 법불교와 응화방편문 뒤에 새롭게 경론집을 두어 총지법장에 실려 있었던 내용과 법불교 실행편에 있던 경론의 내용을 수록한 것이다. 진각교전에 합본된 법불교 역시 법불교문보다 일부 내용이 보충되었다.

이런 교전의 발간은 진각종의 수행과 의식, 나아가 신교도 교육에 많이 활용되었지만 앞으로 완결해야 할 과제도 있다.

진각종의 소의경론이 교전에 적극적으로 반영될 필요가 있다. 그것은 회당대종사 대종사의 깨달음과 밀교사상의 회통을 위해서 반드시 필요한 작업이다.

4) 실행론의 완성과 내용

회당대종사는 종교란 밖으로는 공정한 생활을 할 수 있게 하고 안으로 심신을 평안하게 하는 것이라 하였다. 이러한 회당대종사의 종교적 이념을 실천으로 드러낸 삶이 바로 진각종 신교도들의 신행 생활이다. 회당대종사는 종교적 이론이나 교리적 말씀보다 생활 속 실천을 강조하였다. 바로 '생활 불교', '실천불교'를 새 불교 운동의 교화 이념으로 세운 것이다.

회당대종사에게 불교는 우리의 삶, 신행과 따로 떨어져 있는 것이 아니라 생활 속에 이어지는 신행의 연속적 삶이어야 했다. 이를 위해 불교는 생활 속에 실천 할 수 있는 여러 가지 방향을 알려주는 길이 되어야 했다.

이는 마치 아난존자가 열반을 앞둔 석가모니부처님께 "세존께서 돌아가시면 그 뒤에 우리는 어떻게 하여야 합니까?"라는 물음을 하였고, 부처님이 "법을 보는 자는 나를 보는 것이요, 나를 보는 자는 법을 볼 것이다. 썩어 없어지는 나의 육신을 보지 말고, 내가 말한 진리를 보라. 진리를 보면 그 진리 속에서 나를 볼 것이다."라고 대답하였듯이 우리가 지금 여기서 회당대종사를 만나는 길은 그가 남긴 『실행론』을 통해서 가능해진다.

회당대종사는 자신이 증득한 것을 법으로 전하였으며 그 내용을 담아 『실행론』이라 하였다. 회당대종사의 『실행론』은 어떤 교敎의 이론이 아니고 '실제 우리가 어떻게 실행해야 하는가?'를 담은 것이다. 이름 그대로 『실행론』이다.

> 문자의 경은 성인이 실천한 자취요, 참경은 우주 속에 자연 속에 인생 속에 있나니, 오직 실천 증득으로 읽어 갈지니라.
>
> _『실행론』

회당대종사의 『실행론』에는 진언행자가 나아가야 할 방향이 있다. 하지만 대종사의 삶과 다양한 실천적 법문을 오롯이 담지 못한 현실의 아쉬움도 있다. 때문에 회당대종사의 육성 설법을 들은 제자들의 실천적 경험과 기억을 담아 회당대종사의 말씀을 문자로 결집하여야 할 필요성 또한 더욱 절실히 요구되었다.

종단은 종조열반 직후부터 종조의 자증교설에 대한 중요성을 인식하고 교설의 결집을 시작하였다. 종조 교설의 결집을 위하여 자료수집에 관한 공문을 각 심인당에 보냈다(진기18(1964)년 11월25일). 그러나 자료수집이 부진하여 다시 독촉 공문을 보냈다(진기19(1965)년 1월18일). 교설의 결집에 들어가서 '법불교전'이라는 명칭으로 '실천강목'을 완성한 후 결집 작업은 진행되지 못하였다.

종조 교설의 결집이 중단되었지만 교설의 수집은 계속하면서 재세시에 남겨 놓은 꽃이경에 대한 중요성을 인식하고 꽃이경 용어해설집 발간계획을 하였다(진기27(1973)년 11월15일). 그러나 계획대로 실행하지 못하였으나, 교화 경전인 법불교문을 진각교전으로 개칭하고 꽃이경을 수집 정리하여 교전의 내용을 수정 증보하였다(진기28(1974)년 9월10일). 또한 종조 교설에 대한 수집 정리와 동시에 교설에 대한 강설과 연구작업도 시작하였다.

그러던 중, 종조 생애와 사상, 그리고 종단 교리의 연구를 목적으로 종조(회당)사상연구회를 발족하였다(진기33(1979)년 3월27일). 연구위원은 정공, 인강, 각해, 도흔, 혜일, 지광, 일정, 경정, 서주, 운범, 청림(박태화) 등으로 하고, 회장 운범, 총무간사 일정, 연구간사 경정을 선임하였다. 연구회는 종조에 관한 자료 수집을 통하여 '종조연보宗祖年譜'를 작성하는 등 연구를 진행하였다. 종조연구가 진행되면서 운범을 종단의 전문연구원으로 초빙하였다. 그리고 중앙교육원의 개원에 맞춰 종조사상연구회는 종학연구를 전담하는 종학연구위원회로 전환하였다(진기36(1982)년 7월1일). 연구위원은 장명, 인강, 혜일, 일정, 석봉, 경정, 운범, 청림으로 구성하였다. 연구위원회는 제1회 위원회를 열고 연구위원 규정(5장 13조)을 심의 의결하고 위원장 운범, 연구간사 경정을 선출하였다(진기36(1982)년 7월16일). 종학연구위원회는 다시 교법연구회로 개편하여(진기38(1984)년 9월17일) 진각교전을 중심으로 교학연구를 진행하였다. 그 결과로 진각교전의 내용을 종조 교설을 중심으로 재편하고 경론의 증거를 밝혀서 진각교전 7판을 간행하였다(진기39(1985)년 10월15일). 교법연구회는 종조법어를 수집하여 정리하고 내용에 맞추어 종조법어자료집을 만들었다.

교법연구회가 공식 활동을 중지하여 다시 종조법전편찬모임을 결성하여(진기41(1987)년 6월15일) 종조교설의 연구에 집중하였다. 진각교전의 7판을 기준으로 교전의 내용 중의 종조 교설(실행론)을 발췌하여 스승의 독송과 연구용으로 '실행론'을 간행하였다(진기42(1988)년 3월7일). 실행론은 종조 재세시에 법불교를 간행하면서 종조 법어의 전거를 실행론으로 기록한데서 붙인 명칭이다. 이후부터 실행론은 종조의 법어, 또는 종조 법어를 엮어 발행한 책을 일컬었다.

그리고 종단은 종조법전편찬위원회를 구성하고 전담위원에 혜일을 위촉하였다(진기42(1988)년 4월20일). 종조법어 연구는 종조법전편찬위원회를 중심으로 계속하였다. 종조법전편찬위원회 위원은 총인 4원장 종의회 부의장 관구청장 교육원 교법부장 원로스승 등으로 구성하고 교육원장이 위원장을 맡았다. 매월 정기적으로 모임을 가지고 종조법어자료집을 검토 토의하였다. 종조법전 편찬작업이 진행되면서 종조논설문과 일부의 법어를 묶어 스승의 연구 검토용으로 종조법어록을 간행하였다(진기48(1994)년 5월1일).

시절인연이 도래하여 종조의 교법을 다시 확인하고 수립하여 종단 정체성을 계승하기 위해 교법결집회의를 시작하였다(진기59(2005)년 5월20일). 교법결집회의는 종조열반 이후 종단의 발전과정에서 발생한 교법에 대한 혼선을 해소하여 종단 교화발전의 새로운 계기를 마련하기 위한 불사였다. 이에 맞추어 종조법어의 정리와 교리의 연구를 위한 종조법어연구모임이 조직되었다(진기59(2005)년 6월24일).

그 과정에서 오랫동안 수집 정리한 종조법어 윤문본이 완성되어 실무의원이 울릉도 종조전에서 윤문본 봉정식을 올리기도 하였다(진기

61(2007)년 6월14일). 또한 종조법어 결집에 관심을 모으고 연구결과를 공유하고 연구활동 방안을 마련하기 위해 종조법어연구 세미나도 열었다(진기61(2007)년 12월13일).

교법결집회의는 제15차 회의에서 종조법어 결집을 일단 마무리하였다(진기64(2010)년 7월16일). 교법결집회의 6년간의 작업을 거쳐서 종조법어 결집을 일단 마무리하고 종조법어 합본집 출판 작업에 들어갔다. 종조법어집의 명칭은 종조 재세시 법불교를 간행하면서 종조의 법어를 스스로 '실행론'이라 일컬은 사실에 따라서 '실행론'으로 정하였다. 실행론의 목차는 편·장·절 등으로 분류하고, 법불교의 편 구분에 따라 다라니편, 교리편, 수행편(계율은 장으로 분류), 실행편, 응용편으로 분류하기로 결정하였다. 실행론의 인쇄형식은 현 진각교전의 8.8조 형식 유지와 산문 형식을 겸하기로 하되 가로 띄어쓰기를 하기로 결정하였다. 실행론 편찬 과정에서 실행론전문편찬위원회를 두고 실행론 편찬에 집중하였다. 제16차 회의는 실행론 편찬양식을 논의하고 판형은 진각교전 판형에 따르기로 하였다(진기65(2011)년 3월25일). 실행론의 편·장·절(가나…)의 편제는 차후 실행론 내용의 증보가 이루어져도 그대로 유지되도록 하였다. 실행론 증보는 증보할 내용을 새로운 장·절 또는 '가나…'를 만들어서 하면 기존의 장·절 '가나…'는 변함없이 유지될 수 있기 때문이다.

제20차 교법결집회의에서 종조법어집 실행론 발행을 결의하였다(진기65(2011)년 9월30일). 종단은 실행론을 초판 발행하고 가장 먼저 총인원 종조전에서 종조법어 실행론 봉정불사를 올렸다(진기65년 11월23일). 종조법어 실행론 봉정불사를 통하여 실행론은 종조의 가지加持를 통하여 수행과 교화의 법본法本이 되었다.

실행론 편찬은 제1판 발행을 하여(진기65년 11월24일) 우선 스승에게만 보급하여 수정과 보완을 거쳐서 제2판을 인쇄하여 신교도에 보급하였다(진기66(2012)년 5월10일). 종의회는 종조 진각성존 회당대종사 법어집 실행론 편찬을 최종 의결하였다(진기65년 12월13일). 종단의 실행론 발행은 종단의 교법수립과 수행 및 교화에서 종조의 법어가 드디어 중심이 되어 진각밀교의 초석을 다지는 계기가 되었다.

종단은 실행론의 말씀 120개를 발췌하여 영어 중국어 일본어 싱할리어 네팔어 티베트어 몽골어 등 7개국 다언어 법어집 '진각'을 출간하였다(진기66(2012)년 6월1일).

그리고 실행론은 진기73(2019)년 11월 1일 3판을 발행하면서 진각교전과 합본이 되어 명실상부한 종조법전 완성에 한발짝 다가서는 계기를 마련한 후 현재에 이르고 있다.

실행론의 가르침은 일상의 삶속에 드러내는 평이함을 지녔다. 하지만 그 실천은 시대를 앞서 있어 쉬우면서도 그 이론이 정연하여 깊은 뜻이 담겨 있다.

한국의 독특한 밀교 종단으로 자리 잡은 현재, 회당대종사가 실행론을 통해 후학들에게 진정 바라고 요구하는 것은 무엇일까? 그것은 바로 회당대종사 말씀을 영구히 전승하여 시대정신으로 실천하는 길을 스승과 교도가 바르게 걸어가는 것이다. 이러한 대중의 실천적 행위인 실행은 회당대종사와 만나는 통로이며 진실한 수행이다. 실행이 따르지 않는 이론은 꽃이 피어도 열매를 맺을 수 없는 나무와 같듯이, 회당대종사가 증득하여 설법한 내용인 실행론은 회당대종사의 불교 이념을 이해하는 중요한 가치이자 실천으로 채우는 우리의 삶이라는 의미를 가진다.

종단 신행의 중심이 되는 『실행론』의 목차는 「다라니편」, 「교리편」, 「수행편」, 「실행편」, 「응용편」 총 5편으로 구성되어 있다. 먼저 『실행론』

「다라니편」의 뒤를 이어 밀교의 교리와 수행 및 생활 속에서 실행 응용하는 방편 등의 순서로 구성되어 있다. 이는 밀교의 교리보다 육자진언 다라니를 통한 실천을 우선시하는 회당대종사의 일관된 정신을 반영하여 담은 것이다. 각 편의 주요내용은 다음과 같다.

(1) 다라니편

중생들의 근기根機가 떨어져서 수행하는 이는 적고, 불법佛法은 더욱 미미하고 쇠퇴해져서 사람들이 도를 닦기보다는 교만과 시비에 휩쓸리는 시기를 불교에서는 말법시대라 한다. 회당대종사는 이 시기에 불교를 진언, 다라니로 다시금 바로 세울 수 있다고 하였다. 먼저 '다라니'는 달리 능지能持 또는 능차能遮라고 한다. 능지라고 하는 것은 갖가지 선한 법을 모아 능히 지녀서 흩어지거나 잃지 않게 한다는 것이다. 비유하면 온전한 그릇에는 물을 가득 부어도 물이 새거나 넘치지 않는 것과 같다. 또한 능차라고 하는 것은 선하지 않은 근본 마음不善根이 나는 것을 싫어하며 능히 일어나지 않게 막는다는 뜻을 지니고 있다. 또한 악한 죄를 짓고자 할 때에는 이를 짓지 못하게 한다. 회당대종사는 부처님의 올바른 가르침을 진실하게 이해하고 간절히 수행하기 어려운 이 시대 즉 말법시대 일수록 다라니 수행을 강조하고 진언, 다라니를 지니고 독송하는 수행으로 삿된 생각과 말과 행위를 다스리는 근기를 세울 수 있다고 판단하였다. 그리고 다라니 수행의 시대적 의미에 대해 설하였다.

진각종에서 다라니는 바로 내 마음에 있는 불심, 내 마음에 있는 본심이다. 인생을 살아가는 자기 마음이 다라니와 하나 된 마음이 될 때 이는 부처의 마음이며, 이를 달리 불심인佛心印 줄여서 심인心印이라 한다.

이 불심인은 있는 그대로의 참된 불성이며 부처佛와 중생이 하나가 되는 마음이다. 그러므로 수행자와 하나 되는 다라니는 내 마음이 가지고 있는 힘이며 이 힘으로 우리는 능히 선을 낳기도 하고, 능히 악을 막을 수 있다.

회당대종사는 전통적인 부동不動의 선禪이 아니라 다라니 즉 육자진언 옴마니반메훔으로서 삶속에서 실천을 중시하는 깨달음을 얻으셨다. 이는 다라니가 내 마음에 새겨져 있는 참된 부처의 마음자세인 불심인을 찾은 것이자 깨달음을 실천으로 드러내고자 다시금 다라니를 표현한 것이다. 사람들은 악한 일을 안 하려는 마음을 가지고 있으나 진실함을 더하지 않으면 자신의 업業에 끌려 악을 짓게 되나, 우리가 다라니를 마음에 지니고 실천수행으로 그 다라니를 드러내면 능히 자신의 업력을 이기고 악을 짓지 않도록 막아 낼 수 있는 것이다.

회당대종사에게 육자진언은 깨달음의 표현이요, 우주 법계 진동이자 생명성生命性이며, 중생의 심성을 밝히는 소리였다. 대종사가 관세음 염불 정진에서 그 본심이 되는 육자진언수행으로의 전환은 또한 밀교와 인연되는 새로운 만남의 순간이었다. 나아가 육자진언 수행을 통하여 대각을 성취한 것은 진언수행으로 밀교세계에 이르는 중요한 의미를 지닌다.

진리의 부처님이나 내 마음 자성自性부처님은 둘이 아닌 한 부처님이다. 내 마음에 있는 자성부처님의 진실한 설법을 듣고자 진언행자는 마음을 다하여 염송을 하면 이때 비로자나부처님이 지혜로 나타나 가히 생각 할 수 없는 묘한 공덕으로 수행자는 모든 고통을 여의고 안락에 이르게 된다.

회당대종사는 "'옴마니반메훔'을 염송하면 곧고 바른 참된 지혜의 성품[金剛智性]이 일어나서 내 마음에 끊을 것은 끊고 세울 것은 세운다.”(『실행론』 1-3-5)라고 하였다. 또한 대승장엄보왕경에서는 “중생이 법도法道에 의하여 육자진언을 염송하면 다함없는 변재를 얻고 청정한 무한 지혜를 얻고 대자비를 얻을 수 있다. 그리고 이러한 사람은 나날이 육바라밀다를 갖추어 원만한 공덕을 얻을 수 있다.”고 설한다.

진각종의 육자진언 옴마니반메훔은 또한 육바라밀을 상징한다. 회당대종사는 ‘옴’자는 단시바라밀, ‘마’자는 지계바라밀, ‘니’자는 인욕바라밀, ‘반’자는 정진바라밀, ‘메’자는 선정바라밀, ‘훔’자는 지혜바라밀을 의미하는 각각의 진언으로 상징화하여 육자진언을 이웃과 나누어 복을 키우는 단시, 참되고 바른 마음을 지키고 실천하는 지계, 숱한 오해와 갈등을 이해로서 참는 인욕, 자신의 서원과 함께 수행을 잊지 않고 실천하는 정진, 자신의 참된 성품을 살피고 이를 드러내는 선정, 그리고 분별이 없는 참된 지혜를 갖추어 실천하는 대승보살의 육바라밀 실천행으로 드러내었다.

즉 회당대종사는 육자진언의 내적 수행과 함께 육행실천을 보살이 나아가야 할 수행의 길로 이끌었으며, 상구보리上求菩提 하화중생下化衆生이라는 대승보살이 나아가야 할 길을 완성하는 진언으로 승화시켰다. 나아가 이는 성불로 가는 길이 된다.

(2) 교리편

회당대종사는 “우리 보살회(대한불교진각종보살회)는 이불(理佛, 이치로 계시는 부처님)만을 주主로 하는 진각종이며 법신法身종이다.”라고 종단의 교리적 성격을 규정하였다. 그리고 교화의 중심 교재로 처음 편찬한 문헌을 ‘법불교法佛敎’라고 이름 하였다. 이 법불교는 ‘법신불의 가르침’이란 뜻이다. 그러므로 법신불의 가르침을 중시하는 진각종에서는 기복과 의례중심의 사불事佛적인 신행 행태를 취하지 않는다. 오직 자주적이며 자력적인 희사 염송의 신행으로 심인진리를 깨치고 현실 생활 속에서 육행(육바라밀)실천과 인과를 체험 증득하는 신행생활을 강조하는 밀교종단이다. 이처럼 종단의 교리적 성격을 법신불의 종파로 정한 것은 밀교적 교리체계를 갖춘 것을 의미하며, 법신불을 교주로 하고 육자진언을 신행의 본존으로 하는 밀교종단임을 보여준다.

진각종의 교주는 법신 비로자나부처님이다. 법신불法身佛의 가르침을 체득함으로써 참된 진리를 익혀 진리에 맞는 생활을 하는 것이다. 법신 비로자나부처님은 '시방삼세 하나로 계시고[體], 온 우주에 충만하여 없는 곳이 없다[相].'는 사실은 법신불이 "가까이 곧 내 마음에 있다[用]."는 존재이다. 이에 따라 우리는 법신 비로자나부처님이 가까이 곧 내 마음에 있음을 먼저 아는 것이 중요하다. 즉, 사변적 사유와 지식으로 불교와 부처님을 아는 것이 아니라 삼밀수행으로 우주의 진실이자 법신불의 비밀한 경지를 종교 체험으로 체득하는 것이 중요한 것이다.

이러한 종교 체험이 각 개인의 삶 속에서 일상의 실천으로 이루어질 때, 객관적인 사실이 곧 진실의 의미를 갖게 되는 것이다. 회당대종사의 "사실이 곧 경전이요. 체험이 곧 법문이다."라는 말씀은 이러한 가르침을 담고 있는 것이다.

비로자나부처님의 진리는 우주에 분별없는 변화의 모습으로 가득하기에 시간과 공간을 통하여 항상 하나로 존재 한다. 즉, 비로자나부처님의 가르침은 온 우주 가득 차 있으며, 삼라만상의 활동 모습으로 존재한다. 그러므로 우리는 무엇보다도 내 마음에 가득 차 있는 지혜와 자비심이 바로 법신부처님의 생명이자 성품이라는 사실을 깨달아 이를 체험으로 드러내는 진실한 종교적 수행이 무엇보다 중요하다.

회당대종사는 여러 가지 부처님의 명호를 사용하였다. 하지만 그것은 진리의 몸인 법신 비로자나불을 뜻하는 것이다, 이 법신 비로자나부처님이 우리의 생활 속에 스스로 드러내어 밝힌 자내증自內證의 경지에서 체험으로 체득한 것이 바로 본래 마음인 자성법신이다.

이 자성법신은 곧 변함없는 부처의 마음인 심인心印이며, 깨달음인 보리菩提이자 참된 깨달음인 진각眞覺이라 한다.

심인心印은 곧 나에게 있는 부처님이다. 항상 있는 그대로의 성품인 자성自性을 닦으며, 밖에 있는 것에 집착하지 않아야 한다. 나아가 심인은 모든 것이 내 안에 있음을 아는 참다운 지혜를 갖춘 자만이 가질 수 있는 진리이다. 이 진리를 아는 자는 자성을 깨달은 자요, 자성을 깨달은 자는 또한 본심本心을 밝히는 자이다. 일체의 언행이나 문자나 형상으로도 세울 수 없는 것이 심인이다. 심인은 다만 성품이 청정한 그 자체일 뿐이다. 법계에 가득하면서도 이불理佛로만 존재하는 부처님, 나아가 중생들이 원하는 곳이면 언제든지 무한한 모습으로 나투어 수행자의 본래 청정한 근본마음自性心과 일치하는 부처님이 자성법신이다.

회당대종사는 일상생활 가운데 일어나는 일체의 사실들이 곧 법신불이 드러내어 보이는 참된 가치임自性心을 깨닫게 하여, 진언행자로 하여금 자기의 허물과 결점 등을 항상 비밀한 가운데 알게 함으로써 스스로 잘못을 참회하게 하고 육행을 실천하게 하는 당체법문을 설하였다. 이러한 당체설법은 비로자나불의 진실한 법法이다. 이 법은 글과 말로 전하는 것이 아니라 마음과 마음으로 전하여져서 중생들의 진실한 서원本願인 심인을 깨닫게 하는 것이다.

이처럼 우주의 보편적 진리 활동과 소통하고 있는 심인이 밝아지면 법신불의 설법을 법문으로 받아들일 수 있다. 그 이치를 회당대종사는 "밀교(진실교)는 색(色相: 상대적인 물질의 세계)을 이[理致]로 하여, 일체 세간 현상대로 불佛의 법法과 일치하게 체득함이 교리이니, 체험이 곧 법문이요 사실이 곧 경전이라."하였다.

법신불이 일상과 둘이 아닌 참된 진리[法]를 설하고, 중생이 수행으로 자신의 찬된 성품인 심인을 밝혀서 진리의 가르침으로 받아들이는 생활 속 법문이 비로자나 당체 법문이다. 이는 법을 전하는 법신불의 입장에서는 당체설법이고, 법을 깨달아 받아들이는 중생의 입장에서는 당체 법문이라 불린다.

그런데 법신불의 설법은 자신의 참된 성품이자 부처와 같은 청정한 마음인 심인이 밝아야 법문으로써 받아들일 수 있으므로 심인을 밝히는 구체적인 실천강목을 일상에서 실행해야 한다.

법신불이 생명력으로 활동하는 경전을 법이경본法爾經本이라 하며, 이는 있는 그대로 살아 있는 경전이라 한다. 우리는 참회와 서원의 수행을 통해 이 경전의 가르침을 일상의 당체법문으로 체험할 수 있다. 살아 움직이는 생명 활동으로서 법신불의 진실한 가르침을 체험하기 위하여 내가 직접 법신부처님과 같이 살아가는 것이다.

회당대종사는 사지사력四智四力 활동으로 생활 중에 어리석음을 떨치고 진실한 삶을 이끌기 위해 네 단계의 실천강목을 강조하였다. 이 네 가지는 복과 지혜를 키우고 나누고자 하는 복지전수, 드러난 사실의 원인과 결과를 살펴 그 이치를 바로 아는 사리필구, 내가 체험으로 알고 익힌 바를 생활로써 선택하여 드러내는 생활취사, 그리고 이치와 체험으로 드러난 결과를 다시금 확인하고 곧게 하는 결과내증이다, 이 네 가지 덕목의 복합적 실행으로 저마다의 모든 서원에 만족하여 저마다 복과 지혜를 채우게(복지구족) 되며 이로써 현세정화가 된다고 하였다. 생활 중에 깨닫는 것은 매일 맞이하는 일상생활 속에서 진실한 삶을 살아가는 경지를 말한다.

회당대종사는 "우리들은 날 때부터 불성佛性을 갖추어 왔다. 이 불성이 법신불의 분화체(나뉘어 동일성을 갖춘 개체)이다. 이 분화체가 우리의 마음 가운데 있으므로 이것을 자성불 또는 자성 법신이라 한다."고 하였다. 이 교설은 밀교의 법신에 대한 명확한 근거가 된다. 즉, 법신 비로자나부처님을 낮을 비추는 태양에 비유하여 어둠을 밝혀 맑고 진실한 세상을 구현하는 현세정화의 이념을 밝히고, 이를 위하여 밀교는 재난을 소멸하고(식재), 복과 지혜를 더하며(증익), 일체 삿된 마군을 항복시키고(항복), 존경과 사랑으로 모두가 화합하는(경애) 네 가지 기도(사종기도) 성취법으로 즉신성불의 실현을 설하고 있다.

회당대종사는 법신과 화신을 보리심과 보리행(보리심이 구체적으로 실현되는 모습)의 관계로 설명하고 화신은 법신이 구체적으로 활동하는 모습으로 전하고 있다. 이는 법신과 화신이 기복과 수행의 대상으로서의 중생에게 존재하는 것이 아니라 부처와 같이 깨달은 마음과 생각으로 실천하는 수행자가 바로 법신부처님의 화현이라는 실천적 생활불교의 가치를 강조한 것이다.

회당대종사는 세상의 모든 것이 인연의 조화로운 만남으로 조작되어진 존재인 유위有爲와 인연에 의해 조작된 것이 아닌, 그러므로 태어나고 멸하는 변화를 떠나 항상 존재하는 무위無爲의 이원 원리를 구분하고 무위법을 근본으로 하여 유위법을 일으켜 가는 원리를 강조하였다. 즉, 무위는 유위의 근본이므로 우리는 사실 유위의 생활을 열심히 하지만 무위의 근본을 바로 세워야 힘을 강조했다. 이는 종교적 수행을 한다거나 마음을 다스리는 일은 무위를 근본으로 유위를 영위하는 불교의 실천적 생활화가 무엇보다 중요하다는 가르침이다. 회당대종사는 무위법의 중요성을 강조하며 현상적인 문제의 근원이 되는 비밀한 법신불의 세계를 당체법으로 설하였다. 그리고 "유무 두 법 쓸 줄 알면 최고 발전 장원하다."라고 하면서 이원진리를 강조하며 일상 생활 속에서 치우침이 없는 중도의 지혜를 강조하였다.

회당대종사는 법신불의 생멸 없는 진리는 인과로써 나타나므로 일상의 생활 속에서 저마다 자신의 인과적 삶을 살피고 누구에게나 동일하게 드러나는 평등한 인과의 이치를 깨닫게 하는 것이 심인공부가 된다고 하였다. 회당대종사에게 인과는 자신의 삶을 원인과 결과로 살피는 인과적 사고의 과정을 형성하고 이를 통해 도덕적 삶의 주인으로 현대사회의 주인이 되어야 한다는 실천적 가치를 담았다. 나아가 이는 진각종의 실천강목인 복과 지혜를 키우고 나누고자 하는 복지전수, 드러난 사실의 원인과 결과를 살펴 그 이치를 바로 아는 사리필구, 내가 체험으로 알고 익힌 바를 생활로써 선택하여 드러내는 생활취사 그리고 이치와 체험으로 드러난 결과를 다시금 확인하고 곧게 하는 결과내증의 관계를 인과적 관계로 잇는 근본 가르침이다.

(3) 수행편

회당대종사는 육자진언 염송으로 밝혀지는 때 묻지 않은 깨끗한 원래의 마음이 '심인'이며 '심인'은 나에게 있지만 어리석은 자는 스스로 깨닫지 못하고 있는 부처 마음이라고 보았다.

따라서 심인은 진각종의 실천적 수행 방향과 내용을 함축한 말이다 나아가 진각종의 모든 교설은 심인을 근원根源으로 하며 심인으로 귀결歸結된다. 이 심인의 깨침이 바로 이 땅 밀엄정토와 현세정화를 구현하는 것이 되며 심인이 완전히 밝혀진 상태가 진각의 즉신성불이 되어 현세정화의 밀엄국토가 구현되는 것이다. 그러므로 심인에 대한 이해와 확실한 신념을 가지는 것이 종지를 확립하는 것이 되고 수행의 목적이 된다.

진각종의 수행은 참된 자신의 마음을 밝히고 키워 이를 부처님의 생각과 말과 행동으로 드러내고 그 드러냄을 다시 살피어 부족함이 없는 삶을 이끌고자 하는 심인공부가 기본이다. 즉, 심인공부는 자신의 참된 성품이자 부처의 미음이자 근본 원력인 심인을 깨닫는 것이다. 심인을 깨닫는 것은 심인을 지키고 밝히는 것이다. 이 심인을 지키고 밝히기 위하여 행하는 방법이 진각종의 수행법이다.

그리고 회당대종사는 수행법에 대해 "삼밀(다라니)로써 내 마음에 항상 (심)인을 새겨 가져 실상 같이 자심 알아 내 잘못을 깨달아서 지심으로 참회하고 실천함이 정도正道"라고 전하고, 수행법의 기본은 부처님 같이 진실한 말과 생각 그리고 행위를 실천으로 드러내고 이를 생활관으로 세우는 '삼밀관三密觀'이며, 수행의 궁극적 이상은 저마다 자신의 참된 성품인 심인을 자신의 마음에 흔들림 없이 새겨가져 항상 참회하고 실천하는 것이다. 나아가 이를 생활화 하는 것이 참된 수행의 길正道이 된다고 하였다.

수행은 구정물을 맑은 물로 만드는 법이다. 육자염송을 통해 심인이 밝아지면 실상같이 자심을 아는 깨달음의 삶이 된다.

삼밀수행은 몸, 입, 마음의 전인全人적인 활동을 통하여 부처님의 활동인 삼밀활동을 실현하는 수행이다. 인계, 진언, 만다라의 구체적이 종류에 따라서 다양한 수행법이 있으나 그중에서 진각종의 삼밀수행법은 육자관(六字觀)이다. 회당대종사는 이에 대해 다음과 같이 전하고 있다.

> "심인당에 나오는 것은 경을 읽어서 깨닫기 위함이 아니요, 육자선정으로 깨닫기 위함이며, 자성 중생을 제도하는 길은 육자선정으로 악한 마음을 착한 마음으로 돌리는 것이다."
>
> _『실행론』 3-3-2

즉, 육자관행은 육자진언 여섯 문자를 마음으로 관하고 몸으로 육행(육바라밀)을 행하는 것이니 결국 수행의 끝에 이르러 모든 고통을 벗어나고 고苦를 여위며 몸과 마음이 안락함을 이루는 것이다.

그리고 육자진언은 저마다의 근기에 따르는 차별 없는 평등한 진언이다. 처음 수행하는 사람은 '옴마니반메훔'을 호흡에 맞추어 자기 귀에 들릴 정도로 환희하게 소리 내어야 한다. 나아가 인과법을 철저히 믿고 희사를 행해야 하며, 진언을 염송해서 보리심이 일어나는 것이 바로 삼밀진언 관행법이다, 이와 같은 수행은 부처님과 같은 인과를 증득하는 불과佛果이며, 무작無作공덕이라고 하였다.

이처럼 심인공부의 구체적 실천수행인 삼밀행으로 행복한 삶을 살 수가 있다. 깊은 호흡으로 건강을, 긍정적인 사고로 행복을, 이타자리의 육행실천으로 성품이 밝아져서 자신의 인격을 완성하게 된다.

(4) 실행편

회당대종사는 수행의 생활화를 강조하는 법을 남겼다. 회당대종사는 "진각종은 현세를 정화하여 행복하게 하는 교敎"라는 가르침을 실현하고자 현세를 정화하기 위해서는 시시불공 처처불공의 수행하여야 한다고 강조하였다.

시시불공은 때때로 일상의 시간 속에 희사하고 염송하는 수행이며 처처불공은 장소를 가리지 않고 가는 곳마다 주인 된 마음으로 수행을 이끄는 것이다. 이는 수처작주隨處作主 입처개진立處皆眞의 실천적 가치를 현대불교의 실행으로 드러낸 것이다. 특히 회당대종사는 "행복은 몸과 마음이 안락한데 있다. 몸의 안락은 열 가지 선한 행위十善業 가운데 특히 희사하는데 있으며, 마음의 안락도 삼밀선정으로 육식의 근본인 마음의 조정에 있느니라."고 하면서 일상생활 속 자비와 지혜를 밝힐 수 있는 희사와 염송으로 행복한 삶을 살아 갈 수 있다고 설하였다.

이처럼 진각종의 생활불교는 일상생활 속에 실천으로 드러내는 신행법信行法으로 바른 생각과 말과 행동을 이끄는 삼밀수행의 실천행을 계행으로 삼아야 한다. 또한 회당대종사는 삼밀수행의 실천을 자신에게 국한하지 않았다. 수행은 상대자와 함께 나누고 키우는 법이 되어야 한다고 설하였다.

회당대종사는 실천강목을 설하면서 "삼밀행과 희사로써 복덕지혜 구족하게 부지런히 닦을지요."라고 하였다. 수행과 신행의 첫 번째 실천덕목으로 삼밀행과 희사가 있다는 사실을 밝힌 것이다. 삼밀행은 지혜를 여는 행이고, 희사행은 복덕을 갖추는 행이다. 대종사는 심인을 밝히는 것은 지혜 자비 용맹, 즉 지비용智悲勇을 일으키는 것이다. 그러므로 일체중생에게 희사를 하면 탐진치 삼독을 없애는 지비용을 일으키게 되며 지비용으로 심인을 밝혀야 한다고 말하였다.

희사와 염송, 즉 자비와 지혜는 새의 두 날개처럼 분리 할 수 없다. 이에 회당대종사는 "삼밀행은 종자 같고 단시행은 비료 같아 삼밀 단시

관련 있어 어느 하나 부족하면 물심양면 완전공덕 이뤄지지 않느니라."고 말씀하였다. 그리고 탐·진·치 마음이 치성하는 물질시대에는 재물을 청정하게 벌 수 없으며, 탁한 재물이 들어오기 쉬우므로 이 재물을 정화하기 위해 희사해야 된다고 설하였다.

진각종은 법신불의 가르침을 실천으로 체득하는 밀교 종단이다. 밀교는 삼밀수행으로 법신불의 비밀한 경지를 체득하는 종교이자 일상 속의 참된 깨달음을 통해 치우침이 없는 진실한 삶을 영위하는 실천불교다. 그러므로 진각종을 달리 '진각밀교'라고도 한다. 이처럼 진각종은 이 몸 이대로 부처님의 경지를 체득하는 즉신성불과 현실에서 부처님의 생활을 실현하는 현세정화를 수행목적으로 하고 있다. 특히 진각종이 중시하는 '진실현증眞實顯證'은 진리와 현실이 본래 하나이므로 현실 속에서 나타내고 있는 사실을 그대로 볼 수 있는 당체법문을 생활 속에서 깨닫는 것이다. 나아가 이는 지금 부처와 같은 삶을 실천하는 즉신성불의 삶이 된다. 회당대종사는 "우리 교에서는 높든 낮든 즉신성불에 이르게 한다. 세간 지혜가 점점 밝아지는 것이 성불이다. 누구나 1/1000, 1/100은 성불 되어 있으나, 점차 행해가면 어느덧 1/10, 2/10성불에 이르게 된다."라고 말하고 있다.

회당대종사는 현세정화를 위한 실천 가운데 먼저 은혜를 중시하였다. 회당대종사는 "효순은 보리행의 으뜸"이라고 강조하며 저마다 은혜를 알고 은혜를 갚는 것知恩報恩은 부모의 은혜에서 출발하고 이 부모의 은혜는 중생의 은혜, 국가의 은혜, 삼보(三寶: 부처님과 부처님의 가르침 그리고 부처님의 가르침을 따르는 자)의 은혜 등 보다 큰 은혜를 포괄하는 은혜의 근본마음이라 하였다. 그리고 회당대종사는 이러한 은혜의 마음을 키워 저마다의 삶을 키워야 한다고 설하였다.

참회는 심인을 밝혀가는 과정으로써 긍정적, 적극적인 의미를 가진다. 그 '밝음'에 의하여 자신의 어두운 면에 대하여 느끼는 참된 마음이 참회이다. 그리고 참회는 곧 서원을 담는 그릇이기에 진각종의 참회문은 달리 '참회서원문'이라 한다. 자신의 부끄러움을 드러내어 반성하는 참회와 다시는 이와 같은 탐내고 화를 내며 어리석은 행위를 하지 않겠다는 서원은 둘이 아닌 하나이다. 또한 회당대종사는 참회의 실천에 있어 본말本末의 원리를 강조하였다. 참회에 있어 본말의 원리란 근본을 세우면 모든 것이 바르고 깨끗하게 되는 것이다. 삿된 생각을 지우고자 노력하는 것과는 달리 옳음을 세우면 자연 삿된 생각은 태양 빛에 눈 녹듯이 사라지는 이치와 같다.

이는 법신불의 서원에 의해 수행자의 부끄러움이 드러나고 이는 다시 서원으로 실천하는 참회가 되는 것이다. 그러므로 근본적으로 참회를 하면 진실하여 모든 것이 쉽게 해결되지만 지말의 입장에서 참회하면 참된 해결이 어렵다는 것이다. 예를 들면 시어머니와 며느리가 갈등이 생기면 시어머니가 먼저 참회하고, 상대적인 관계인 경우는 내가 먼저 하는 것이다. 또한 자녀의 불화를 보면 먼저 자신이 지난 시간을 돌이켜 부모에게 불효한 것을 참회하는 것이다. 또한 참회는 자발적으로 실천하는 것이다. 자발적 참회로써 심인이 밝아져 가면 마음이 환희롭게 된다.

회당대종사의 이러한 가르침은 자주적 생활을 위하여 먼저 자주력을 길러야 했다. 회당대종사의 자주성은 스스로 각성하는 것이다. 즉, 의식전환을 종교적 수행의 입장에서 실천하는 것이자 본本과 말末 정신을 일상의 삶속에 실현시키는 방편이다. 나아가 자주성은 정正과 사邪를 분명히 세우는 것이자, 의뢰적인 수동적 사고와 생활을 극복하여 '자기정체성'을 분명히 하는 적극적 생각과 실천으로 자신의 생활을 확립하는 것이다. 이러한 의식전환으로 우리는 사회의 삿된 생활상을 바르게 세워갈 수 있다. 그리고 이는 결국 종교적 실천행에 의하여 개인의 즉신성불과 사회의 현세정화를 이룰 수 있다.

Ⅳ. 회당사상과 새불교운동

1. 불교개혁사상

종교는 살아 있는 생명체로서 끊임없이 변하기 마련이다. 끊임없이 변화하는 환경에 새롭게 변화하지 못하는 종교는 화석화化石化가 되어 박물관 종교가 되고 만다. 대승불교는 소승불교를 부정否定(새롭게, 개혁)한 불교이다.

그렇지만 대승불교는 소승불교를 전면적으로 부정한 것은 아니다. 만일 그렇게 된다면 대승불교는 '불교'라 할 수 없게 된다. 그렇다고 해서 대승불교가 소승불교를 전면 긍정했다는 뜻도 아니다. 소승불교를 전면 긍정한다면 대승불교 그 자체는 존재이유가 없어진다. 그러므로 대승불교는 소승불교를 전면 부정하지 않았으나, 본질적으로는 소승불교를 부정하는 행위를 통해서 형성된 것이다. 기존의 사상을 부정하는 행위를 통해서 새로운 사상이 형성되고 발전해 나가는 것은 사상사의 흐름이라 볼 수 있다.

회당대종사도 기존의 한국불교를 부정하는 행위를 통해서 진각종이라는 새로운 불교종파를 창교 하였다. 그러면 회당대종사는 왜 기존의 한국불교를 부정하였을까? 다시 말하면 부정할 수밖에 없었던 불교의 현상[因(개혁요인)]과, 그 다음에 어떻게 부정[緣(개혁정신)]을 하였으며, 그 부정을 통한 결과(果-개혁된 모습)는 무엇인가를 살펴 보는 것은 매우 중요하다.

1) 인因을 밝힌다

회당대종사 이전의 한국불교의 상황을 우선 편의상 세 시기로 구분해서 간단하게 살펴보기로 한다. 그것이 회당대종사가 이 불교를 새롭게[反=緣] 하지 않으면 안 될 因이 되기 때문이다. 그 세 시기란 다음과 같다.

① 조선시대의 불교 - 숭유억불정책으로 인한 불교의 암흑기
② 일제시대의 불교 - 한일합방으로 인한 불교의 왜색화 및 관제화기
③ 해방 이후의 불교 - 불교정화운동으로 인한 비구·대처의 분쟁 및 기독교 전도활성화기

조선시대 불교는 숭유억불정책으로 신라·고려시대에 비해서 불교의 암흑기라 할 수 있다. 국가에서 공식적으로 불교의 신앙을 배척해 왔기 때문이다. 간혹 세종 때 훈민정음을 반포하면서 불경을 한글로 번역하거나, 세조 때 불경의 국역을 위해 간경도감을 설치한 일 등이 있었지만, 대부분은 불교를 억압하는 정책으로 일관하여 왔다.

일제시대 불교는 우리 불교의 자주성을 잃고 왜색화된 관제불교였다. 개화의 물결을 타고 갑신정변 이후 일본불교인 일련종 등이 서울에 별원을 세우고 적극적인 포교를 하는데도 불구하고, 우리나라 승려들은 도성 출입금지에 묶여서 장안에 들어올 수 없는 기현상이 일어났다. 이런 기회를 이용하여 일본의 승려 사노[在野前勵]는 조선불교를 일본 일련종으로 개종시키고자, 조선승려를 도성에 출입할 수 있도록 조정에 건의하여 조선승려들에게 환심을 불러 일으켰다.

이를 시작으로 일본불교는 조선불교를 왜색화하기 시작하였다.

1910년 한일합방으로 불교계도 합방책이 비밀리에 강구되어, 우리의 원종과 일본의 조동종이 연합맹약을 합의하고 7개 조약을 체결하였다. 1911년 6월 일본 총독부가 사찰령을 반포하여, 우리 불교는 일제의 관제불교가 되고 말았다. 그리고 일제에 아부하는 불교계의 일부 인사들은 종단도 불교도 팽개치고 개인의 사리사욕에만 급급하였다. 이러한 때 한용운의 '불교유신운동'과 백용성의 '대각교운동'이 일어났다.

해방 후의 불교는 왜색화된 친일불교를 정화한다는 정화운동으로 또다시 소용돌이 속으로 빠져들게 되고, 이 틈을 타고 기독교의 전도는 활성화되기 시작하였다. 1954년 5월 23일 "대처승은 사찰에서 물러가라"는 대통령의 담화에 힘입어 정화는 불붙기 시작했다. 이러한 정화운동은 관권과 결탁하여 1962년 2월 12일 조계사에서 불교재건비상회의를 구성하기까지 힘겨운 과정을 거쳤다. 이 정화는 종교가 관권과 결탁하여 진행된 권력에 의한 정화였기에, 부작용과 그 후유증이 가시지 않고 얻은 것보다 잃은 것이 더 많았다고 할 수 있다.

이러한 근대 한국불교의 신행상황을 회당대종사는 간명하게 지적하고 있다. '도상숭불睹像崇佛'이 그것이다. 더 쉽게 '숭상불교崇尙佛教'라고 표현할 수 있다. '부처상을 보고 부처님을 숭상'하는 신앙은 종교로서는 불가결한 것이나, 숭상 일변도의 신앙만으로 불교 본래의 뜻을 다 할 수는 없다는 것이다. 도상숭불의 신앙형태는 '불법승삼보사불佛法僧三寶事佛'적인 신앙에서 연유하여, 여러 가지 부정적인 신앙형태를 가져오게 된다는 것이 회당대종사의 뜻이었다. 삼보사불 도상숭불은 반드시 계율을 엄격히 지키고, 의식과 의례가 따르기 마련이다. 부처님 상을 모신 이상 그에 준하는 위의와 예불을 갖추어야 하기 때문이다. 이 '계율지봉戒律持奉'의례 의식이 형식화되면서 의뢰적 숭상신앙이 극대화되고 기복신앙이 될 수밖에 없다. 기복적 신앙은 자칫하면 무속신앙의 요소를 받아들이게 된다. 또 삼보를 섬기고 도상숭불하는 숭상신앙에서는 사원(승려)에 의뢰·의지하는 신앙이 주류를 이루게 되는 것은 자연적인 현상이라 볼 수 있다. 이러한 신앙형태는 사회구조가 미분화된 단순사회에서는 제 기능을 다 할 수 있지만, 사회가 극도로 분화된 복잡한 사회에서는 제 기능을 다 할 수 없기 때문에, 새로운 신앙운동이 일어나서 이를 보완해야 된다고 본 것이다. 위의 내용을 도식적으로 나타내면, 다음과 같은 관계를 가진다.

佛法僧三寶事佛(睹像崇佛)-戒律持奉(儀禮儀式)-有相(依賴·형식)-崇佛求福-傳統承繼-단순한 과거-小發達

즉 도상숭불의 숭상 불교적인 신앙, 의뢰, 타력적인 신앙(자기중심의 기복신앙), 그리고 의례의식의 형식화된 신앙에 치우쳐 있는 불교가 근대 한국불교의 모습이라 진단하고 있다.

2) 연緣을 새롭게

회당대종사가 불교를 개혁(새롭게) 하지 않으면 안 될 원인[因]을 밝힌 것이라면 또 하나, 시대적 상황을 고려해 보지 않을 수 없다.

'緣'은 새롭게 하는 것이요, 새롭게 한다는 것은 보다 생동감 있게 개혁한다는 것이다. 그러나 회당대종사께서는 한국불교의 신행생활을 전면 부정한 것이 아니라 결여된 부분을 채워서 바람직한 모습으로 이끌어 가는데 있었다. 그것이 바로 '숭상불교'에다 '깨달음의 불교'를 보충하는 것이요, 그 방법은 '일교一敎내에서 마치 이교異敎처럼' 새로운 신행운동을 전개하는 것이었다. '일교 내에서 마치 이교처럼'은 '노선을 세워라'는 말로서 설명을 하고 있듯이 기본정신은 계승하되(일교 내에서)그 전개 방법은 뚜렷한 특색(자기모습)을 갖추어야 한다(마치 이교처럼)는 것이다. 이것은 불교에 대한 인식과 발상의 대전환을 하는 것이었다. 불교를 전통적인 틀 속에서 이해하는 것이 아니라 종교적 진리 그 자체로 돌려놓고 복잡한 사회에서 어떻게 수용 전개해야 하는가를 생각하신 것이다. 그렇지 않으면 기존의 세력에 흡수 통합되어 결국 혁신은 실패하기 때문이다. 이러한 면은 진각종의 모습과 기존의 많은 새 불교운동들을 비교하여 보면 분명하여진다. 이 점은 과히 전통불교 양식에 대한 신선한 충격이라 볼 수 있다.

불교의 역사는 개혁(부정, 새롭게)의 역사이다. 소승불교에서 대승불교로, 대승불교에서 밀교로, 또한 중국의 선불교도 그러했다. 그러나 이러한 것은 정통파의 처지에서 본다면 이단이 아닐 수 없다. 기독교도 또한 이단의 역사이며 이단 추방의 역사이다. 그렇지만 불교에서는 그들을 이단시해서 추방하지 않았다. 이 이단에서 오히려 불교의 새로운 생명이 샘솟았음을 불교사상사는 증명하고 있다. 이렇게 볼 때 불교라는 종교는 끊임없이 새로워지지 않으면 안 되는 자기성격을 가지고 있다 해도 잘못은 아닐 것이다. 시대[時]가 변하고 인간[人]이 바뀌고 장소[處]가 변함에 따라서 그 가르침이 전해진다. 그것은 조건의 변화다 그 조건과 더불어 불교라는 가르침도 또한 끊임없이 새로워지지 않으면 안 되는 것이다. 학문이 그것을 창출한다. 사상이 크게 흔들린다. 그와 동시에 사람들이 불교에 기대하는 바도 또한 변하지 않을 수 없다. 이것이 새로운 과제의 출현이라는 것이다. 그 과제의 변화와 동시에 불교의 존재양식도 또한 끊임없이 새로워지지 않으면 안 되는 것이다. 불교는 이러한 종교인 것이다.

그렇다면 한국불교를 진단하여 '일교 내에서 마치 이교처럼'새로운 불교운동을 구상한 회당대종사의 기본정신을 무엇인가. 이 회당대종사의 기본 정신이 불교를 인연 축으로 하여 진각종이 탄생하고, 진각종을 혁신의 구심점으로 하여 회당대종사의 새 불교운동이 전개되었기 때문이다. 사실 회당대종사는 자신의 기본정신을 실현시키기 위하여 정치·경제 분야에서도 각별한 탐색작업을 하였으나, 필연의 인연동기로 결국 불교를 인연 처로 잡은 것이다. 따라서 회당대종사의 이해는 그가 불교의 수행자요, 그리고 진각종의 회당대종사라는 면을 기본으로 이루어져야 제대로 파악될 수 있다. 그러나 회당대종사의 기본정신을 추출하는데 있어서 명심해야 할 것은 회당대종사 자신이 자신의 생각을 개념화하는 것을 경계하고, 생활 중에서 실천 응용시키는데 중점을 두었다는 점이다.

회당대종사에 있어서 불교는 법신의 정신에 있다. 그것은 법신을 깨닫고[就本], 법신을 실현(이원활동)하는 것이다. 법신의 정신[佛]에서 불교를 풀어가는 회당대종사의 불교관은 당체설법當體說法(法)·자성법신自性法身(僧)으로 전개되는데, 자성법신의 원만한 깨침과 생활을 불교신행의 기본으로 잡는다. 그것은 법신의 구체적인 활동체는 자성법신이기 때문에 자성법신의 실현을 통해서 법신정신을 구현하기 때문이다. 즉 회당대종사는 이 관계를 이렇게 나타낸다.

> 비로자나부처님은 시방삼세 하나이라.
> 온 우주에 충만하여 없는 곳이 없으므로
> 가까이 곧 내 마음에 있는 것을 먼저 알라.
>
> _『실행론』 2-1-1

가까이(여기) 곧 (지금) 내 마음에 계시는 부처님이 자성법신이요, 이 자성법신을 중생적인 입장에서 심인心印이라 부르고, 이 '심인 밝히는 공부'가 회당대종사의 초기 교화의 기본 주장이었다. 이처럼 법신불[法界法身]·당체설법[法身 生活相]의 교설을 자신의 불교관의 축으로 삼고, 회당대종사는 "불교는 깨달아서 성불하는 가르침인 고로 깨닫는 그 사람, 그 가정, 그 나라의 불교가 된다."는 점을 강조한다.

회당대종사는 또한 불교를 다음과 같이 정의하고 있다.

> "불교는 교리 자체가 자기반성과 자기비판으로 참회[智]와 실천[悲]이 주목적이기 때문에(중략) 불교는 구경에 자성이 청정하여 일체 사리에 자심이 통달하게 되니 이것이 곧 자주력이 된다."
>
> _『진각교전』, p.8

따라서 회당대종사는 불교의 기본정신은 법신불의 정신을 자성법신의 자각에 의해서 구체적으로 실현하는 것으로 확신하여, 전통적인 불교의 존재 양식을 일단 보류하고, 불교정신 그 자체를 복잡한 사회에 어떻게 구체적으로 실현시킬 수 있는가에 초점을 두고 불교의 새로운 존재 양식을 생각하신 것이다. 그것은 근본을 무시한 개혁은 개혁이 아니라 혁명(아주 별개의, 것)이 되고 말기 때문이다. 다시 말하면 불교가 아니라 유사 종교일 뿐이기 때문이다. 그래서 진각종이라는 새로운 양식의 불교운동을 일으켜 전통불교 양식과 이원상보二元相補를 세운 것이다.

회당대종사 이전의 불교개혁을 주장한 그 내용들이 아직도 최대 비구종단이라 하는 조계종에서 문제해결의 실마리를 풀지 못하고 미로 속을 헤매고 있는 것이 현실이다. 이것은 두 분의 개혁사상이 한계가 있다는 것을 의미한다. 그러면 그 한계성은 무엇인가? 회당대종사는 그것을 간파하고 취본, 이원정신으로 한국불교를 새롭게 한 것이다.

매너리즘에 깊이 빠져 있는 출가승들을 깨어나게 하는데도 같은 출가인으로서는 역부족했다는 것을 회당대종사는 통찰하고, 이원전문원리를 바탕으로 재가불교로서 불교를 새롭게 개혁한 것이다. 회당대종사가 기존 불교를 부정하기 위한 기본정신은 '취본·이원'이며, 이 정신의 불교적 적용이 '법신불·당체설법·자성법신'을 축으로 하는 '심인 밝히는 공부'였다면, 기존의 불교 상황에 대한 개혁의 틀은 무엇인가. 기존 불교의 부정적인 상황은 불교의 근본 모습에서 이탈된 모습이고, 이 이탈된 모습을 근본으로 되돌리는 길은 기존의 신행에서 결여된 부분을 채우는 길이 된다. 즉 이원전문의 원리를 세우는 것이다. 이 채우는 길은 '일교 내에서 마치 이교처럼'노선과 특색이 뚜렷하게 있어야 한다. 그래서 회당대종사는 도상숭불의 숭상불교에 '진리각오眞理覺悟'의 심인(밝히는)불교를 세우고 있다. 숭상불교가 삼보사불의 결과라면 심인불교는 삼신이불三身理佛의 결과다. 佛을 섬기고 숭상하는 신행은, 佛을 깨닫고 심인을 밝히는 신행이 함께 서면 불교의 신행은 제 모습을 갖춘다. 심인불교는 자성을 깨닫고 심인을 밝히는 것을 기본으로 하기 때문에 율법적·의례적·계율과 의식보다는 인과내증적인 참회와 실천을 주로 하고, 유상·의뢰적인 신앙에 무상, 자각(자력)적인 신행을 세운다. 그리고 불교의례에 의지하는 기복적 신앙에 생활 중에 자각활동을 하게 된다. 전자가 전통계승의 출가중심이라면 후자는 전문포교의 재가중심으로 나간다.

이처럼 불교 신행의 근본을 되찾기 위하여 회당대종사는 진각종을 세우고, 그 자신이 구상한 새 불교운동의 중심축으로 삼고 있다. 따라서 진각종은 새 불교운동의 구체적 실천형태로서 탄생하고, 진각종을 통해서 회당대종사의 새 불교운동은 전개되고 있다. 진각종은 회당대종사의 혁신운동이 깊이를 더하면서 참회원, 심인불교 등의 명칭변경을 겪으며 새 불교운동의 중심축으로 모습을 나타내고 있다. 그 기본적인 배경은 이전의 불교가 전통계속의 측면에서 그 중요성이 있다면, 진각종은 복잡한 현시대에 다양한 중생의 성격과 욕망에 따라서 전문포교의 영역을 담당하기 위한 이원상대원리에 입각한 것이다. 그러므로 진각종의 특징은 그대로 회당대종사의 불교혁신의 모습을 반영하고 있다.

첫째, 진각종은 무등상無等像 신행을 중심으로 한다.

이것은 회당대종사의 법신 정신에서 기인한다. 회당대종사께서는 "이상견성離相見性 도상생선睹相生善"이란 말씀으로 등상불신앙과 무등상불신앙이 상보하는 이유를 보여준다. "불상만이 부처인 줄 알고 사찰만이 불교인 줄 알던 과거의 불교인식을 고쳐서, 우주에 충만하여 없는 곳이 없는 법신부처님이 계신 것을 가르치고[佛], 불의 진리를 강조하고 생활에 활용케 하며[法], 현실생활 가운데서 인과응보의 법칙을 체득케 하며 사악취선하게 한다[僧]"고 하신다. 이것은 숭상불교에 자각·실천불교를 세우는 것이다. 그래서 신앙의 대상과 수행을 구체화하여 신행의 구심점을 뚜렷이 한다. 그것이 법신 비로자나불(교주)·육자진언(본존: 옴마니반메훔)·육자관법(수행)이다. 여기서 진각종은 밀교정신을 이어 받은 밀교계통의 종단 모습을 띈다.

둘째, 당체설법을 강조하고 육자진언을 모든 교설의 총지문으로 삼는다.

당체설법이란 일체현상을 모두 법신불의 설법으로 자각하여 실천하는 것이다. 부처님의 설법을 경전 위주로, 혹은 추상화하는데서, 생활 위주와 실천 위주로 받아들이는 것이다. 그래서 '자성설법自性說法' 즉 부처님 말씀을 하나하나 구체적으로 실생활에 적용해서 스스로 체험하여, 그 곳에서 우러나오는 설법을 듣고 자신의 생활태도를 참회하고 실천할 것을 주로 한다. 따라서 장황한 설법 위주의 법회나 불공보다 참여자들의 간결하고 체험적인 법담을 주로 삼는다. 그렇기 때문에 법문(경전)의 한글화와 쉬운 말 사용은 자동적으로 이루어지게 된 것이다.

셋째, 진각종은 재가불교를 기본으로 한다.

이것은 무등상불과 밀접한 관계를 가진다. 외형이나 율의적 계율(형식)을 지봉持奉하는 것보다는, 자율적으로 내면적 자각을 주로 하는 불교를 세우는 것이다. 그래서 깨침·참회·실천을 강조한다. 진각종의 초기 교단명이 '참회원'이었다는 사실이 참회의 중요성을 알 수 있게 한다. 그래서 "기도가 아니오, 참회로 나아가라" "佛에 예배·기도·공경하는 태도보다 진리의 실행"에 더 가치를 두고 있다, 그래서 교직자의 외형적 모습을 마치 이교처럼 혁신하고, 결혼을 허용하여 부부가 함께 실생활에서 자기 수련과 교화에 중점을 두고 있다. 그리하여 사회 속에서 중생들과 함께 생활하면서 깨침·참회·실천의 수행을 전개한다.

"모두 제각기 자기 직업생활을 하면서 인과를 내증하게 하고, 때와 장소를 가리지 않고 급한 서원과 고통이 있을 때는 그 곳에서 희사하고 염송하는 불공법으로서 서원 성취하고 재난을 소멸케 한다." 즉 현세정화를 교화의 기본으로 삼는다. 이 점에서 진각종은 국가사회적인 중요 현안에 능동적으로 참여한다. 창종 초기부터 전개한 평화통일을 위한 진호국가불사 등 많은 例가 있다.

넷째, 일체 의식을 간소화하고 수행법을 단순화하고 있다.

불공이나 불사는 최소한의 의식만을 행한다. 등상불을 모시지 않는 면에서도 그러하다. "불상 앞에 음식을 공양하고 예배하는 것만이 불공이 아니라, 자기 허물을 고쳐서 부처님 말씀대로 실천하는 것이 더 큰 불공이요, 소모적인 음식공양보다도 일체중생의 복지를 위하여 현금으로 자진 무상희사를 하여서 건설적으로 사용하도록 불공의식을 혁신하였다는 법설이 이를 대변해 준다. 그래서 사원(승려)을 중심으로 한 의뢰, 의타불공이 아닌 개인과 가정을 중심으로 자율, 실천불공을 실시하고 있다. 그래서 각종 의례의식 또는 불공법은 간결하면서도 구체성을 띈다.

다섯째, 사원의 형태 및 위치·법당의 구조 등을 혁신하였다.

기존의 사원형태는 등상불을 모시고 출가 승려의 생활을 중심으로 이루어 졌다고 보고, 사원[心印堂]을 신교도들이 언제나 자율적으로 불공할 수 있는 형태로 하고 그들이 생활하는 장소[도회지]에 세운다. 그리고 화려하고 번잡한 일체의 구조·색상을 간소화 한다.

여섯째, 교단의 행정운영체계를 혁신하였다.

종단의 특색을 뚜렷이 하고, 포교 이념의 중심을 명확히 하여, 신행과 행정의 중심체계를 분명히 하였다. 하나의 새 불교운동을 전개하기 위해서는 운동의 구심력이 강력하지 못하면 뜻대로 이룰 수가 없다. 교육·수행·행정·재정의 모든 분야를 중앙집권으로 하되 교직자의 재량권과 활용 폭을 최대한으로 보장하는 등, 종 행정 체계를 조직하고 있다.

이상이 회당대종사가 시도한 새로운 양식의 불교 모습들이다. 교리

신행적인 면에서는 법신불신앙, 깨침·참회·실천의 자력신앙을 근본으로 하되, 사회 실천적인 면에서는 재가중심·생활중심·현세중심으로 하는 불교라 할 수 있다.

역사상에는 수많은 사상들이 있었다. 그 중에서 새롭게 발전한 사상도 있었지만, 사라져 버리거나 낡고 쓸모없이 되어버린 것도 무수히 많다.

종교에 있어서 가장 근본이 되는 것은 종교사상이다. 종교사상에 의해 종교행동이 있게 되고, 종교행동에 의해서 종교경험이 있게 되면, 그 위에 종교집단이 형성된다. 따라서 사상적인 체계가 정립되지 않은 채 종단발전 문제를 논한다는 것은 근본을 망각하고 지엽을 쫓는 것과 같다. 그리고 시대의 추이와 함께 교리와 사상은 끊임없이 새로 해석되고 적용되어야 한다. 만약 그렇지 못할 때는 도태되고 만다는 것을 역사가 증명을 하고 있는 것이다. 불교도, 진각종도 그 예외는 아니다. 따라서 회당대종사의 한 말씀을 결론으로 삼는다.

> 참회 후의 생활은 진리에 사는 생활 이며, 진리라는 것은 현세의 모든 치세를 총괄하는 근본이 되는 힘이니, 볼 수도 없고 만질 수도 없으나 모든 것을 참되게 하고 있는 원동력이다. 진리의 길은 실로 위없는 참 길이다. 등상불과 그림 佛로써 선악을 지도함보다 마음을 닦는 것이 진리에 가까우며, 과거의 가정 가족 간의 윤리에만 힘쓰는 것보다 사회·국가·중생을 위하는 길이 진리에 가까우니라.
>
> _『실행론』 5-4-7

이처럼 회당대종사는 〈물과 심의 이원진리〉에서 “물질 일어나는 때는 탐진치도 일어나고, 탐진치가 치성하면 성품은 곧 어두워서 일체병폐 생기므로, 이때에는 누구라도 지혜 밝게 되는 교를 믿고 행해 나가야만 그 가정을 보전하고 장원하게 이어간다."고 하였으며, 다른 곳에서는 "현교는 심본색말心本色末을 주장하니 미래중심의 유심적唯心的인 불교이므로 사후불교가 되고, 밀교는 색심불이色心不二를 주장하니 현세중심의 현실적 실천불교이므로 결국은 생활불교가 됩니다." 또 "불설佛說도 항상 현실에 입각한 이상을 말씀한 것이며, 세간을 토대로 출세간법을 설한 것이다"라 하고 있다. 그리고 현실의 중생고를 병病·빈貧·쟁諍 세 가지로 보고 이의 치유를 강조한다.

또한 인(전생의 업)에 집착한 불교는 운명적·소극적 불교며, 과(결과)에 집착한 불교는 의타적·의뢰적인 불교이므로, 緣을 살리는 緣을 밝히는 불교(적극적·자주적 불교)를 강조하여, 불공이라는 용어 대신에 심공心工(마음 밝히는 공부)이라는 용어를 사용하였다.

이상으로 회당대종사가 기존의 한국불교를 부정 지양하여 시대를 이끌어가는 불교로 새롭게 개혁한 몇 가지 단편을 살펴보았다. 이러한 단편들이 하나의 틀로 짜져 있는 것이 진각종의 모습(개혁된 모습)이다.

2. 생활불교와 실천불교

회당대종사의 불교운동은 기존 불교계의 흐름으로 살펴볼 때 파격적이다. 수행 공간과 용어 그리고 의식 등에서의 새로운 변용變容은 과거와 확연히 다른 모습이다. 그렇다고 해서 이질적인 관념으로 바라볼 수 없는 것은 분명 불교 본연의 정신을 담고 있기 때문이다. 이러한 의미에서 회당대종사의 새불교운동은 단순히 현상을 개혁하고자 하는 것이 아니라 전통불교의 정신을 계승하면서 이 땅에 새로운 불교운동을 제시하고 대중과 함께하고자 했던 서원이라고 평가할 수 있다.

회당대종사가 추구한 새불교운동 가운데 두드러진 특징은 중생들이 살아가고 있는 현실을 있는 그대로 직시한 새로운 종교관의 도입이다. 바로 생활불교이다. 회당대종사는 생활불교에 대해 스스로 진리를 알고 행하는 가르침이라 말하였다.

생활을 직시한 불교관은 분명 시대를 바라보는 시각도 달라야 한다. 근본 교리의 입장에서 일체는 무상無常이다. 이는 부처님 이래 지금까지 불교가 담고 있는 세계관이다. 그러나 중생은 그런 세계관 속에 포함되어 있지만 현실이라는 생활을 벗어나 살아갈 수 없는 존재이다. 현실의 삶과 깨달음은 둘이 아니다. 오히려 현실 세계를 올바르게 살아가는 것이 깨달음에 도달할 수 있는 방편이 될 수 있다.

이런 생각들이 구체적으로 드러낸 것은 회당대종사의 물질에 대한 생각이다. 회당대종사는 물질을 현실에 존재하는 형태[現實態]로서 있는 그대로를 인정하고 있다. 회당대종사는 과거시대는 물질을 멀리하는 사람이 양반이었고 백자천손百子千孫이 되었지만 현現 시대는 물질시대라 반드시 이원二元주의를 세워야 종교의 문이 크게 열린다고 보았다. 이러한 견해를 바탕으로 회당대종사는 과거 종교는 물질을 떠나는 일원주의로 나아갔으나 현재 종교는 물질을 떠나서 살 수 없으므로 물질에 대한 생각을 구체적으로 직시한 종교관을 세워야 한다고 주장하였다.

이러한 회당대종사의 물질적 사고가 종단운영에 도입되어 드러난 것이 바로 희사법喜捨法의 제정이다. 이는 신교도들이 적극적 수행으로 나서고 함께 동참을 이끄는 종책宗策의 의미를 담고 있다. 특히 희사의 근본정신을 살펴보면 회당대종사가 현실을 바라보고 이해하는 시대적 견해를 알 수 있다.

회당대종사는 적극적 희사의 개념에 대해 큰 의미를 둔 것은 먼저 마음을 비우는 행이다. 희사를 집착 없는 마음에서 비롯되는 실천행으로 보는 것이다. 둘째는 옳게 쓰는 실천행이다. 그것은 바른 생활을 하기 위한 의지이며 더 나아가 옳게 버는 인因으로 보는 것이다. 마지막으로 희사의 실천은 철저한 무상無相주의의 원칙을 세우는 적극적인 실천이다. 이는 사사로운 마음에서 행하는 실천이 아닌 대가를 바라지 않는 실천행이다. 나아가 회당대종사는 이러한 희사 정신의 현실적 실천이 결국 교도들이 살아가고 있는 현실의 어려움을 타개할 수 있는 방편으로 보고 있다. 이는 회당대종사의 종교적 현실관이다.

그러한 현실관은 단지 교도들의 신행으로만 끝나지 않고 사회적인 실천으로 강조되어 확장되었다. 이것이 실천불교이다. 회당대종사가 생각한 불교는 교리 자체가 가정과 사회의 안정을 위한 실천적 가치로 강조되어 대중에게 설해져 있다. 나아가 출세간법을 가지고 인간사회의 도덕적 의무를 강조한 점 또한 큰 특징이다. 특히 이는 불교의 자주적 성품 형성에 크게 영향을 미치고 있다.

회당대종사는 대중과 함께하는 사회적 실천에 앞서 개인적으로 긍정적 사고를 가져야 함을 강조하였다. 그 다음 수행자의 역량이 우리사회 속에서 나눔의 실천으로 드러나도록 도모하였다. 이런 자세는 자신과 사회에 일어나는 폐단이 멀리 있는 것이 아니라 바로 자신에게 있다는 점을 강조한 것이다. 이러한 회당대종사의 견해는 마음의 자성自性을 찾는 심인불교心印佛教의 이념과도 그 뜻을 같이 하고 있다. 즉, 이런 이념을 실천하는데 필요한 사회적 행동규범에 대한 지침을 강조하고 있음이 이러한 사실을 반증하고 있다.

그 지침에 의하면 먼저 개인보다는 공적인 행동에 우선순위를 두었다. 그래서 개인적 욕심에 의해 공적인 일이 방해받아서는 안 되며, 공적인 법칙을 어겨 질서를 문란케 하는 것을 경계하였다. 그리고 회당대종사는 사회 속에서 개인의 행위에 있어 어떤 자세를 견지해야 하는지에 대해 일러주었다.

회당대종사는 개인적 삶의 태도와 사회적 관계 그리고 국가라는 공동체가 모두 종교와 무관한 것이 아니라 하나의 동체同體이자 연기적 관계를 형성한다는 견해를 가지고 있었다. 이는 진호국가鎭護國家와 즉신성불卽身成佛이 둘이 아니라는 회당대종사의 생각과도 일치하는 것이다. 나아가 이는 종교적 이념이 곧 그 사회를 변화시킬 수 있다는 자주적이며 실천적인 생각에 대한 반증이다.

회당대종사의 불교개혁에 대한 시대적 평가는 새불교 운동으로 집약되어 드러났다. 이는 기존 불교에서 행해지고 있는 의식을 탈피하여 자신의 현실적 종교관에 입각한 새로운 변용變用에서도 찾을 수 있다.

회당대종사의 깨달음은 따로 스승에 의지하지 않은 철저한 수행정진의 결과 즉, 무사득오無師得悟에서 나왔다. 나아가 이는 철저한 자기인식과 반성에서 비롯된 결과이다. 회당대종사의 수행정진은 기복적 신행에서 벗어나 자신의 인과를 강조하는 내적 성찰이었으며 그 과정은 교단의 중흥을 도모하는데 많은 역할을 하였음을 한국불교의 역사에서 찾아볼 수 있다.

회당대종사는 수행도량인 참회원을 개설한 후 모여드는 대중들에게 현실의 도피나 기복을 일러주지 않았다. 먼저 대중에게 자신의 존재에 대한 분명한 인식을 가르쳤다. 이는 자신의 인과를 먼저 살펴 참회하고 보다 나은 자신의 미래를 열어가는 체험중심의 불교였다. 이를 실천하기 위해 회당대종사가 강조한 것은 깨달음과 참회 그리고 실천이었다. 어려운 현실 속에서 자신을 살펴 이는 지난날 자신의 부정적 원인이 있었음을 알고, 그 원인의 주체는 바로 나 자신임으로 스스로 반성하며 보다 나은 미래를 위해 노력하자는 취지였다. 그러한 의도는 회당대종사의 불교관을 서술하고 있는 교전의 실행론에 잘 나타나 있다.

회당대종사가 강조한 참회는 먼저 자신을 찾는 것이다. 회당대종사가 조직의 수행도량의 명칭을 참회원으로 한 것은 바로 이런 정신을 구현하고자 했던 의도였다. 이같은 생각을 가질 수밖에 없었던 것 또한 현실에서 보이는 불교의 형태가 참다운 나[眞我]를 찾는 것이 아니고 형식위주의 불교였으며, 여기서 비롯된 폐해를 막아보려 하였기 때문이다.

이와 같이 참회를 강조한 회당대종사는 이어 참마음을 강조하였다. 바로 심인불교心印佛教이다. 그것은 참마음과 진언을 의미하는 심인을 강조함으로써 종교적 성숙함을 이루고자 한 의도이다. 회당대종사는 조직의 명칭을 '심인불교건국참회원'으로 하여 진기 5년(1951) 1월 18일 중앙공보처에 등록하는 등 심인불교에 깊은 관심을 나타내었다. 나아가 회당대종사는 자신의 참모습을 바로 알기 위해서는 먼저 내 자신의 잘못을 알아야 하지만 자신의 실체를 알지 못하는 참회는 진정한 의미의 반성이라 할 수 없다는 생각하였다. 왜냐하면 자신에 대한 깨달음을 얻지 못하면 망상에서 벗어날 수 없기 때문이다. 따라서 참회원에서 심인불교로의 전환은 먼저 참다운 나를 알고 이후 스스로 행하는 반성의 참회가 수행의 초점으로 옮겨졌다고 할 수 있다.

이러한 변화에 따라 수행도량의 명칭 또한 참회원에서 심인당心印堂으로 바꿨다. 이는 기존 불교가 지니고 있던 의타적 기복의 의미에서 탈피하여 시대에 맞는 새불교의 운동성을 한층 강조한 것이었다. 이 때가 진기 6년(1952)으로 안으로는 종단의 내적 성숙을 위한 교상의 정립과 교리의 체계화에 박차를 가할 때였다. 나아가 밖으로는 기복적 의미의 불교 이미지를 바꿔 수행적 자세를 견고하게 하는 신행운동의 시작이었다. 이러한 의도 속에서는 사찰이나 사원의 명칭보다는 대중적이고 도심적인 이미지를 살려 새로운 명칭을 도입하고자 한 회당대종사의 면모가 보인다.

새로운 변화는 여기에서 멈추지 않았다. 기존 불교와 다른 이미지를 살리고자 하는 회당대종사의 새불교 운동은 단순히 수행도량의 명칭을 변용하였다고 해서 이루어지는 일이 아니기 때문이다. 그런 새불교 운동은 철저한 변화만이 대중에게 통용될 수 있다. 그것이 새로운 종단으로의 비상飛翔이다.

앞서 살펴본 일련의 변용抃踊을 토대로 회당대종사는 자신만의 사상체계를 이끌어 갈 수 있는 조직과 활동이 필요하다고 판단했다. 그리고 바로 신행조직과 체계를 시대근기에 맞도록 하는 작업에 들어갔다. 그 결과는 진기 7년(1953) 10월 28일 '대한불교 진각종 보살회 유지재단'의 설립으로 드러났다. 재단을 설립한 회당대종사는 진기8년(1954) 1월 27일 문교부의 정식 허가를 취득함으로써 진각종을 설립하였다. 회당대종사는 진각종을 법인화함으로써 자신의 깨달음을 체계화시킬 수 있었다. 이에 대해 회당대종사는 그 의미를 다음과 같이 밝혔다.

> 시대와 사회의 변천에 따라 이원주의二元主義로 전환한 20세기二十世紀 오늘날에 법신불의 진리와 언행을 바로 가르쳐서 현세를 교화하려고 이원방법二元方法을 세워 일원一元에 병든 것을 바루는 새불교가 이 세상에 나올 것을 바라보고 이어왔던 것이다.

이같은 불교관을 지닌 회당대종사는 기존 불교와의 철저한 차별을 시도하였다. 출가를 통한 득도得度가 아니라 자신이 생활하고 있는 현실에서 심인진리心印眞理를 깨치는 것을 중요시 하였고 이를 중생들과 함께 수행으로 나누웠다. 나아가 회당대종사는 수행의 모습 또한 선禪 중심의 면벽참선面壁參禪에서 벗어나 일상의 부부생활 속에서 세상과 함께 하는 동사섭同事攝의 자세를 중시하고 중생으로 하여금 일상생활에 있어서 보살계를 가지게 하여 화민성속化民成俗하는 것임을 강조하고 이를 정립하였다.

또한 회당대종사가 제정한 의식 속에서 대중들의 생활에 맞게 변용하고자 했던 의도를 읽을 수 있다. 먼저 회당대종사는 종단의 모든 행사를 음력에서 양력으로 바꾸었다. 우리 사회가 태음력에서 태양력을 사용하기 시작하면서 불교의 행사는 다소 어려움을 맞았다. 특히 산업화되면서 나타나기 시작한 일주일 단위의 삶의 방식 속에서 일요일이라는 휴일은 음력으로 행사를 치루고 있는 불교계의 신행구조와는 달랐다. 이는 불교가 여성 중심으로 흐르게 한 단면이기도 하다. 지금은 일요법회를 실시하는 사찰들이 늘어 일주일 단위의 신행구조를 이루고 있지만 진기 9년(1955) 시점에서 일요법회란 전무하다고 해도 과언이 아닐 만큼 불교계의 의식은 음력 중심이었다.

이런 문제점을 보완하고 우주 본체인 비로자나불을 중심으로 본 세계관을 양陽으로 인식한 회당대종사는 종단의 행사를 시대의 흐름인 태양력으로 바꿨다. 이러한 선택에는 어두운 곳에서는 만물이 쇠하고 밝은 곳에서 만물이 생한다는 회당대종사의 사고가 바탕이 되었다. 이는 항상 생각을 밝게 하고 명랑하게 지닐 것을 주장한 회당대종사의 가르침과 그 의미를 같이 하고 있다.

이러한 회당대종사의 생각이 구체화된 것은 자성일自性日 불사이다. 자성일은 '마음 닦는 날'의 의미를 지니고 있다. 이 날의 의미는 단순히 하루를 쉬는 것이 아니라 불사와 마음공부인 심공心工을 통해 자신의 마음을 닦음으로서 본심本心인 자성自性을 찾자는 생각이다. 이러한 의미를 수행으로 잇고자 진각종에서는 일요일에 일상적인 행사의 주관은 물론이고 참여하지도 않는 것이 보편화되면서 지금까지 종교적인 성스러움을 지니고 있다.

3. 자기정화와 현세정화

정화란 깨끗하지 못하며 맑지 못한 즉, 오탁汚濁에 물든 이 마음을 밝혀 청정하게 함에 의해 안팎을 청정하게 하는 것이자 그 결과로서 정토의 구현을 이루는 것이다. 결국 내 마음은 수많은 타자와의 관계성이라는 이 사회와 연결되어 있으므로 내 마음의 정화는 사회의 정화와 다르지 않은 것이다. 마음의 정화에 대하여 회당대종사는 마음공부를 강조하면서, 마음 맑히는 과정을 중요시하였다. 회당대종사에게 정토는 수행자 개인의 정화를 통해 이룩되는 것으로 저마다의 마음공부 여하에 따라 구현되는 불국정토의 미래상이다. 정토를 이루는 저마다의 정화에는 개인의 마음을 다스리고 내외內外의 제 요소를 정화하는 다양한 방편이 있다. 그리고 그 정화의 방향 또한 내적인 마음의 정화와 외적인 사회정화로 나누어볼 수 있다. 이러한 정화의 방법에 의해 사회 속에서 이상을 실현하고자 하였던 것이 회당대종사의 현세정화관이고 불국정토관이었다.

자기 자신을 살피고 바름으로 채우는 내정화內淨化의 중심은 육자진언 염송을 통한 삼밀행에 의한 정화이다. 삼밀행은 여타의 실천행에 우선하는 정행正行으로 간주할 수 있다. 이를 위하여 회당대종사는 '본심진언 옴마니반메훔을 오나가나 항상 외우고 하루 열 번 이상 자성참회 함에 의해 탐진치는 물려가고 본심이 일어나게 된다.'고 가르치고 있다. 나아가 이에 대한 구체적인 가르침을 다음과 같이 설하였다.

> '삼업정화 하는 곳에 삼밀행이 있음이니 이를 정화하려하면 부처님의 가지력과 관행자의 공덕력과 저 법계의 통합력에 의지하지 아니하면 정화되지 않느니라. 공덕력은 삼밀로서 관행함에 있느니라.'

이는 탐내고 화를 내며 어리석은 행위의 탐진치 삼업을 정화하는 것이 바로 삼밀행이며 이 또한 수행자의 지극한 마음과 실천으로 내적 수행이 외적 환경과 하나되어야 한다는 점을 강조하고 있다. 즉, 수행의 주관적 편향을 경계하는 진솔함을 강조하고 있다. 나아가 회향참회에서도 '항상 삼밀을 행하여 뜻으로 악한 마음과 입으로 악한 말과 몸으로 악한 행동은 결정코 끊어 없애겠으며'라는 가르침에서 나타나듯이 삼밀행을 통한 삼업정화를 드러내고 있다. 그리고 이러한 내적 정화인 삼밀작용으로 법계가 정화되면 일체가 다 부처佛가 되며 모두가 부처인 장엄세계가 바로 불국정토임을 강조하고 있다.

회당대종사는 희사喜捨를 통한 물질정화에 대해서도 많은 가르침을 전하고 있다.

> '물질시대 우리 탐심 홍수보다 더 크므로 청백한 법 안서지니 옳게 써서 정화하라.'

이처럼 회당대종사는 물질에 대한 정화의 견해는 진각종 희사법을 기반으로 세워 탐심의 정화를 물질의 올바른 사용으로 다스릴 수 있다는 내용을 담았다. 나아가 이를 강조하기 위해 또한 이같이 설법하였다.

> '세상이 다 혼탁한데 홀로 청백 안 되나니 오탁 중에 도는 재물 청탁분별 할 수 없다. 수입할 때 못 가리니 옳게 써서 정화하라. 제독除毒위해 정시하면 독이 화해 감로甘露된다. 표면에는 자유경제 혼탁한 것 같지마는 이면에는 자유종교 정화기관 되어있다.'

> '무정물의 불변진리 발전하여 쓰는 때는 중생심의 불변진리 함께 발전하게 하여 정情과 성품 균등하게 물심物心 이원 발전해야 그 물질이 장원하고 행복하게 살게 되며 국가사회 발전하여 불국정토 되느니라.'

이와 같이 회당대종사는 혼탁한 물질시대에 저마다 참되고 바른 자신의 성품을 깨닫게 하는 종교가 우리사회의 정화기관이 되어 그 역할을 다하고, 이러한 정화기능을 통해서 물질문명시대에 인간의 정신문명이 함께 발전한다는 정신과 물질의 이원자주를 강조하였다. 나아가 이원자주로서 국가사회가 발전하고 불국정토가 될 수 있음을 천명하고 있다. 또한 회당대종사는 과거 도덕시대는 청백한 재물이 들어오므로 아껴 사용하여 오래 갔지만 현대 물질시대는 탁濁하게 들어오는 재물은 재화災禍로 나가기 쉬우므로 옳게 쓰는 법을 세우지 않으면 오래가지 못한다고 일상속의 진리를 강조하였다. 또한 이러한 희사와 수행으로 자유경제가 발달하고 있는 현대에는 옳게 쓰는 법을 세워야 지상극락을 이루고 개인과 국가 모두 부강하게 될 수 있음을 강조하고 있다.

앞서 언급한대로 회당대종사가 교화를 펴는 시기는 해방을 전후한 무렵으로 서구의 물질문명이 거세게 밀어닥치던 시기였다. 급격한 물질 문명의 유입은 국민들에게 물질중심의 사고방식으로 인식의 변화를 가져왔으며 이는 극심한 혼란으로 드러나기 시작했다. 이에 회당대종사는 종교와 물질의 이원성을 인식하고 그러한 이원성을 심인불교인 진각종이 추구해야 할 방향으로 설정하였다. 그리고 몸과 마음이 안락한 행복한 삶을 위한 방편으로 삼밀과 희사를 중심으로 하는 육행실천을 또한 강조하였다.

'몸의 안락은 십선업十善業 특히 희사하는데 있고, 마음의 안락은 육식六識의 근본이 되는 마음의 조정 곧 육자진언으로 삼밀선정 하는데 있다.'

'삼밀과 희사로 불공하는 그 곳에 부처님이 계시며, 부처님이 없는 곳은 없으며 일마다 불공이다.'

이러한 대종사의 가르침은 언제 어니서나 그리고 마주 하는 일마다 수행의 자세가 되는 '시시불공·처처불공·사사불공'으로 강조되었다. 이는 '생활 밖에 불법佛法이 없고 불법 밖에 생활이 없다.'는 회당대종사의 말씀이 되어 '생활불교·실천불교'를 공감으로 확장하는 근배불교의 가르침이 되었다. 이처럼 회당대종사는 삼밀행과 희사행을 중심으로 하는 육행(희사喜捨, 계행戒行, 하심下心, 용맹勇猛, 염송念誦, 지혜智慧)의 실천 속에 '불교의 세계화와 현세안락 구경성불'이 이루어 질 수 있다고 하였다.

한편 희사·삼밀행 중심의 육행실천과 함께 회당대종사는 참회정신의 시대적 가치와 의미에 대해 많은 가르침을 전하였다. 회당대종사는 진각종의 참된 가르침을 전하고자 종문을 개창하고 처음 사용하였던 도량의 명칭을 '참회원'이라 하였다. 진각종단은 참회원의 시기를 거쳐 심인불교, 진각종이라는 불교종단의 조직체계로 발전시켜나갔다. 사실 육행실천으로 밝아진 마음자리에는 참회와 은혜가 충만해진다. '불교는 교리자체가 자기반성과 자기비판으로 참회와 실천이 주목적'이라고 강조한 회당대종사의 글을 통해서도 참회를 통하여 현실정화를 꾀하였던 회당대종사의 사상을 엿볼 수 있다. 이를 드러내듯이 진각종의 공식불사 의식도 참회로 시작해서 참회로 끝을 맺는다. 회당대종사의 참회정신은 진각종의 근본정신이라고 해도 과언이 아닐 것이다.

요약하면 희사와 삼밀행의 육행실천으로 밝아진 마음자리에 은혜로 가득한 참회가 일어나고, 참회 후에 정화된 마음자리에서 더 깊어진 육바라밀행이 이루어진다. 이러한 실천의 순환적 심공과정에서 자기의 성품을 깨달아가고[각성종교] 자성불로서 심인心印이 밝아진다. 이에 대해 회당대종사는 다음과 같이 설하였다.

> '심인은 곧 내 마음에 새겨있는 불심인佛心印인 삼매왕을 가리켜서 말함이요, 진리는 곧 변함없는 만유실체 본성이라.'

이처럼 심인은 진언염송으로 밝아진 허공虛空과 같아 탐내고 성내며 어리석은 생각이 없으며 맑은 거울과 같은 본래 안과 밖이 없는 참마음을 깨닫는 것이다.

> '삼밀로서 내 마음에 항상 인印을 새겨가져 실상같이 자심自心 알아 내

잘못을 깨달아서 지심으로 참회하고 실천함이 정도正道니라.'

이 가르침은 삼밀행을 통해 수행자 자신이 '여실지자심如實知自心'을 이루고, 지심至心참회와 실천행으로 정도正道로 나아가는 길이 되며 참된 깨달음인 진각眞覺의 길이 된다. 이렇듯 희사와 삼밀, 그리고 참회실천은 내면적 심성의 근원적인 변화이며 사회 윤리의 실천이라는 측면에서는 현세정화를 이루고 불국정토로 나아가는 길이다.

이처럼 회당대종사의 병病·빈貧·쟁爭 삼고해탈은 염송·희사·참회를 주체적으로 실천하여 자기 성품을 바르게 정화하고 일상의 진실한 삶을 깨달아가는 과정 속에서 이루어지는 것이다. 즉, 빈곤퇴치를 위해 희사를 강조하였고, 병고퇴치를 위해 염송을 강조하였으며, 불화퇴치를 위해 참회를 강조하였다. 또한 삼밀과 희사, 이 두 가지는 이원二元으로써 '지혜를 체득하는 삼밀'과 '복덕을 쌓는 희사'의 두 가지 자량自量을 함께 구족할 때 복지구족福智具足이 되는 것이다. 이와 같은 복덕과 지혜를 원만 구족하게 갖추어야 함은 말할 나위 없다. 이것은 새의 두 날개, 또는 수레의 두 바퀴와 같아서 어느 하나 부족하면 물심양면物心兩面의 완전한 공덕이 이뤄지지 않는다고 하였다. 나아가 복지구족은 현세정화로 이어지고 불국정토의 구현에 직결된다. 이는 개인의 윤리적 완성은 사회윤리의 완성으로 연결되기 때문이다.

회당대종사는 사회정화를 이루고 민중들의 삶의 모습을 체질적으로 변화시키기 위한 대사회적 지도이념 및 실천논리의 기본방향을 계율정신의 회복과 그 실천에 두고 불교정화를 이루어야 한다고 생각했다. 나아가 불교정화 유시諭示에 대하여 '불교의 계율정신'을 다시 살리는 점을 중시하고 불교계율의 시대적 이해 속에서 계율의 근본 취지를 존중하였다. 회당대종사는 당시의 불교계가 올바른 교화방향을 제시하기 위해서는 불교의 근본정신을 따르는 계율을 주체적으로 중시하여야 교단이 올바로 서고, 나아가 불교전체가 제자리를 찾는 것으로 보았다. 그리고 이를 우리사회의 변화 속에서 바르게 펼치고자 다음과 같이 설하였다.

> '재가불교가 크게 일어나는데 출가인도 많이 나게 되고, 출가비구가 진실한 계행을 지키는데 재가인도 청정하여 지는 것과 같은 것이다.'

이는 당시의 불교의 계율이 전반적으로 이행되지 않는 현실에 대한 참회이자 현실타개의 방편으로 계율을 중시하고 불교정화를 수용하였음을 보여준다. 회당대종사의 불교정화에 대한 견해는 비구·대처의 분규가 발생하기 이전이었다. 그러므로 회당대종사의 불교정화는 불교계의 분규 상황이라는 특수함이 아닌, 말 그대로 정화라고 하는 근본 의미에 입각하여 이해하여야 한다.

한편 회당대종사의 정화에 대한 가르침을 살펴보면 삼보사불三寶事佛의 현교顯敎와 법신이불法身理佛의 밀교密敎가 각각 출가와 재가로 이원화될 때, 비로소 불교가 바로 선다는 논지를 중요하게 담고 있다. 여기에서 삼보는 불佛·법法·승僧을 말하며 사불事佛이란 불상중심의 의례적이며 의타依他적인 불교를 말한다. 이는 진각종의 이불理佛에 상대한 말이다. 현교 사찰에서는 삼보사불을 중심으로 하는 신행을 하며 밀교인 진각종은 법신法身·보신報身·화신化身의 삼신三身 가운데 이불理佛을 주로 하니 곧 법신 부처님 이라고 하는 것이 회당대종사의 가르침이다. 이에 대해 회당대종사는 기독교가 천주교와 예수교로 나누어지듯 불교도 삼보사불의 현교와 법신이불의 진각종으로 분화되어 이원으로써 그 근본이 바로 서게 되어야 한다고 역설하였다. 그렇게 되면 조선조 오백년 동안 일원주의 전제하에 병든 불교가 바로 잡혀 교리가 각각 분화 발달하여 각각의 종지가 최고로 발휘되므로 부지不知불각不覺 중에 서로 영향을 주고받으며 서로 반영하고 그 나라 그 세계에는 어느 한편에 치우치지 아니하는 종합적인 평등 교화가 양성되어 억만 민중이 다 최고의 문화 속에 살게 된다고 주장하였다. 또한 회당대종사는 출가 재가가 각자의 저마다의 종지宗旨를 세우고 사명을 완수하는 데는 절대 평등한 제자의 자격과 선善을 권하는 참된 방편이 각각 부여해 있기 때문에 어느 하나는 높고 하나는 낮은 것이 아님을 강조하였다. 다만 회당대종사는 오랜 세월동안 출가불교가 불교의 전통을 계승해온 출가불교의 중요성을 존중하며 다시금 새로운 생활불교로서 재가불교의 필요성을 피력한 것이다. 회당대종사는 이러한 재가와 출가의 이원주의적 협력을 통해서 불교발달, 즉 정토의 구현을 꾀하고 있는 것이다. 나아가 출가승단이 출가 정신을 회복함을 인연하여 출가와 재가의 이원분립과 협력 가능성이 증대하고 이는 상생적 발전으로 드러날 것으로 기대하였다. 이에 대한 설법은 다음과 같다.

> '종지를 자유로, 이원·다원으로 세우게 됨은 톱니바퀴가 반대방향으로 돌아도 그 결과는 귀일歸一함과 같다. 출가와 재가가 자기 종지를 최고도로 발전하는데 사회 전체적인 불교의 발전으로 보아서는 계율과 진리가 서로 침투하고 반영되어서 어느 한편이 기울어짐 없이 평등하게 되므로 장원한 문화를 보존하고 유지 할 수 있는 까닭이다.'

이처럼 회당대종사는 '출가는 통솔과 계승을 주로하고 재가는 교화와 분화를 주로 하는'것으로 구분하여 이원적 상생相生의 가치를 강조하였다. 하지만 한국불교는 아직도 출가·재가가 이원 다원으로 분화발전하지 못하여 병들고 있는 것이기에 이것을 정화하는 데는 출가법과 재가법이 이원상대로 분립하게 되면 이것으로써 곧 정화가 되고 교화가 잘 된다고 강조하였다. 그리고 정치, 경제, 종교 등 일체 사회조직을 모두다 이원·다원으로 분리 발전하게 하여야 함을 강조하였다. 나아가 이를 통해 어느 조직이나 사회단체가 평등하게 최고도로 장원하게 발전 할 수 있음을 주장하였다. 이같은 회당대종사의 견해는 불교정화의 추진방향이 되었다. 즉, 이는 병든 대처를 비구로 환원하는 것으로 시작한 정화의 방향은 출가와 재가가 이원상대로 분립하여 다양성의 불교가 되기를 바라는 것이다. 이것은 회당대종사의 가르침으로 다시한번 강조되었다.

> '불교의 교리는 원래 심원 광대하여 한 문으로 다 나타낼 수 없고 한 방편으로 다 교화할 수 없다.'

회당대종사는 '전통을 계승하여 가는 출가종과 시대를 따라 교화하여 가는 재가종으로 나누어져서 이원상대로 서게 되는'이라는 가르침으로 계승과 교화가 각각 전문적인 사명이 되어 시대에 부합하는 것이라고 보고 있었다. 또한 회당대종사는 현 사회에서 세계적으로 선교하고 있는 서구종교들의 종파가 분립되어 서로 의존하여 발전하는 것을 다시금 시사時事하면서 이를 다음과 같이 비유하여 주장하였다.

> '현재 천주교를 보면 독신으로 엄격하게 계를 지키는 신부 수녀는 언제까지나 로마 법왕의 계통을 이어오고, 기독교는 장로교나 감리교나 성결교와 같이 다종파로 분화 발전하여 세계적인 선교를 하고 있지 않

는가. 우리나라 불교도 역시 광대한 범위로 발전하자면 필연코 이와 같은 분화가 있어야 할 것이다.'

당시 한국불교계가 국내외 정치·경제 및 사회상황 전반이 어지럽고 힘든 상황에 처해있었고, 이를 본 회당대종사는 세계적 종교인 천주교와 기독교처럼 한국의 불교계도 재가와 출가의 구분이 서게 됨에 따라 출가와 재가의 불교 또한 세계적 발달을 꾀할 수 있을 것이라 본 것이다. 또한 회당대종사는 종교가 이원 또는 다원의 협력을 통하여 분화발전 할 것으로 세계사적 흐름을 통해 간파하고 있었다. 이처럼 재가와 출가의 분화, 그리고 분화된 상태에서의 상호 경제와 발전적 상생相生을 특히 강조하였다. 이처럼 재가주의를 주장하는 회당대종사의 사상은 재가만이 아닌 출가와 재가의 공동협력으로 불교가 크게 발달할 것이라는 발전적 방향을 담고 있었다. 이를 증명하듯 회당대종사는 다음과 같이 설하였다.

'이것은 마치 서양 사람이 다 하나님의 말씀을 믿되, 천주 구교는 천주를 높이고 구약 율법을 지켜 가는 것을 주장하는데 반해, 장로신교는 하나님을 믿고 예수의 복음 진리를 전파해 가는 것을 주장하는 것과 같다. 이처럼 동양 사람도 부처님의 은혜 가운데 사는 것을 다 알리자면, 사찰은 상像을 보고 불법승 삼보를 숭상하여 정화하고, 진각종은 상을 떠나서 법보화 삼신이불을 믿고 육행을 실천하며 인과를 내증하여 중생을 교화하는 이원이 되어 상호 침투되고 영향을 주고받아 서로 반영하므로 평등교화가 이루어 질 것이다'

회당대종사는 하나가 아닌 둘의 관계 속에서 서로 보완하고 현실의 부족함을 수행으로 더하는 상생의 관계를 평등과 자주의 불교적 이념의 실천불사라 생각하였다. 이와 같이 바람직한 종파적 분화가 법계연기法界緣起에 설해진 것처럼 존재하는 모든 것은 서로 차별이나 차이는 있을지언정 높고 낮음이나 주종의 관계에 있지 않다는 주반구족主伴具足이 원만히 밝게圓明 되어 불교 정신을 구체적으로 구현하게 된다. 이는 궁극적으로 불교가 크게 발전할 수 있다는 미래이기도 하다. 특히 회당대종사는 다양한 종파의 분화와 그들의 협동이 바람직하게 이루어질 때 사회를 정화한다는 종교의 본래 기능을 제대로 할 수 있다는 것이다. 그리하여 회당대종사는 불교의 정화는 바로 민족혼의 정화와 직결되고 불교의 부패는 민족성의 부패를 의미한다고 피력하고 있는 것이다.

회당대종사는 네 가지 은혜인 부모의 은혜[父母恩]·중생의 은혜[衆生恩]·국가의 은혜[國家恩]·삼보의 은혜[三寶恩]에 항상 감사하고 이를 실천으로 갚는 보은행報恩行을 실천케 함으로써 현세정화와 현세극락 내지 불국정토를 성취할 것을 강조하고 있다. 회당대종사가 강조했던 보은報恩사상은 사회윤리의 기본사상이다. 나아가 회당대종사는 '네 가지 은혜가 우리의 생명체'라고 하면서 인간은 법계法界의 충만한 은혜 가운데서 살려지고 있음을 밝히고 있다. 이 가운데 부모은혜에 해당하는 효에 대하여 회당대종사는 효를 '심덕心德의 대원大元이요, 백행의 근본이며, 보리행의 으뜸이다'라고 정의하고 있다. 지극한 효심은 백가지 선행의 근본일 뿐만 아니라 출세간의 깨달음菩提를 성취하는 으뜸가는 실천행으로 규정한 것이다. 나아가 효의 개념에는 부모에 대한 지은知恩과 보은報恩의 의미를 함축하고 있다. 이는 유교의 의무적 ·계층적 ·권위적 ·군림적인 효가 아니라, 인과적 ·보은적 의미의 효인 것이다. 보은적 행위로서의 효는 상호평등이라는 자주적 입장에서 서로가 서로의 은혜를 알아 은혜에 대한 갚음을 의미하는 것이다. 나아가 회당대종사가 설하는 부모은혜에 대한 최대의 보은은 해탈이다. 물론 생전의 효도는 말할 것도 없고 '망령亡靈 위해 추선追善하라. 부모 이고득락 한다.'라고 설한 것처럼 회당대종사는 불법을 통한 이고득락과 사후의 추선을 통하여 해탈을 얻게 함을 강조하고 있다. 특히 진각종의 장례절의葬禮節義는 망인에 대한 추선과 조상에 대한 추모의 마음만이 주主가 되는 것이 아니라, 망인의 영식靈識이 고통을 여의고 평안을 얻도록[離苦得樂] 자손이 참회하고 추선불사를 실천하는 것은 밀엄정토를 향하는 귀결로 보았다. 결과적으로 부모은 ·중생은 ·국가은 ·삼보은의 네 가지가 모두 이 세간을 좋은 정토 만들려는 마음에서 행해지는 수행인 것이다. 또한 보은報恩의 실천과 그 결과는 가정과 국가사회에서 바람직한 윤리강령의 완성을 기할 수 있는 것이며, 이는 건전한 사회와 국가를 이룩하는 것이므로, 이 세간을 좋은 정토 만들려는 대사회적 정화의 실천행인 것이다.

한편 회당대종사는 육행과 교화의 실천 및 그 결과를 창교의 취지에서 다음과 같이 밝히고 있다.

> '현세를 교화하려고 새로 창종한 진각종은 <중략> 육바라밀을 실행케 하여 마음중생을 제도하므로 현세에 안락하고 후세에 극락가는 길을 열게 한 것이다.'

이처럼 육행의 실천은 대중과 함께하는 동사섭同事攝의 실천이자 교화이며 이는 현세는 물론 미래세의 평안을 여는 수행이 된다고 보았다. 나아가 회당대종사는 '대승불교 세워가는 대아大我라고 하는 것은 일체중생 요익하게 국가사회 봉사하고 일체봉사하기 위해 자기안전 얻으므로 모든 중생 구제하여 현세정화 목적하며'라고 전하여 대승불교의 이상理想인 자리이타自利利他의 이념이 그대로 구현되는 것이 현세안락이고 현세정화임을 밝히고 있다. 나아가 현세중심의 수행과 즉신성불에 대해 다음과 같이 밝혔다.

> '현세안락 서원하여 이 땅 정토 만듦으로 진호국가 서원으로 자기 성불하기 위해 식재하고 증익하고 항복받고 경애되니 국민 모두 안락하고 국토 모두 성불된다. 이것이 곧 오는 세상 몇 천겁을 기다려서 성불함이 아니므로 즉신성불이라 한다.'

이처럼 회당대종사는 자기성불과 국민 모두의 안락이라는 국토성불은 다음 생에서 이루어지는 것이 아니라 현생에서, 바로 지금 이 자리에서 이루어지는 것임을 강조하고 있다. 이러한 내적 및 외적 정화의 세계가 구현 가능한 것은 바로 일체 세간 모든 만물이 서로 의지하고 있으며 관계되어 있기 때문이다. 이에 대해 회당대종사는 다음의 인용문을 통하여 이를 밝히고 있다.

> '이 세간에 모든 만물 서로 관계 있으므로 제석천왕 몸에 달린 무수보주無數寶珠 서로 비춰 중중제망重重帝網 일대미관一大美觀 이뤄짐과 다름없이 세간만물 서로 도와 장엄세계 이뤄지니 이와 같은 장엄세계 불국정토 되느니라.'

회당대종사는 연기적 구성의 세계 속에 현세정화와 불국정토의 사상이 있음을 밝히고 이를 금강계만다라에서 설하는 상호연관성의 가르침으로 받아들였다. 즉, 나의 본래 마음이 청정한 마음인 자성청정심自性清淨心의 구현으로서 금강계 만다라의 삼십칠존三十七尊이 구성되었으며 그 가운데 오해탈륜五解脫輪은 오불이 거처하는 불국佛國을 상징한다. 즉, 비로자나여래는 금강계金剛界를 그 세계로 하며, 동방 아축불은 묘희국妙喜國, 남방 보생불은 환희국歡喜國, 서방 무량수불은 극락국極樂國이고, 북방 불공성취불은 석가여래를 각각 상징하므로 불교 우주관에 나타나는 대륙인 염부제閻浮提라는 세계가 건립된다. 금강계에 사방사불四方四佛이 포섭됨은 바로 이러한 사불의 정토를 하나로 묶는 개념이라 할 수 있다. 즉 사불이 각각 주존으로 되어 있는 정토를 종합한 것이 금강계金剛界이다. 그리고 보살들의 영역까지 확장하면 금강법보살[관자재보살]의 타방정토인 포탈라카, 금강리보살[문수보살]의 오대산, 금강당보살[지장보살]의 육도六道 등 수미산정상을 축으로 하여 펼쳐지는 금강계만다라 속에 이 모든 세계가 포함되고 있다. 즉, 금강계는 대승불교에서 설하는 모든 정토가 빠짐없이 모두 망라된 종합적인 정토가 된다. 이 정토 또한 현실에서 수없이 많은 거리가 떨어져 있는 곳이 아니라, 삼십칠존을 둘러싼 현겁천불賢劫千佛이 말해주듯이 정토는 현재 바로 이곳이다. 이처럼 중생의 마음 가운데 수미산이 있고, 온갖 정토가 있다고 전하는 것은 철저히 유심적인 입장에 서 있는 것이다. 이러한 근본 사상은 금강계에 일체의 세계를 종합할 수 있는 근거가 된다. 비로자나불이 상징하는 자성청정심 또한 일체 마음의 근본이기 때문이다.

이렇듯 본래 내 마음은 청정할 뿐이다. 그리고 이를 비추어 담고 있는 일체법도 역시 자성청정이다. 나아가 궁극적인 마음이란 바로 본래 청정한 마음의 세계이다. 그래서 실로 이와 같은 청정한 마음을 알고 실천해갈 때 나의 부정했던 신구의身口意 삼업이 불가사의한 삼밀이 되며 청정국토가 눈앞에 전개되는 것이다. 회당대종사는 중생의 마음인 심인을 법신비로자나불의 세계로 표현하고자 삼십칠존 만다라를 더하고, 오불과 금강보살을 자기 몸의 오방에 육자진언과 함께 배대하는 살아있는 만다라의 개념을 수행체계로 담았다. 또한 우리가 처해있는 이곳을 법신비로자나불의 세계로, 심인당을 금강법계궁으로 보았다. 그리고 법계 비로자불의 존재와 그 가치에 대해 다음과 같이 설하였다.

> '비로자나부처님은 시방삼세 하나이라. 온 우주에 충만하여 없는 곳이 없으므로 가까이 곧 내 마음에 있는 것을 먼저 알라.'

비로자나불의 신구의의 삼밀행은 일체 처處에 두루하므로 사람 나아가 다른 유정 무정물 또한 법신의 성품을 갖춘 법신의 분신分身인 것이다, 그러므로 일체가 정토 아님이 없다. 따라서 제법즉법신法諸卽法身이며, 제법즉법신의 삼밀三密이며, 제법즉만다라라 할 수 있다. 이것이 바로 밀엄정토인 것이다. 이것을 본성청정을 확인케 해주는 삼밀행에 의할 때, 진실한 실천에 의해 내재內在하는 저마다의 보배창고가 열려지면 세계가 달라지며, 이곳이 곧 대일여래의 밀엄국토라 알게 된다. 즉, 수행자가 대일여래에 귀의하고 여래와 함께 삼밀상응이 이루어지면 그대로 밀엄국토이고 지금 이 자리가 불국정토가 되는 것이다.

4. 불국정토와 사회지도이념

회당대종사는 국가의 지도이념으로서 정치적 이상의 실현에 있어 민주시대의 국민 역할을 강조하고 있다. 이를 대중에게 다음과 같이 전하여 강조하고 있다.

> '군주시대는 성스러운 임금이 먼저 되어서 국가가 융성하였고 민주시대는 주인인 국민이 먼저 성스럽게 되어야 나라가 융성하게 되는 이치를 알아야 한다. 근본이 되는 국민이 먼저 성스럽게 되어야하기 때문이다.'

이처럼 민주시대에는 국민이 국가의 주인이 되어야 한다. 그리고 국민 개개인이 먼저 성스럽게 되어야 한 나라가 융성하게 되는 것이다. 먼저 개개인은 군주시대와 비교하여 시대에 따라 저마다의 역할이 바뀜을 알아야 한다는 것이다. 이는 국민 한 사람 한 사람의 역할이 중요하다는 가르침이다. 즉, 국민의 한 사람으로서 개인만을 위하는 작은 생각, 좁은 소견을 지양하고 큰 사상을 가져야하며, 이는 국가와 공익을 위한 삶이 개인의 안위安慰만을 위한 삶보다 좋은 과보를 만들 수 있음을 강조하고 있다. 또한 현실로 사람을 돕는 것 보다 희사를 통하여 진실한 마음으로 국가와 공익을 위해 저마다의 역량을 쓰게 되면 장원하게 많은 사람들을 이롭게 할 수 있다고 하였다. 즉, 국민이 된 도리로써 군軍의 의무를 다하는 것이 평등과 자유를 주장하는 것이 되고, 세금을 잘 내는 것은 국민의 의무를 이행함과 동시에 희사의 인과가 되어서 개인의 삶 속에 물질이 넉넉해지고 장원하게 되는 과보가 있음을 밝히고 있다. 이처럼 회당대종사는 국민의 의무를 충실히 이행할 것을 중요하게 여기고 있다. 이것은 내가 인연되어 살아가고 있는 이 나라의 큰 은혜를 알게 되면 모든 천신天神과 천왕天王들이 나를 도와주게 되는 넓고 크고 둥글고 가득한 원만한 결과를 만들어 내는 것이다.

한편 국민이 된 참된 도리를 실천하는데 있어서 그 근본을 육바라밀 실천 즉 육행실천으로 저마다의 자주성과 서로 의지하여 관계되어 있는 상의상관의 가치를 앞세우고 있다. 나아가 회당대종사는 '각기 직분과 자율을 지키는 것이 국민의 충성이 된다.'라고 설하면서 '충성忠誠, 효순孝順, 신의信義를 가지려면 육바라밀을 실천해야 한다.'라고 주장한다. 육바라밀을 실천하는 길은 가정과 사회 등 저마다의 자리에서 환영을 받는 생활이 되며, 육행실천이 없는 사람은 이기적인 사람이고 진리를 모르는 사람이 되어 늘 마음이 불안하고 번뇌에 시달려 아집我執에 빠지게 됨을 경고하고 있는 것이다. 나아가 회당대종사는 '불교의 육행실천은 국가를 세우고 흥하게 하는 모든 일의 근본이 된다.'라는 가르침으로 국가사회에 봉사하는 선공후사先公後私의 정신을 함양하고 자주적이며 선량한 국민이 되어 저마다의 위치에서 국가건설의 근본에 이바지하는 것을 강조하고 있다. 이것은 개인의 이익보다 공공公共의 이익을 앞세우는 사상이고 내 마음을 큰 그릇으로 만들어 가는 수행이다. 이러한 수행의 인연과 그결과는 '내 마음이 넓고 크고 둥글고 차면 나의 집이 넓고 크고 둥글고 차게 되는'이치로 드러나게 된다. 즉 내 마음이 광대원만하게 되면 나의 삶과 나의 환경, 나의 인생이 광대원만하게 되는 것이다. 이는 그대로 불교의 대승법을 실생활에 실천하는 있는 그대로의 드러남이다.

나아가 회당대종사는 국가가 바로 서기 위해서는 불법佛法이 먼저 바로 서야한다고 주장하였다. 불법佛法이 세간법世間法과 다르지 않다고 다음과 같이 설한다.

'불법은 체體요, 세간법은 그림자이다. 체가 곧으면 그림자도 곧고, 체

가 굽으면 그림자도 굽는다.'

우리 국가사회에서 불법이 바로 선다는 것은 부처님의 가르침이 일상의 생활 속에서 바르게 실천된다는 의미이다. 즉 생활 중 육행실천을 통하여 '불교의 생활화·생활의 불교화'가 구현되어야 한다. 이러한 의미에서 진각종의 정체성을 '심인을 밝혀서 교민화속'하는 불교라고 밝히고 있는 것은 그 맥락을 같이하고 있다. '교민화속'은 현대 물질시대에 물질에 기울어지기 쉬운 인간의 심성을 종교의 가르침으로 정신을 마루고 성품을 좋아지게 하여 그 영향이 일상생활에까지 미치도록 하는 것이다. 이는 또한 국가사회가 평화·평등사회로 나아가는 것이다. 이러한 국가사회 건설을 위하여 회당대종사는 종단의 스승인 전수傳授·정사正師의 역할을 강조하고 있다.

'심인진리를 깨쳐서 전수傳授하는 정사正師는 출가 승려와 달리 부부생활을 하고, 세상에 처하면서 중생으로 하여금 일상생활에서 보살계를 지니게 하여 화민성속하는 것이다.'

이처럼 회당대종사는 진각종의 스승은 세상에 처處하면서 중생과 함께 일상생활에서 보살계를 지니게 하여 교민화속하는 실천자로서 교화자의 자세와 역할을 천명하고 있다.

이러한 교화자의 역할과 그 실천으로 교민화속이 이뤄지면 생활 속에서 부처님의 가르침이 바로 서게 된다. 따라서 개개인은 부처님 가르침을 지니고 이를 실천하여 자기의 마음을 잘 다스리게 되고, 한 사람 한 사람이 나라의 법을 잘 실천하면 온 국민이 잘 실천하게 되며, 이는 곧 국가를 부강하게 하는 길이 되는 것이다. 자기 혼자 아무리 잘 살아도 나라가 없으면 그 의미가 다함이 없듯이 백성 모두가 잘 되고 나라가 부강해야 나 또한 존재할 수 있는 것이다. 그래서 회당대종사는 '종교는 주초柱礎가 되고 군사는 담장이 된다.'라고 종교의 가치를 가조하면서 종교가 국가와 민중들의 삶에 주춧돌의 역할을 하는 근본이 되어야 함을 다음과 같이 강조하고 있다.

> '불법은 부모와 처자와 사회와 국가를 부정하지 않으며 자손과 가정과 국가와 인류와 사회를 화합하게 하는 데 있다.'

이처럼 종교가 개인의 청정한 삶의 근본이 되는 것은 물론 국가, 사회, 인류의 정신적 근본이 되어야함을 강조하고 있다.

한편 회당대종사는 정치와 종교가 서로 이원二元자주가 되어 각자의 역할을 수행할 때 우리사회는 평화의 사회가 되고 장원하게 발전하게 됨을 밝히고 있다. 나아가 종교와 정치와의 관계를 바르게 정립하기 위한 가르침 또한 그 의미가 남다르다.

> '정치가 종교를 지배하지도 않고 이용하지도 않으며 종교가 정치에 아부하지도 않고 천단하지도 않는 데 무언無言중에 서로 영향을 받고 반영되어서 이원주의가 되고 불편불의不偏不倚한 평화사회가 장원하게 된다.'

즉, 정치와 종교는 의타적이며 수동적인 관계가 아닌 자주적이며 상호 상생의 가치를 구현하여야 하는 것이다. 나아가 회당대종사는 현대 물질 중심의 시대는 일원一元의 가치가 아닌 이원二元 또는 다원多元의 상대원리로 다종교의 다종파로 분화 발달되는 이원자주의 시대이므로 정당단체나 산업기관이나 정치조직이 각각의 특색을 뚜렷이 하여야 한다. 나아가 다원의 구성조직 또는 기관은 전문적으로 저마다의 서로 다른 역량을 키워 그 차이를 보완하고 자주적으로 발달해야 한다고 천명하고 있다. 이는 종교가 분화 발달하는데 인류사회에 평화가 오게 되는 이치를 회당대종사는 다시 강조하여 밝히고 있는 것이다. 나아가 '중생이 고치지 못할 사상병思想病을 고치게 되어서 인류의 평화가 오게 되고'라는 가르침 속에 회당대종사는 인류의 평화를 이루는 방법에 대해 다음과 같이 설하고 있다.

> '정신을 바루게 되면 물질을 나눌 수 있고 물질을 나누는데서 물질이 발달하게 되며 이것을 실천하게 되면 인류의 평화가 오게 된다.'

이는 정신으로 물질을 다루고 다시 물질을 다루는 정신과 물질의 이원을 상호 보완하고 다루는 일에서 정신과 물질은 서로 발전하며 그 발전은 인류의 평화를 이끈다는 가르침이다. 한편 정치와 종교의 관계는 이러한 물질과 정신의 이원자주, 이원전문, 이원상보의 근본 위에 '물질문명을 발달하게 하는 기관'과 '정신문화를 양성하는 기관' 즉 정치와 종교가 각각 전문專門으로 힘을 다하여 발전하되 서로 침해하지 아니하면 이것이 이원주의가 되어 국가사회는 평화사회가 되며, 이는 현세정화를 이룩하고 불국정토가 건설되는 것이다.

V. 결론 - 회당사상의 미래지향적 가치

회당대종사의 불교는 법불교(심인불교)이다. 심인을 밝히고 법신불의 진리를 깨치는 것을 신행의 중심 내용으로 하고 있다. 그리고 법불교는 밀교교학을 보편적 정신으로 하면서, 회당대종사의 체험 내용을 중심으로 교학체계와 신행 양식을 마련하고 있다. 그래서 회당대종사의 법불교를 진각밀교라 부른다. 그런데 회당대종사의 진각밀교는 그의 참회.심인.진각의 사상이 중심축을 이루고 있다. 그리고 회당대종사의 참회.심인.진각의 사상은 그의 교화 전개과정 중에서 체계화되었다. 또한 회당대종사의 참회.심인.진각의 사상은 그의 회말취본의 본말정신과 이원원리의 실행정신이 구체적으로 체계화된 것이다. 이러한 의미에서 참회.심인.진각사상 그 자체가 회당사상의 특성이다. 이제 회당대종사의 정신, 나아가 사상이 가지고 있는 특징적인 요소를 결론 삼아 정리하고자 한다.

1. 혁신성

회당대종사의 정신 속에서 가장 먼저 느낄 수 있는 것은 혁신성이다. 기본적으로 그의 생애 자체가 혁신적 과정을 겪었다. 그러나 회당대종사의 혁신성은 교화를 시작하면서 뚜렷이 나타난다. 즉 불교의 혁신이다. 참회원에서 시작한 그의 교화과정은 그대로 혁신의 과정으로 볼 수 있다. 그는 불교의 분화와 협동을 매우 강조하였다. 불교는 다양한 형태의 종파로 분화하여서 전문적인 교화를 할 때, 불교 전체의 입장에서는 크게 발달하게 된다는 의미이다. 그러나 그는 종파의 분화는 종파의 분열과는 엄격히 구별하고 있다. 즉 그는 이원원리 정신에 입각하여 종파가 분화되어서, 각 종파가 특성적인 교화를 하면 종파사이에 상보적인 효과가 나타나서 불교가 대발달할 수 있다고 보는 것이다. 따라서 회당대종사는 종파가 분화될 때는 전래의 종파와는 이교異敎처럼 나누어져야 한다고 말한다. 그의 '이교異敎'라는 표현 속에서 그의 혁신적 의지를 읽을 수 있다. 그의 말대로 진각종은 기존의 불교 신앙의 양식과 의례의식의 형태에 비추어 보면, 이교처럼 보일 정도로 다른 요소를 가지고 있다. 그러나 진각종은 불교의 기본적인 교리와 신앙의 방향을 지극히 충실히 따르고 있다. 회당대종사는 불교의 교리는 깊고 넓기 때문에 다양한 종문宗門으로 분화할 수 있고, 시대와 사회상에 따라서 신앙 양식도 바꾸어 가야 한다는 생각을 가진 것이다.

진각종이 마치 이교처럼 보이는 내용을 많이 가지고 있지만, 그 중에서 주요한 것들은 몇 가지로 정리할 수 있다. 첫째 무등상불無等像佛 신앙을 종지로 하는 것이다. 회당대종사는 등상불을 예배하고 숭상하는 신앙을 주로 하는 신앙 형태에 대해서 무등상불을 신앙의 종지로 삼아서 심인을 깨닫고 그것을 생활 속에 실천하는 신앙 형태가 있어야 한다고 주장하고 있다. 사람들의 성격과 욕망에 따라서 교화의 형태가 다양하여야 더 넓고 깊이 있는 교화를 할 수 있고, 그래서 불교가 크게 발전할 수 있다고 보았기 때문이다. 그런데 회당대종사는 무등상불 신앙을 세우면서, 그 교리적 배경을 밀교의 비로자나불 교설에 두었으나, 재속주의(출가주의와는 다른 양식으로 불교의 포교를 하는 승려를 표현하여 재속주의라는 술어를 사용)를 강조하였다. 이것이 회당대종사의 불교혁신을 보여주는 두 번째 내용이다. 회당대종사는 출가자는 삭발염의하고 율법律法을 청정히 지봉持奉하여 등상불을 예배하는 수행에 중심을 두고, 재속자는 세속에 처하여 심인心法을 깨달아서 생활 중에서 실천하고, 그것을 널리 펴는 교화에 중심을 두면, 수행과 교화의 이원원리가 세워져서 불교가 크게 일어난다고 보았다. 물론 개인적인 입장에서는 출가자도 교화를 할 수 있고, 재가자도 수행을 할 수 있다. 그러나 어느 하나가 두 가지를 함께 세워 가면 전문적인 활동이 되지 못하기 때문에, 출가법과 재가법이 보편적인 면에서 각기 전문(중심)을 세워서 신앙하는데 불교의 발전이 더 크게 된다는 것이다. 그 때문에 회당대종사는 출가법은 전통을 계승하면서 수행의 풍토를 주로 세워가고, 재가법은 시대에 따라서 전문적인 교화를 하면서 교화의 활동을 주로 전개해 가면, 상호 보완이 되어서 불교의 대발달을 이룰 수 있다고 말한다.

무등상불을 종지로 하는 재속주의는 신앙의 구체적인 의례의식과 사원의 양식 등에도 관련이 될 수밖에 없다. 회당대종사는 등상불을 외형상에서 예배 예불하는 의례의식 대신에 자성불自性佛을 예배하고 깨닫는 상징적인 간편한 형식의 의례의식을 강조하였다. 그 때문에 그는 불공 수행을 장소와 시기, 그리고 형식에 구애 없이 할 수 있는 길을 마련한 것이다. 이것이 회당대종사가 시설한 불교 혁신의 세 번째 내용이 된다. 그리고 회당대종사가 불교의 혁신 활동을 전개한 것은 크게는 사회의 의식개혁의 구체적인 활동으로 실시한 것이다. 따라서 회당대종사는 불교의 혁신을 통하여 관혼상제의 관습을 비롯한 인습적인 생활 방식 등, 사회의 전반적인 의식과 생활양식을 혁신하는데 힘을 기울였다.

2. 현실성

회당대종사의 혁신성은 일차적으로 구체적인 현실 문제와 관련되어 있다. 참회를 혁신의 첫 과정으로 삼은 것도 그 때문이다. 현실의 바른 진단이 없이 혁신의 방향과 내용을 세울 수가 없기 때문이다. 회당대종사의 병病·빈貧·쟁諍의 三苦觀은 당면한 현실 문제에서 중생고의 해결을 위한 실마리를 찾는 법문이다. 그는 '불설도 항상 현실에 입각한 이상을 말씀한 것이며, 세간을 토대로 출세간법을 설하여'라고 말하고 있다. 그의 이러한 사고는 현실을 긍정하는 밀교의 교설과 교감을 하게 되어 밀교의 교의를 자신의 생각을 밑받침하는 보편성으로 수용한 것이다. 회당대종사는 불법은 깨닫는 그 사람, 가정, 국가를 자주 발전하게 하는 가르침으로 인식하였다. 그는 불법을 수행한 효과는 일단 현세에서 나타나야 되고, 그것을 곧 일상생활 속에서 실천해야 할 것을 강조한다. 그래서 그는 불법공부의 생활화를 적극적으로 주장하였다.

앞에서 알아보았듯이, 회당대종사의 현실 긍정관은 당체법의 교설이 잘 보여주고 있다. 그런데 회당대종사의 당체법은 그것이 생활 중에 그대로 실천될 때 그 의미를 가진다. 그는 이러한 실천을 '실행'이라 부르고 있다. 즉 회당대종사의 현실성의 초점은 실행정신이다. 그의 입장에서는 '실천함이 정도'인 것이다. 그는 실천이 없는 말과 생각은 사도와 마찬가지라고 생각한 것이다. 그는 교화를 시작하면서 교화에 필요한 경전을 한글화 하였다. 그리고 신교도들의 한글 교육을 위한 심학교心學敎을 열었다. 이 심학교가 종단 교육 활동의 초석이 되었다. 그리고 그는 의식개혁의 입장에서 준법정신을 강조하였다. 그는 불공에서 시간의 엄수가 공덕성취의 제일의 실천행이라 말하고 있다. 여기에는 시간관념의 중요성을 일깨우게 하려는 뜻이 숨어 있다. 그는 특히 공公·사私의 의식을 중요하게 여겼다. 그는 '공公의 것을 사사로이 쓰면 좋지 못한 과보를 받는다'라고 할 만큼 공公·사私의 정신을 강조하였다. 그에 의하면, 세간적인 부정부패, 형식주의 등은 공公·사私의 의식이 부재한데서 오는 것으로 믿고, 이것을 불법의 실천차원서 혁신하려 한 것이다. 따라서 사도私道인 작은 것을 숭상하면 사상이 작아져서 작은 인물이 되고, 공도公道인 큰 것을 숭상하면 사상이 커서 큰 인물이 된다고 신교도들에게 설하였다. 그는 또한 공도公道와 사도私道는 정도正道와 사도邪道로 보고, 정도正道에서 벗어나는 사고나 행위를 외도外道라고 일러서 경계하였다. 이것은 특히 사회의 의리적인 사고와 행위를 엄격히 경계하였다.

회당대종사의 현실성은 또한 실천의 구체성을 가리킨다. 실천의 구체성은 실천의식을 굳게 하여 실천이 일상 생활화되게 하는 것이다. 그는 신앙생활이든, 현실 생활이든 구체적인 실천행을 강조하였다. 그래서 그는 개인의 생활 뿐만 아니라, 정치 경제 사회 등 모든 현실 문제에 대하여 실천의식을 정착화하기 위한 구체적인 방안을 제시한 것이다. 즉 회당대종사가 재속주의을 주창하고 공公·사私의 의식 등을 강조한 것은 그 당시 불교계의 정화 운동, 그리고 자유당정권의 부정부패 등의 현상과 무관하지 않다. 그런데 이러한 회당대종사의 현실적 실행정신은 즉신성불과 현세정화, 즉 진각의 세계를 위한 구체적인 실천이 되는 것이다.

3. 진실성

회당대종사의 혁신성과 현실성의 구경究竟 이상理想은 진실의 구현이다.

이것은 이미 언급한 그의 회말취본의 정신과 이원원리의 정신에서 읽을 수 있고, 참회·심인·진각의 교설에서 더욱 분명히 밝힐 수 있다. 회당대종사는 진실에 대한 믿음과 진실의 실현에 대한 의지를 강하게 가지고 있었다. 혁신성은 바로 그 '진실'을 '바로 세워가기 위한 정신'이고, 현실성은 그것을 '현실에서 구체적으로 실행하는 정신'이다. 회당대종사의 무등상불無等像佛은 그 대표적인 방안에 해당한다. 회당대종사의 무등상불 신앙은 재래의 등상불 신앙을 바로 세워가기 위한 구체적인 신앙 형태이다. 그것은 등상불 신앙이 잘 못하면 성불과 중생제도라는 불교의 본원에서 벗어나는 신앙행이 되기 때문이다. 그 때문에 회당대종사는 무등상불 신앙과 등상불 신앙의 차별 우위를 주장한 것이 아니라, 어느 하나에 신앙의 중심을 세울 것을 주장한 것이다. 그런데 회당대종사의 무등상불 신앙은 구경에는 불교의 무상無相[無自性]의 교설로 귀착된다. 그가 불법의 구체적인 실행의 하나로서 강조한 공公·사私의 실천도 같은 맥락에서 이해할 수 있다.

회당대종사의 진실성은 그의 진각 사상과 그 보편적 정신을 이루고 있는 밀교의 비로자불 사상에 뿌리를 내리고 있다. 삼라만상의 다양한 현상들이 비로자나불의 특수한 활동상[說法相]으로 체험하려는 그의 정신이 그의 진실에 대한 믿음을 대변하고 있다. 그 때문에 그는 진실이 부재한 의식체계는 엄격히 참회해야 할 대상으로 삼았다. 그의 정正·사邪의 법문은 여기에 연유한다. 그 때문에 그 당시 가장 큰 사회적 문제의 하나인 공公·사私의 의식意識을 정正·사邪의 기준, 나아가 이법적理法的 차원의 문제로 생각한 것이다. 그래서 그는 일상생활에서 진실이 없는 형식주의적 사고와 행위를 극히 경계한 것이다. 그러나 회당대종사의 진실성은 들어난 현상적 문제를 긍정적으로 수용하는 원리를 제공하고 있다. 그는 "사도를 없애고 정도를 세우려 하지 말고, 정도를 세우면 저절로 사도가 없어진다."면서 정도를 세우는 밝은 마음을 기본으로 할 것을 가르친다. 그리고 정도를 세우는 최선의 실천행으로 바른 믿음을 주장하고 있다. 그는 바른 믿음을 청신淸信이라 하면서, 청신을 세우면 미신迷信이 없어진다고 말한다. 회당에 있어서 청신의 길은 곧 심인을 밝히는 것이다. 그래서 의뢰적 사고와 행위를 다스리고 자주적 깨달음의 생활을 구현하는 것이다. 따라서 회당대종사의 진실성은 현정파사의 긍정적인 정신으로 세상을 밝게 하려는 뜻이 들어 있는 것이다. 이처럼 긍정적인 정신으로 세상을 바라볼 때, 회당대종사는 만다라적 은혜의식이 가득한 진각 세계, 밀엄정토가 이 땅에 실현될 수 있다고 믿는 것이다.

이상에서 회당대종사의 정신적 성향이 형성한 과정을 살펴보고, 그리고 이 정신적 성향을 바탕으로 이루어진 사상체계와 그 특성을 알아보았다. 회당대종사는 생득적으로 근면하고 호기심이 많으며, 의지력이 강하였다. 그는 유소년 시기부터 한문을 배워서 유교경전을 읽었다. 늦은 나이에 보통학교를 졸업하고 대구와 일본 등에서 신학문을 접하기도 하였다. 이러한 과정에서 그는, 유교의 경전에서 본말의 정신, 그리고 신학문의 분위기에서 혁신적 정신에 큰 관심을 가지게 되었다. 회당대종사는 강한 호기심과 의지력으로 말미암아 항상 새로운 것을 추구하는 변화의 생활을 계속하였다. 그는 36세에 불법을 만나면서 자신이 추구하던 정신적 세계를 발견하고 불법 체득의 수행에 매진하게 되었다. 그는 불법의 불성교설을 통하여 자신이 관심을 가지고 있던 본말정신과 혁신적 실천정신을 아우르는 정신적 성향을 뚜렷이 형성하였다

회당대종사의 정신적 성향은 그의 언어적 표현을 빌어서 회말취본의 본말정신과 이원원리의 실행정신으로 정리할 수 있다. 회당대종사의

회말취본의 정신은 선본후말先本後末의 의미를 가지지만, 궁극적으로는 섭말귀본攝末歸本과 보편과 특수의 본말불이本末不二의 의미를 가진다. 그리고 그의 이원원리는 이러한 회말취본의 실행원리로서 다원적 상대원리를 의미한다. 보편의 특수상으로서 현상세계는 이원상대, 이원전문, 이원상보의 원리로서 활동하고 있으므로, 이것을 생활 중에서 실행하는데 본말불이의 이상세계를 이룩할 수가 있다는 것이다.

회당대종사는 불법의 수행을 하면서 현실 사회의 문제에 관심을 가지게 되고, 그 문제 해결의 방안을 생각하였다. 그러나 그러한 문제 해결을 위한 현실적 방안의 한계성을 느끼고 있던 가운데 그는 생명을 위협받는 병고를 체험하였다. 병고 해탈을 위한 그의 노력은 결국 불법 수행을 마무리하는 대정진으로 이어져서, 46세가 되던 해 그는 큰 깨달음을 얻게 된다. 그의 깨달음은 그를 현실 사회의 문제 해결을 위한 방향을 중생구제의 교화의 길로 바꾸었다. 회당대종사의 정신적 성향은 교화의 과정을 겪으면서 구체적인 실천체계로 나타났다. 그것을 그는 체계적 과정으로 참회.심인.진각이라는 말로써 표현하였다. 그것은 아마도 그가 대정신을 하면서 사색한 것으로서 우리는 참회.심인.진각의 사상이라 일컬을 수 있을 것이다.

회당대종사의 참회·심인·진각의 실천사상은 그의 회말취본의 본말정신과 이원원리의 실행정신을 소재로 하면서, 이들을 하나의 실천 체계로 엮고 있다. 그 때문에 회당대종사는 그의 참회·심인·진각의 사상을 기조로 하여 불법 수행의 형태와 교화의 방향을 잡았다. 그와 동시에 그는 참회·심인·진각 사상의 보편적 정신을 밀교의 정신에서 구하고, 그것을 재해석하여서 교학과 신행 양식을 마련하였다. 즉 그는 심인을 교학의 중심 개념으로 하여, 참회와 진각을 심인을 실현하는 수행 과정과 이상실현의 양축으로 삼았다. 그리고 그는 밀교의 보리심, 비로자나불, 만다라, 삼밀관행 등의 기본 교학을 선택과 집중의 입장에서 수용하여 그 보편성을 마련했다. 따라서 그는 심인의 이상적 경지의 상징으로서 비로자나불, 심인의 구상적 상징, 즉 신행의 직접적 대상으로서 육자진언을 각기 교주와 본존으로 하고, 그리고 구체적 수행법으로서 육자관(삼밀관)을 세워서 교학의 기본 체계를 확립하였다.

그러므로 회당대종사가 수립한 교학체계는 밀교의 정신과 그의 자증교설이 어울려서 성립되어 있기 때문에 진각밀교라 부르고 있는 것이다. 이러한 면에서 회당대종사의 진각밀교는 재래의 불교와 마치 이교처럼 보일 정도로 혁신적 형태를 가질 수밖에 없으며, 그 중심이 무등상불 신앙, 재속주의, 그리고 생활화할 수 있는 간편한 신행법과 의례의식 등이다. 이와 더불어 진각밀교는 그 세간적 운영 체제와 표현 양식 등에서 현실성을 감안하여 마련되어 있다. 그러나 회당대종사의 이러한 일련의 활동은 항상 그 이면에 진실성의 구현이라는 정신이 자리하고 있다. 이렇게 보면, 회당대종사의 정신과 사상을 특징하는 요소는 그의 혁신성, 현실성, 그리고 진실성으로 요약할 수 있을 것이다. 다시 말하면, 회당대종사의 생애와 그의 교화 과정에는 그의 혁신성과 현실성, 그리고 진실성이 늘 함께 하고 있는 것이다.

회당대종사는 바람직한 종교의 사명을 다음과 같이 밝히고 있다.

> '종교의 사명은 생활의 안정과 심신의 평안에 있다. 밖으로는 공정한 생활을 할 수 있게 하고 안으로는 심신이 평안하게 하는 것이다. 이 두 가지가 실현되면 종교의 사명은 완수된다.'

아울러 수신도덕修身道德이 인륜人倫을 바루는 것이 근본이라면 종교는 '사상을 바루는 것이 근본'이다 그러므로 '종교사상시대는 정신을 바루어서 성품이 좋아지는 데에서 평화사회를 이루게 된다.' 이처럼 회당대종사의 참다운 종교는 실천에 그 생명이 있다. 그리고 종교의 참 모습은 대중들이 삶을 고통으로부터 안락한 곳으로 나아가게 하는 것이다. 그러한 의미에서 회당대종사는 '자율이 종교의 중심'이어야 하고 '종교는 국가의 중심'이어야 함을 밝히고 있다. 현대 물질시대는 사상을 바루는 시대이기 때문에 사람의 사상을 바르게 하는 종교가 중요한 것이다. 회당대종사는 '종교로써 보이지 아니한 것을 바르게 하면 참으로 생활을 완전하게 하는 것'임을 주장한다. 그리고 물질문명에 대한 흐름을 인식하면서 회당대종사는 종교의 조덕적 역할과 가치에 대해 다음과 같이 설하였다.

> '종교는 선(善)으로 다스려서 가치가 있는 것이고 관리는 법(法)으로 다스리나 가치가 덜하다. 악을 억제하는 경찰서와 재판소가 있고 선을 바로 인도하여 현정파사(顯正破邪)하는 종교가 있다.'

이는 현시대에서 종교의 가치와 필요성 및 중요성을 피력하는 것이다. 회당대종사는 현대 물질시대에 진정 자신의 참된 삶을 영위하고자 하는 이는 종교를 믿고 깨침을 얻어야 하며, 종교적 수행으로 저마다의 사상을 맑고 청정하며 보다 견고하게 만들어야 한다는 것이다.

한편 회당대종사는 '진리를 숭상하여 종파로 나누면 물질도 일어나고 폐단도 없다.'라고 강조하면서 종교의 도덕적 가치와 함께 진실한 종교의 지위에 대해 다음과 같이 설하고 있다.

'윤리도덕에만 머무르는 사람의 마음에 우주진리가 있다는 것을 일깨우기 위해 신을 숭상하는 교가 일어나고 유상의 신에 집착하는 마음을 다스리기 위하여 무상의 진리를 깨닫게 하는 교가 일어나야 한다.'

이는 다종교가 일어나고 다종파가 일어나는 근원을 밝히는 내용이다. 즉 저마다의 신앙 또는 신행의 근기에 따라 다양한 종교가 존재하여야 하며 이 또한 서로 부족을 채우고 넘침을 나누는 상호 보완과 상생의 존재로 발전하여야 한다는 가치를 담고 있다. 그리고 회당대종사는 현대 물질시대에는 '불교가 크게 일어날 시대'라고 하면서 종교의 사명을 완수하기 위해서 불교의 역할이 중요함을 밝히고 있다. 이것은 미래 인류사회를 위해서 불교가 책임져야 할 사명감과 그 당위성을 드러내고 있는 것이다.

현대불교는 무엇보다도 삶의 현장에서 현실적이고 실천적으로 구체화되어야 한다. 이러한 의미에서 불교교리는 실천의 논리로 다시 연구 되어야 할 필요성이 있다. 현대사회에서의 서로 다른 종교의 모습과 비교해 보면 불교의 모습은 대중과 함께 하는 보다 창조적인 대사회 실천 활동이나 사회참여가 상대적으로 부족한 위치에 있다고 볼 수 있다. 이는 불교의 이상과 현실사이에 괴리가 상대적으로 크다는 사실을 증명하는 것이기도 하다. 즉, 이는 우리 사회 속에서 불교적 가르침이 일상생활 속에 공감으로 실천되지 못하고 있으며 훈습薰習되지 못하고 있다는 사실이다. 이를 진각종의 종지와 비교하여 설명하면 '불교의 생활화'내지 '생활의 불교화'가 이루어지지 않고 있기에 이를 해결하기 위한 연구와 정진이라는 숙제와도 같다. 즉, 불교이념이 대중문화화가 되어 있지 않다는 의미이다. 바람직한 불교의 모습은 이러한 의미에서 개인의 심성정화를 근간으로 하는 인격완성과 즉신성불의 길을 열어가는 것이다. 아울러 불교이념이 구체적이며 대사회 실천운동으로 드러나 현세정화를 이루고 불국정토를 건설하는 것이다. 이는 현대 물질사회에서 불교가 나아가야 할 종교적 사명이자 이정표이기도 하다. 또한 밀교정신을 표방標榜하는 진각종은 이러한 맥락에서 시대적·사회적 환경들과 밀접한 관련 속에 '개인의 성품을 밝혀가고 무상의 진리를 진실히 개닫는 각성종교'로서 태동한 이상적 불교종단의 한 모습이다.

회당대종사의 불교개혁사상은 여러 면에서 '신불교新佛教'의 특징들을 지니고 있다, 이에 일부에서는 진각종을 달리 '프로테스탄트 불교'라는 이름을 붙이기도 한다. 각성종교로서 심인불교인 진각종의 종교적 의무는 개인적으로는 자기정화를 구현하고 사회적으로는 현세정화를 실현함으로써 대중들의 삶을 맑고 청정하게 변화시켜 나가는 것일 것이다. 이는 인간의 성품을 깨닫고 밝혀주는 정화기관으로서의 역할을 완수하는 진각종단의 과제이기도 하다. 그리고 미래 인류사회의 사해동포주의와 불국정토를 위해 나아가야 할 진각종의 종교적 사명이기도 하다.

한국밀교문화총서 21
회당평전

1판 1쇄 | 2020년 3월 13일
펴낸이 | 대한불교진각종 한국밀교문화총람사업단
지은이 | 회당평전 편찬위원회
펴낸곳 | 도서출판 진각종 해인행
출판신고번호 제 307-2001-000026호
서울특별시 성북구 화랑로13길 17
대표전화 02-913-0751

ISBN 978-89-89228-67-7 94220
ISBN 978-89-89228-39-4 (세트)

비매품

• 이 도서의 국립중앙도서관 출판도서목록(CIP)은 서지정보유통지원시스템 홈페이지(http://seoji.nl.go.kr)와 국가자료종합목록시스템(http://www.nl.go.kr/kolisnet)에서 이용하실 수 있습니다.